GOLDMANN

Buch

Voller Vitalität und Gefühl, voller Brutalität und Zärtlichkeit zeigt sich die amerikanische Kurzgeschichte in den neunziger Jahren. Sie ist spannend, abwechslungsreich und multikulturell. Sie erzählt von der Welt der Frauen, der Schwulen und Schwarzen, der Latinos und der Indianer und vermittelt einen Eindruck von der Vielfalt des Landes und des amerikanischen Lebens.

Die Geschichten der jungen amerikanischen Erzähltalente, die Jay McInerney in diesem Band ausgewählt hat, führen den Leser in die friedliche und behütete Welt des Südens oder konfrontieren ihn mit der erbarmungslosen Welt der Ghettos, dem Leben der Dealer und Prostituierten. Sie nehmen ihn mit auf eine Reise nach Westen, die zu einem Alptraum wird, oder entführen ihn in die magisch-verzauberte Vorstellungswelt und die Mythen der Kreolen. Postmoderne Texte wechseln sich mit realistischen Geschichten ab, die an die kraftvolle Erzählkunst eines Hemingway erinnern. Tradition und Fortschritt, Cowboys und Cadillacs existieren nebeneinander.

Die hier vorgestellten Autoren haben ihre literarische Karriere alle erst in den vergangenen Jahren begonnen und mit ihren Erzählungen und Romanen bereits für Aufsehen gesorgt.

Herausgeber

Jay McInerney, Jahrgang 1955, ist Schriftsteller und lebt in New York City sowie in Nashville, Tennessee. Er studierte englische Literatur am Williams College und an der Princeton University. Veröffentlicht wurden von ihm bisher die Romane *Bright Lights, Big City* (dt.: *Ein starker Abgang*), *Ransom* und *Story of My Life* (dt.: *Ich nun wieder*). Sein neuester Roman *Brightness Falls* (1992) erscheint im Frühjahr 1995 unter dem Titel *Alles ist möglich* bei Goldmann.

Jay McInerney
Herausgeber

Cowboys & Cadillacs

GOLDMANN VERLAG

Deutsche Erstausgabe

Die Originalausgabe erschien unter dem Titel
»Cowboys, Indians and Commuters«
bei Viking, a division of the Penguin Group,
Penguin Books Ltd., London

Der Goldmann Verlag
ist ein Unternehmen der Verlagsgruppe Bertelsmann

Umschlaggestaltung: Design Team, München
Umschlagfoto: Werner Blessing, München
Satz: deutsch-türkischer fotosatz, Berlin
Druck: Elsnerdruck, Berlin
Verlagsnummer: 42565
Lektorat: Martina Klüver
Herstellung: Heidrun Nawrot
Made in Germany
ISBN 3-442-42565-4

1 3 5 7 9 10 8 6 4 2

Für Donald Barthelme
und Raymond Carver

Inhalt

Jay McInerney

Vorwort

Ich könne mich glücklich schätzen, erklärte mir ein französischer Autor vor einiger Zeit, als Schriftsteller in Amerika geboren zu sein, frei von bildungsbürgerlichen Zwängen und dem endlosen Rattenschwanz einer weit zurückreichenden Literaturgeschichte. Er hat sicher recht, obwohl Henry James noch vor knapp hundert Jahren das Fehlen einer spezifisch amerikanischen Literaturtradition bitter beklagt hatte. Leider preisen Europäer unsere Literatur ein wenig voreilig für ihre scheinbar kindliche Freiheit, als wären wir alle Cowboys, die ihre Namen der jungfräulichen und grenzenlosen Landschaft Amerikas aufprägen. Dabei liegen durchaus ein paar Minuten Geschichte hinter uns, obwohl wir das gelegentlich verdrängen.

Auch die Kurzgeschichte hat eine historische Entwicklung vollzogen. Ihren Beginn markiert Edgar Allan Poe mit seinen Geschichten und seiner Rezension von Hawthornes *Twice Told Tales* (dt.: *Zweimal erzählte Geschichten*) in *Graham's Magazine* von 1842. Allerdings endete der von ihm eingeschlagene Weg in einer Sackgasse. Poe behauptete damals, kurze Prosaerzählungen wären aufgrund ihres »einheitlichen Effekts oder Leseeindrucks« höher einzuschätzen als Romane, wo die Lektüre häufig unterbrochen werde und keine Wirkungseinheit entstehen könne. Die romantischen Texte Poes trugen zwar zum Entstehen des französischen Symbolismus bei, fanden zu

Hause allerdings kaum Nachahmer. Unsere Kurzgeschichten sind viel eher dem mundartlichen Realismus verpflichtet, wie ihn zunächst Mark Twain und Bret Hart mit ihren Erzählungen aus dem amerikanischen Westen pflegten, später dann O. Henry, Sherwood Anderson und schließlich Ernest Hemingway, der einflußreichste Kurzgeschichtenautor des zwanzigsten Jahrhunderts.

Donald Barthelme war die Integrationsfigur einer Bewegung, die sich in den sechziger Jahren vom Realismus entfernte. Sein erster Kurzgeschichtenband erschien in der Zeit, als das Kennedy-Attentat das ganze Land erschütterte und die Beatles erstmals amerikanischen Boden betraten. Gut konstruierte, an den Figuren orientierte Kurzgeschichten gehörten zu den vielen Traditionen, die während der Sechziger heftig attackiert wurden. Barthelme versuchte, konventionelle, lineare Erzählweisen durch den visuellen Künsten entliehene Techniken – besonders Film und Collage – zu verändern. Damit führte er bestimmte Trends der europäischen Moderne fort, wobei er seine Inspirationen teils den Surrealisten, teils den improvisierten Texten der amerikanischen *beat generation* verdankte. Aus »Geschichten« wurden Konstrukte, die ihre Künstlichkeit bewußt hervorhoben und sich alles verfügbare Material einverleibten – seien es Fragmente aus der Popkultur oder der Kunstgeschichte. Mit Begeisterung stellte Barthelme Elemente nebeneinander, die Lionel Trilling und andere Kritiker der fünfziger Jahre noch mit spitzen Fingern in die getrennten Schubladen Kultur oder Unterhaltung einsortiert hatten.

Barthelme war der Elvis der amerikanischen Kurzgeschichte. Die an John Cheever und John O'Hara gewohnten Leser des *New Yorker* wußten wenig mit diesen drolligen, unzusammenhängenden und gelegentlich sogar illustrierten Geschichten anzufangen. Seine frühen Fiktionen – »Geschichten«

wäre der falsche Begriff – schlugen in die Literaturgemeinde wie ein Blitz ein. Aufgrund ihrer Veröffentlichung im *New Yorker* fanden sie weite Verbreitung und wurden Teil einer undeutlich konturierten neuen Literatur, die gegen eine ebenso nebulöse literarische Tradition rebellierte. Ein Großteil dieser neuartigen Texte wurde mit dem Etikett *metafiction* versehen. Die Leser wurden mit der Nase auf die Künstlichkeit dieser Texte gestoßen und so jeglicher Illusion von Wirklichkeit beraubt.

Barthelme gehört zu unseren ersten postmodernen Autoren. Es ist teilweise seinem Einfluß zu verdanken – unterstützt von ausländischen Schriftstellern wie Borges und Calvino –, daß in den späten sechziger und den siebziger Jahren so viele selbstreflexive und verspielte Texte entstanden. Bis schließlich Geschichten über das Verfassen von Geschichten kurzzeitig die Regel waren. Texte im Stil von Flann O'Brien über Autoren, die von ihren eigenen Figuren angegriffen werden, gehörten zum Standardrepertoire jeder besseren Monatsschrift oder Anthologie, obwohl die Idee klar erkennbarer Figuren selbst suspekt war. Tatsächlich wurde die gesamte Tradition fiktionalen Erzählens in Frage gestellt – und keineswegs nur von überkritischen Literatur-Maoisten. In den zehn Jahren zwischen Kennedys Ermordung und dem Rücktritt Nixons entwickelte sich die Kurzgeschichte zum Übungsgelände für die neue Ästhetik. Viele einflußreiche Vertreter des amerikanischen Romans wandten sich nicht-fiktionalen Texten zu, gemäß der etwas zweifelhaften Prämisse, auf konventionellem Wege sei unserer chaotischen Welt schon längst nicht mehr beizukommen. Zu denen, die sich zwischenzeitlich vom traditionellen Roman verabschiedeten, gehörten beispielsweise Norman Mailer und Truman Capote.

Schließlich eskalierten die Kämpfe der sechziger und siebziger Jahre um eine neue Literaturästhetik im Duell zwischen

John Gardner und William Gass, die Mitte der Siebziger eine heftige Debatte austrugen. In einem Buch und einer Serie von Aufsätzen hatte Gardner die *metafictionists* sowie eine Reihe von Strohmännern der Belletristik heftig angegriffen. Literatur müsse die ewigen Wahrheiten verkünden, forderte er und rief nach realistischen, an glaubhafte Figuren gebundenen Texten, die sich mit moralischen Grundsätzen befassen sollten. Gass parierte diesen didaktischen Reaktionismus mit ein paar eleganten Hieben. Literatur bestehe aus Worten, schlicht und einfach. Zur realen Welt habe sie keinerlei Bezug. Moralfragen mögen von größter Bedeutung sein, aber mit den wunderbaren Kunstwerken und ästhetischen Spielen der Literatur hätten sie nicht das Geringste zu tun.

Jede romantische Revolution provoziert ihre neoklassizistische Gegenbewegung, sobald die einstmals radikalen Neuerungen in einem Regelwerk erstarren. Metafiktionales Schreiben war gerade als Norm akzeptiert worden, überladen und risikolos wie die Rockmusik der siebziger Jahre mit ihren Moog-Synthesizern und grandiosen Lightshows, da regte sich allmählich Widerstand. Mehrere Veröffentlichungen Mitte der Siebziger waren für die nachfolgende Entwicklung und Popularität der amerikanischen Kurzgeschichte bedeutsam. 1976 erschien *Will You Please Be Quiet Please,* die erste Kurzgeschichtensammlung Raymond Carvers, dessen Texte zuvor von kleinen Literaturzeitschriften, später auch von *Esquire* gedruckt worden waren und bereits Kultstatus erreicht hatten. Im selben Jahr begann Ann Beattie, im *New Yorker* zu veröffentlichen. Plötzlich wurde literarischer Realismus wieder hoffähig.

Ich erinnere mich noch deutlich an meine erste Carver-Lektüre. Damals bestand mein Lesestoff an zeitgenössischer Literatur aus Barthelme, Thomas Pynchon und den wundervoll ausladenden Werken John Hawkes'. Von Carver war ich sofort fasziniert. Seine Erzählungen packten mich durch ihre unglaubliche Direktheit, durch ihren umgangssprachlichen und völlig schnörkellosen Stil. Sowohl der Erzählrhythmus als auch die beinahe naive Schlichtheit erinnerten mich an den frühen Hemingway. Allerdings beförderte Hemingways Spielart des Realismus stets eine romantische Grundstimmung: Seine entwurzelten Soldaten und Großwildjäger bewegten sich ausnahmslos durch pittoreske Kulissen – von den unerforschten Wäldern Michigans bis zu den geschichtsträchtigen Landschaften und Plätzen Europas. Den Schmerz der Verzweiflung konnten sie höchstens zeitweise durch ein Glas *vin de pays* oder einen Angelausflug zum nächstgelegenen Forellenbach mildern. Bei Carver ist das stoische Flair zeitweisen Trinkens dem zermürbenden Alltag des Alkoholismus gewichen, statt Wein gibt es Wodka und billigen Gin. Zwar wird auch in Carvers Texten noch gejagt und geangelt, aber die Forellen in seinen Bächen sind häufig durch die Folgen der Umweltverschmutzung mißgebildet, wie in seiner ersten veröffentlichten Kurzgeschichte »Nobody said anything«. Auch den Jägern haftet wenig Heroisches an. Sie schießen das Wild zwar noch an, verfolgen es dann allerdings aus Bequemlichkeit nicht weiter.

Carver stammt aus dem mythenreichen amerikanischen Westen, aber er zeigt ein Land in Auflösung, geplündert und heruntergekommen. Und er schreibt über Leute, die in der Literatur nie zuvor eine Stimme hatten: über die Enkel der ersten Siedler, die in Trailer-Parks leben, in Sägewerken und Tankstellen arbeiten – soweit sie überhaupt einen Job haben – und die ihre Wünsche und Ängste selber kaum in Worte fassen können. Carvers Geniestreich liegt darin, daß er die mangelnde Ausdrucksfähigkeit oder völlige Sprachlosigkeit seiner sozial ausgegrenzten Figuren beschwört, wodurch seine Texte – vergleichbar Hemingways besten Geschichten – erheblich mehr suggerieren als sie aussprechen.

Selbst Leuten wie mir, die noch nie einen Trailer-Park oder eine Sägemühle betreten hatten, erschien diese Literatur ungeheuer befreiend. Carver verweigerte sich der ganzen, absichtlich oder unabsichtlich betonten Künstlichkeit üblicher Geschichten und befreite sie vom Firnis der Tradition wie auch der akademischen Künstlichkeit, um unsere Gegenwart endlich klar in den Blick zu bekommen. Carver schrieb über eine Welt, in der ununterbrochen der Fernseher lief, Milchtüten und Ketchupflaschen auf dem Küchentisch standen, wo Asche von der Zigarette fiel und Leute ihre dreckigen Socken und Unterhosen in den Waschsalon trugen. Ich glaube, erst mit Carver tauchte so etwas Banales wie Dreckwäsche in der amerikanischen Literatur auf. Wie alle Texte, die sich bei der Beschreibung der »Realität« nicht an die festen Konventionen halten, wirkten Carvers Geschichten Mitte der siebziger Jahre hyperreal. (So sehr, daß einige Metafiktionalisten versuchten, ihn für sich zu reklamieren – war in Carvers Schilderungen nicht immer ein Augenzwinkern zu spüren?)

Auch Anne Beattie ließ die realistische Kurzgeschichte wieder aufleben, wenn auch aus einer etwas anderen Position heraus. In ihren zunächst im *New Yorker* abgedruckten Geschichten herrschte stets eine feine Spannung zwischen Inhalt und Form. Anders als Barthelme, Carver und Barth schrieb sie fast konventionell. Ihre Erzählstrategien leiteten sich offensichtlich vom Realismus früherer Autoren des *New Yorker* her, von John Cheever und John Updike. Deutlich war ihren Figuren die Zugehörigkeit zur gehobenen Mittelschicht der Groß- und Vorstädte anzumerken, und ihre Handlungen folgten dem Kausalitätsprinzip. Oder schien es nur so? Diese Leute hatten sich gegenüber ihren ursprünglichen Vorbildern, den Martinischlürfenden, rasenmähenden Familienvätern und Hausfrauen aus den Vorstädten, doch erheblich verändert.

Es zählt noch zu Anne Beatties geringsten Verdiensten, daß

sie die realistische Kurzgeschichte umdekoriert und mit neuen Gestalten bevölkert hat, die Pot geraucht und LSD eingeworfen hatten. Ihre Figuren waren mit Rockmusik groß geworden und hatten ein extremes Mißtrauen gegenüber Autoritäten sowie den meisten ewigen Wahrheiten entwickelt. Sie hatten den vermeintlichen Quantensprung von den Fünfzigern in die siebziger Jahre miterlebt, den Mord an Kennedy, die Flower-Power-Bewegung, Vietnam, Woodstock und Watergate. Obwohl sie sich auf den ersten Blick erstaunlich wenig von ihren literarischen Vorläufern unterschieden, obwohl die Entwicklung ziemlich enttäuschend schien – *Scheiße, hat das alles nicht mehr gebracht als ein paar coole Songtexte, Markenartikel und Ausdrücke aus der Drogenszene* –, obwohl die ästhetische Revolution nebst kosmischem Bewußtsein (Bob Dylans Ausdruck) mittlerweile wie die Flausen vergangener Tage wirkte, so unterschieden sich Beatties Texte doch wesentlich von jener Literatur, die älter war als Rock 'n' Roll und Vietnam. Ihre Geschichten besaßen einen neuartigen Erzählrhythmus, lieferten nicht die übliche lineare, sich schrittweise entwickelnde Handlung, verliefen oft im Sand. Aber gerade das machte sie für viele junge Leser und Autoren ungeheuer authentisch. Für zahlreiche Abonnenten des *New Yorker* dürften solche Geschichten allerdings ein Schlag vor den Kopf gewesen sein, erwartete dieses Publikum doch von Literatur stets einen Erkenntnisgewinn.

Beattie und Carver trugen dazu bei, daß das Interesse an Kurzgeschichten in Amerika wieder erwachte und das Genre eine neue Blütezeit erlebte. Mit ihnen – oder in ihrem unmittelbaren Gefolge – betraten so großartige Kurzgeschichtenautoren wie Joy Williams, Tobias Wolff, Mary Robison, Barry Hannah, Richard Ford, Bobbie Ann Mason und noch ein Dutzend andere die Bildfläche und begründeten einen aufregend neuen Realismus. Obwohl der Markt für Kurzgeschichten scheinbar begrenzt ist, erweiterten diese Autoren ihren Einfluß durch die zahlreichen *Creative-Writing*-Programme, die sich im Amerika der siebziger Jahre zunehmend an Schulen und Universitäten ausbreiteten. Die Transparenz der Texte von Beattie und Carver suggerierte, sie wären völlig mühelos entstanden. *Also leicht nachzumachen, Kinder, und ihr braucht euch dabei weder mit exotischen Landschaften noch mit verstaubtem Gelehrtenwissen herumzuplagen.* Kurzgeschichten boomten auch deshalb, weil sie sich für erste Schreibversuche wesentlich besser eigneten als Romane. Gleichzeitig wurde der Universitätsbetrieb zusammen mit den Autoren und Lesern, die er heranzog, zum größten Markt für dieses neue Produkt. Es entstand eine Art literarisches Perpetuum Mobile.

Irgendwann fand man für diese neue Variante der realistischen Kurzgeschichte das Etikett »minimalistisch«. Mittlerweile ist der Begriff so häufig auf die unterschiedlichsten Werke angewandt worden, daß er kaum noch Aussagewert besitzt. Carvers zweiter Kurzgeschichtenband, *What We Talk About When We Talk About Love* (dt.: *Wovon wir reden, wenn wir von Liebe reden,* 1989), strebte wie Mary Robisons erstes Buch, *Days,* den Minimalismus wohl bewußt an. Sicher haben einige Autoren versucht, ihre Texte möglichst auf das Notwendige zu beschränken. Sie strichen Verzierungen, Kommentare oder Expositionen und verbaten sich sämtliche erzählerischen Eskapaden der Metafiktion. Man verstand derartige Texte zudem als passende Antwort der Literatur auf die politische Lage, da sie die emotionale Erschöpfung und Abgestumpftheit zum Ausdruck brachten, die eine fehlgeschlagene soziale Revolution und ein ungerechter Krieg verursacht hatten. In der zweiten Generation, bei Autoren, die weder Vietnam noch Woodstock miterlebt hatten, konnte dieser extrem sparsame Stil allerdings leicht zur Manieriertheit ausarten.

Der neue Trend erhielt weiteren Auftrieb, als 1978 die gesammelten Kurzgeschichten John Cheevers veröffentlicht wurden. Hier gab es ein paar literarische Kleinode zu entdecken, die dem Publikum bemerkenswert modern vorkamen, obwohl viele der Texte bereits in den vierziger und fünfziger Jahren entstanden waren. Cheever, während der egalitären Sechziger kaum gelesen, machte das Leben der amerikanischen Mittelschicht plötzlich wieder literaturfähig. Minimalismus war für den Augenblick vergessen. Wenn es für die Kurzgeschichte der achtziger Jahre eine Norm gab, dann die eines völlig ungekünstelten Alltagsrealismus. Als Epigonen Beatties und Carvers verfaßten die meisten Kurzgeschichtenautoren in dieser Zeit peinlich genaue Studien (gescheiterter) Beziehungen, angesiedelt in dem von Cheever bevorzugten Vorstadtszenario – dort, wo die Kinder der Babyboomer und des *Creative-Writing*-Booms aufgewachsen waren und ihre Bildung erhalten hatten. Wie Carver und Beattie legten sie größten Wert auf schmucklose Sprache, unglaubliche wie völlig banale häusliche Szenen wurden mit der gleichen Nüchternheit erzählt. Der Wilde Westen schien vorübergehend irgendwo zwischen der Küchenspüle und dem Camping-Grill im Hinterhof zu liegen. Die endlose Prärie war zum Rasenstück geschrumpft.

Dank David Leavitts Texten wurden auch die Probleme der Schwulen in den neuen Realismus aufgenommen. Lorrie Moore lockerte diesen Stil durch ihre metafiktionalen Kapricen auf, während sich Amy Hempel im maximalen Minimalismus übte. Nur eine Minderheit orientierte sich noch an anderen Erzähltraditionen. T. C. Boyles Kurzgeschichten folgten in den siebziger und frühen achtziger Jahren den Vorgaben Barthelmes. Durch wildes Experimentieren und ein hohes Maß an Selbstreflexivität verstießen sie radikal gegen herkömmliche Konventionen. Aber die Chronisten der Mittelschicht gaben in der Kurzgeschichte unverändert den Ton an.

Hätte Frank O'Connor, der große irische Kurzgeschichtenautor, einen Blick auf die amerikanische Literatur der achtziger Jahre geworfen, er hätte aus den Abdrucken in Literaturzeitschriften wohl zu seiner Überraschung schließen können, daß sie fest in den Händen der Mittelschicht lag. In seiner ausgezeichneten Untersuchung zur Kurzgeschichte, »The Lonely Voice«, hatte O'Connor nämlich behauptet, der Roman beschreibe in der Regel die Integration des Individuums in die Gemeinschaft, während die Kurzgeschichte sich der gesellschaftlichen Randgruppen annehme und Platz für Außenseiter, Freaks und unterdrückte Minderheiten schaffe. Mitte der achtziger Jahre erwies sich allerdings eher der Roman als Sprachrohr neu entstandener und marginalisierter Kulturen. So gesehen ist die Entwicklung der letzten Jahre begrüßenswert, denn auf einmal – unzulässig vereinfachend könnte man sagen: Anfang der Neunziger – entwickelte sich das Genre der Kurzgeschichte zum Tummelplatz bunt gemischter Bevölkerungsgruppen, die gewöhnlich außerhalb des Blickfelds liegen.

Wenn Verschiedenartigkeit auf Vitalität schließen läßt, dann erfreut sich die Kurzgeschichte der neunziger Jahre einer robusten Gesundheit. Experimentelle und postmodern verspielte Erzählungen stehen Seite an Seite mit modifizierten Neuauflagen eines umgangssprachlichen Realismus. Mühten sich Henry James, Washington Irving und Edgar Allan Poe noch, eine spezifisch amerikanische Identität zu erschreiben, so tendiert ein Gutteil zeitgenössischer Texte dazu, die Idee einer Nationalliteratur zu dekonstruieren. Speziell Autoren, die sich im traditionellen Kanon nicht repräsentiert sehen, sorgen für immer weitere Aufsplitterung. An Universitäten und in Anthologien widmet man sich verstärkt der Literatur von Schwulen, Afro-Amerikanern oder Chicanos, Texten aus dem amerikanischen Westen oder Süden und Texten von Frauen.

Ein kurzer Blick ins Inhaltsverzeichnis der vorliegenden Anthologie spiegelt diesen Trend.

Noch bis vor kurzem war die ständig wachsende amerikanische Unterschicht in der Literatur kaum vertreten. Die Gründe liegen auf der Hand: Es fehlte an entsprechender Bildung, an Einfluß und Vorbildern. Als gegen Ende der achtziger Jahre Rap, Hip Hop und die Werke schwarzer Filmemacher populär wurden, fand die afro-amerikanische Kultur der Großstädte ein immer größeres Publikum. Eine vergleichbare Entwicklung könnte sich auch auf literarischem Gebiet vollziehen. Jess Mowry, ein Kurzgeschichtenautor, dessen Stories auf den Straßen und in den Wohnblocks von Oakland, Kalifornien, spielen, veröffentlichte zunächst in unbekannten Magazinen wie *ZYZZYVA*. Mit dem 1990 erschienenen Roman *Way Past Cool* zog er jedoch große Aufmerksamkeit auf sich. Wie Mowry verwendet auch Abraham Rodriguez Jr. beim Schreiben den rauhen, kompromißlosen Ton der Ghettos – in seinem Fall aus den schwarzen und lateinamerikanischen Bezirken der New Yorker South Bronx.

Sherman Alexie gehört zum Stamm der Spokane/Coeur D'Alene-Indianer, und auch seine schriftstellerische Karriere begann in kleinen Zeitschriften. Die Kurzgeschichten in der Sammlung *Der weiße Reiter und Tonto tragen im Himmel einen Faustkampf aus* pendeln unentwegt zwischen dem ländlichen Ghetto eines Reservats im amerikanischen Westen und dem Großstadtszenario von Seattle. In Pam Houstons »Bei Cowboys werd ich schwach« werden die Mythen des Wilden Westens in spielerischem Ton gleichermaßen neu aufgelegt und entlarvt, während Alexie sie kompromißlos auseinandernimmt. Aber unter der Skepsis und der realistischen Oberfläche von Alexies Texten schimmert die Mythologie und Magie seines indianischen Erbes hervor. Als moderner Amerikaner in Nike-Turnschuhen kann der Erzähler dieses Erbe zwar nicht akzeptieren, aber völlig zurückweisen kann er es auch nicht, da ihm die vollständige Integration in die dominante Gesellschaft nie geglückt ist.

William Vollmanns *Rainbow Stories*, 1989 erschienen, blättern für die Leser ein Verbrecheralbum von Skinheads, Prostituierten, Sexfetischisten und Terroristen auf. Obwohl für Vollmann einerseits ein realistischer Dokumentarstil charakteristisch ist, brechen fetzige Überschriften und Fußnoten nach Art der Metafiktionalisten seine Geschichten auf. Die Texte bewegen sich am äußersten Rand empfehlenswerter Bettlektüre, und im *New Yorker* würde man sie sicher vergeblich suchen. (Obwohl der *New Yorker* unter neuer Führung immer toleranter und risikofreudiger wird.) Als Romancier nimmt Vollmann das Wagnis in Kauf, völlig ratlose, gelangweilte oder angewiderte Leser zurückzulassen. Auch künstlerische Feinarbeit ist offenkundig seine Sache nicht.

In mancherlei Hinsicht illustriert Vollmann einen Rückfall in die sechziger und siebziger Jahre. Seine postmodernen Experimente verbinden ihn mit dem ungeheuer innovativen David Foster Wallace, der 1990 mit *Girl With Curious Hair* eine höchst vergnügliche, selbstreflexive Geschichte vorlegte – von immerhin 150 Seiten. Sie handelt von einem postmodernen *creative-writing*-Seminar unter Leitung, so scheint es, des Meisters aller Metafiktionalisten, John Barth. (Im übrigen sorgt sich Foster Wallace genausowenig um die Aufnahmefähigkeit seiner Leser wie Vollmann.) Foster Wallace wechselt zwar ständig Schauplätze und Erzählstrategien, bleibt dabei aber stets dem Zeitgeist verhaftet: Eine seiner Geschichten gewährt angeblich intimen und umfassenden Einblick in die Kulissen einer realen Spielshow. Foster Wallace schrieb außerdem an einer ziemlich ernsthaften Studie zur Rap-Musik mit, und in manchen seiner Werke experimentiert er mit der Sampling-Technik des Rap, wo aus dem Zusammenschnitt akustischer Versatzstücke ein neuer Soundtrack entsteht.

Die Postmoderne wird auch durch Gail Donohue Storey vertreten, eine Schülerin von Donald Barthelme, dessen Abenteuergeist ich in der hypnotisierenden Lyrik ihrer Geschichte »Ganznackte Live-Girls« wiedergefunden habe. Auch Mark Leyner lehnt den häuslichen Realismus der Achtziger für sich persönlich offenbar ab oder ignoriert ihn zumindest. Seine literarischen Vorbilder – sofern er welche hat – sind eher unter den anti- und metafiktionalen Autoren der Sechziger zu suchen. Leyners Texte erinnern an Barthelmes frühe Werke: trocken erzählte, mit Anspielungen auf die Popkultur gespickte, selbstreflexive und oft unzusammenhängende Geschichten, die sich endlos in weitere Geschichten verzweigen. Allerdings bezieht Leyner seine Inspiration nicht aus Malerei und Film, sondern aus der Computertechnologie. Seine Geschichten scheinen das Random Access Memory von Disketten zu imitieren: Er präsentiert eine Art Sampling aus den Datenbanken der Geschichte sowie aus den Idiolekten der Hochtechnologie, Literatur, Popkultur und Werbung.

Leyners Texte beziehen sich unmißverständlich auf das Hier und Jetzt. Donna Tartts 1992 entstandene Geschichte »Sleepytown«, mit ihren wunderbaren Reminiszenzen an die literarische Tradition des amerikanischen Südens, könnte hingegen irgendwann im Lauf der letzten fünfzig Jahre geschrieben worden sein. Diese beiden Autoren markieren zwei Pole, und für den Raum dazwischen, den sie eröffnen, sollten wir dankbar sein. Zum Lob der großen amerikanischen Kurzgeschichte gegen Ende dieses Jahrhunderts läßt sich sagen: *anything goes* – und als festes Genre gibt es sie eigentlich gar nicht mehr.

Zur Auswahl der Texte: Ich habe versucht, in diese Anthologie nur Kurzgeschichten von Autoren aufzunehmen, deren Karriere in den neunziger Jahren begann. Bei der Auswahl ging es mir nicht darum, ein möglichst breites Spektrum im Sinne politischer Korrektheit abzudecken oder eine Lanze für den Multikulturalismus zu brechen – sonst wäre das Verhältnis von Männern und Frauen ausgeglichener. Aber als ich mein Gedächtnis sowie verschiedene Literaturzeitschriften, Herausgeber, Agenten und Autoren befragte, wurde mir plötzlich die ganze demographische und ästhetische Bandbreite der amerikanischen Kurzgeschichte in den letzten Jahren bewußt. Ich habe versucht, neuartige und provokante Texte auszusuchen, wodurch die kreuzbraven, gesitteten Kurzgeschichten mit den tadellosen Tischmanieren wohl zu kurz gekommen sind. Die endgültige Auswahl basiert auf dem persönlichen Geschmack eines professionellen Autors und Lesers aus Neigung.

Deutsch von Andrea Best

Sherman Alexie

Der weiße Reiter und Tonto tragen im Himmel einen Faustkampf aus

Zu heiß zum Schlafen, also ging ich zum 7–11 in der Third Avenue, auf ein Eis und ein paar Worte mit dem Nachtkassierer. Ich kenne das Spiel. Ich habe in Seattle selber in einem 7–11 Nachtschicht geschoben und bin einmal zu oft überfallen worden. Beim letzten Mal hat mich der Scheißkerl im Kühlraum eingesperrt. Er hat mir sogar mein Geld und meine Basketballschuhe abgenommen.

Der Nachtschichtler im 7–11 in der Third Avenue sah genauso aus wie alle anderen. Aknenarben und schlecht geschnittene Haare, Arbeitshosen, aus denen unten die weißen Socken hervorsahen, und diese billigen schwarzen Schuhe, in denen man keinen Halt hat. Mir tun die Füße heute noch weh von meinem Jahr im 7–11 in Seattle.

»Hallo«, sagte er, als ich in seinen Laden kam. »Was macht die Kunst?«

Ich winkte ihm kurz zu, während ich nach hinten zur Gefriertruhe ging. Er sah mich genau an, um mich später bei der Polizei beschreiben zu können. Den Blick kannte ich. Eine meiner Exfreundinnen sagte, ich hätte angefangen, auch sie so anzusehen. Nicht viel später hat sie mich verlassen. Nein, ich habe sie verlassen, und ich werfe ihr nichts vor. So war es eben. Wenn einer den anderen wie einen Verbrecher ansieht, ist es mit der Liebe vorbei. Das ist logisch.

»Ich traue dir nicht«, sagte sie zu mir. »Du regst dich zu sehr auf.«

Sie war eine Weiße, und ich lebte in Seattle mit ihr zusammen. Manchmal haben wir uns so schlimm gestritten, daß ich einfach in meinen Wagen gestiegen, die ganze Nacht herumgefahren bin und nur zum Nachtanken angehalten habe. Überhaupt habe ich nur deshalb Nachtschicht geschoben, um so wenig wie möglich bei ihr zu sein. Aber auf die Weise habe ich viel von Seattle kennengelernt, mit meiner Fahrerei durch die Nebenstraßen und schmutzigen Gassen.

Manchmal habe ich mich allerdings auch verfahren und wußte nicht mehr, wo ich war. Dann bin ich stundenlang rumgekurvt und habe geguckt, ob mir nicht irgendwas bekannt vorkam. Es scheint mir, als hätte ich so mein ganzes Leben zugebracht, immer auf der Suche nach etwas Bekanntem. Einmal hat es mich in eine noble Wohngegend verschlagen, und jemand muß es wohl mit der Angst zu tun bekommen haben, denn plötzlich kreuzte die Polizei auf und winkte mich rechts ran.

»Was suchen Sie hier draußen?« fragte der Polizist, während er meinen Führerschein und die Zulassung überprüfte.

»Ich habe mich verfahren.«

»Und wo wollen Sie hin?« fragte er, und ich wußte, es gab viele Orte, wo ich hinwollte, aber keinen, wo ich hingehörte.

»Ich hatte Krach mit meiner Freundin«, sagte ich. »Ich bin bloß so rumgefahren, ein bißchen Dampf ablassen.«

»Passen Sie besser auf, wohin Sie fahren«, sagte der Polizist. »Sie machen die Leute nervös. Sie passen nicht in das Nachbarschaftsprofil.«

Am liebsten hätte ich ihm gesagt, daß ich eigentlich nicht einmal in das Profil des Landes paßte, aber ich wußte, daß ich mir damit bloß Ärger eingehandelt hätte.

»Kann ich Ihnen behilflich sein?« fragte mich der 7-11-Verkäufer laut. Er hoffte wohl auf irgendeine Reaktion, der er entnehmen konnte, daß ich kein bewaffneter Räuber war. Er wußte, daß meine dunkle Haut und die langen, schwarzen Haare gefährlich waren. Ich hatte Potential.

»Ich wollte bloß ein Eis«, sagte ich nach einer langen Pause. Das war ein fieser Trick, den Jungen so erschrecken, aber es war spät, und mir war langweilig. Ich nahm mir das Eis, ging langsam zurück zur Theke und sah mich dabei auch noch forschend zwischen den Regalen um. Am liebsten hätte ich dazu leise und gefährlich gepfiffen, aber ich habe nie pfeifen gelernt.

»Ganz schön heiß heute nacht, was?« fragte er, die alte Beruhigungsmasche mit der rhetorischen Wetterfrage.

»So heiß, daß man verrückt werden könnte«, sagte ich und lächelte. Er schluckte krampfhaft, wie es die Weißen in solchen Situationen immer machen. Ich sah ihn mir an. Die gleiche alte grün, rot und weiß gemusterte 7–11-Jacke und eine dicke Brille. Aber er war nicht häßlich, nur fehl am Platz und von Einsamkeit gezeichnet. Hätte er an diesem Abend nicht hier gearbeitet, er hätte allein zu Hause gehockt, von einem Sender zum anderen geschaltet und sich gewünscht, er könnte sich HBO oder Showtime leisten.

»Wäre das alles?« fragte er mich, Firmentaktik, um mich zu einem Spontankauf zu veranlassen. Wie die Zusatzklausel zu einem Vertragstext. *Wir nehmen uns Washington und Oregon, und ihr bekommt dafür sechs Kiefern und einen nagelneuen Chrysler Cordoba.* Mit dem Geben und Brechen von Versprechen kannte ich mich aus.

»Nein«, sagte ich und legte eine Kunstpause ein. »Geben Sie mir noch einen Cherry Slushie.«

»Wie groß?« fragte er erleichtert.

»Ein Großes«, sagte ich, und er drehte mir den Rücken zu, um es mir zu zapfen. Er merkte, daß er einen Fehler gemacht hatte, aber es war zu spät. Er erstarrte, gefaßt auf eine Kugel oder einen Schlag hinters Ohr. Als nichts geschah, drehte er sich wieder zu mir um.

»Entschuldigung«, sagte er. »Aber welche Größe wollten Sie noch mal?«

»Ein Kleines«, sagte ich zur Abwechslung.

»Aber ich dachte, Sie wollten ein Großes.«

»Wenn Sie wußten, daß ich ein Großes will, was soll dann die Frage?« fragte ich und lachte. Er sah mich an, aber er konnte nicht unterscheiden, ob ich ernsthaft Stunk machen oder ihn bloß ein bißchen hochnehmen wollte. Er hatte etwas an sich, das mir gefiel, obwohl es drei Uhr morgens und er ein Weißer war.

»He«, sagte ich. »Vergessen Sie das Slushie. Aber ich hätte gern gewußt, ob Sie den ganzen Text des Titelsongs von ›Drei Jungs und drei Mädchen‹ kennen.«

Er sah mich zuerst verwirrt an, dann lachte er.

»Scheiße«, sagte er. »Ich habe gleich gehofft, Sie wären nicht verrückt. Sie haben mir angst gemacht.«

»Ich kann immer noch verrückt spielen, wenn Sie den Text nicht wissen.«

Da lachte er laut und sagte, ich könnte das Eis umsonst haben. Er war der Nachtschichtmanager, und er genoß seine kleine Machtdemonstration, die ihn sage und schreibe fünfundsiebzig Cent kostete. Schließlich wußte ich, wie teuer alles war.

»Danke«, sagte ich und ging zur Tür hinaus. Ich nahm mir Zeit mit dem Heimweg, ließ mir von der Nachthitze das Eis über die ganze Hand schmelzen. Um drei Uhr morgens konnte ich mich so jung aufführen, wie ich wollte. Es war ja keiner da, der mir sagen konnte, ich solle erwachsen werden.

In Seattle habe ich Lampen kaputtgemacht. Sie und ich, wir haben uns gestritten, und ich habe eine Lampe kaputtgemacht, habe sie einfach vom Tisch genommen und auf den Boden geknallt. Anfangs hat sie noch Ersatzlampen gekauft, teure, schöne Stücke. Aber nach einer Weile hat sie nur noch bei Goodwill oder auf dem Flohmarkt Lampen gekauft. Dann hat sie es ganz bleibenlassen, und wir haben uns im Dunkeln gestritten.

»Du bist genau wie dein Bruder«, hat sie mich angeschrien. »Ständig besoffen und stockdumm.«

»So viel trinkt mein Bruder überhaupt nicht.«

Sie und ich, wir haben nie versucht, uns gegenseitig körperlich weh zu tun. Ich habe sie schließlich geliebt, und sie hat mich auch geliebt. Aber unsere Auseinandersetzungen machten genauso viel kaputt wie eine Faust. So können Worte sein, wußten Sie das? Immer, wenn ich heutzutage in eine Auseinandersetzung gerate, denke ich an sie, und ich denke an Muhammad Ali. Er wußte um die Kraft seiner Fäuste, aber was noch wichtiger war, er wußte auch um die Kraft seiner Worte. Auch wenn er nur einen IQ von um die achtzig hatte, war Ali ein Genie. Und sie war ebenfalls ein Genie. Sie wußte genau, mit welchen Worten sie mich am tiefsten verletzen konnte.

Aber verstehen Sie mich nicht falsch. Ich bin mit der Kapuze eines Henkers durch diese Beziehung gegangen. Oder treffender ausgedrückt, in voller Kriegsbemalung und mit spitzen Pfeilen. Sie war Vorschullehrerin, und ich habe sie deswegen ständig beleidigt.

»He, Frau Lehrerin«, habe ich gesagt. »Haben dir deine Kinder heute was beigebracht?«

Und ich hatte ständig verrückte Träume. Die habe ich schon immer gehabt, aber in Seattle schienen sie sich öfter zu Alpträumen auszuwachsen.

In dem einen Traum war sie die Frau eines Missionars und ich ein kleinerer Kriegshäuptling. Wir haben uns ineinander verliebt und versucht, es geheimzuhalten. Aber der Missionar hat uns in der Scheune beim Vögeln erwischt und mich über den Haufen geschossen. Während ich im Sterben lag, hat mein Stamm von der Schießerei erfahren und überall im Reservat die Weißen angegriffen. Ich starb, und mein Geist schwebte über dem Reservat.

Körperlos, wie ich war, konnte ich alles sehen, was geschah. Wie die Weißen die Indianer und wie die Indianer die Weißen umbrachten. Anfangs war es nur eine kleine Sache, bloß mein Stamm und die paar Weißen, die dort wohnten. Aber mein Traum wuchs sich aus, wurde größer. Andere Stämme kamen angeritten, um das Gemetzel an den Weißen fortzusetzen, und die Kavallerie der Vereinigten Staaten zog hoch zu Roß in die Schlacht.

Das eindringlichste Bild dieses Traums habe ich bis heute nicht vergessen. Drei berittene Soldaten spielten mit dem Kopf einer toten Indianerin Polo. Als ich das zum erstenmal träumte, dachte ich, es wäre bloß eine Ausgeburt meiner Wut und Phantasie. Aber seitdem habe ich Berichte von ähnlichen Greueltaten im Wilden Westen gelesen. Noch entsetzlicher ist die Tatsache, daß solche Brutalitäten bis heute passieren, in Ländern wie El Salvador zum Beispiel.

Das einzige allerdings, was ich mit Sicherheit weiß, ist, daß ich in panischer Angst aus diesem Traum aufgewacht bin, meine Sachen zusammengepackt habe und mitten in der Nacht aus Seattle abgehauen bin.

»Ich liebe dich«, sagte sie, als ich sie verließ. »Komm nie wieder zurück.«

Ich fuhr die ganze Nacht durch, über die Cascades, hinunter in die Prärie von Washington, nach Hause, ins Reservat der Spokane.

Als ich mit dem Eis fertig war, das mir der 7–11-Verkäufer geschenkt hatte, hielt ich den hölzernen Stiel in die Luft und stieß einen lauten Schrei aus. In ein paar Fenstern ging das Licht an, und einige Minuten später fuhr langsam ein Polizeiwagen an mir vorbei. Ich winkte den Männern in Blau zu, und sie winkten aus Versehen zurück. Als ich nach Hause kam, war es immer noch zu heiß zum Schlafen, also hob ich eine eine Woche alte Zeitung vom Fußboden auf und fing an zu lesen.

Wieder mal ein Bürgerkrieg, wieder ein terroristischer Bombenanschlag, wieder ein Flugzeugabsturz und vermutlich keine Überlebenden. In allen Städten mit einer Bevölkerung von über hunderttausend stieg die Verbrechensrate, und in Iowa hatte ein Farmer nach der Zwangsversteigerung seiner tausend Acres seinen Bankdirektor erschossen.

Ein Kind aus Spokane gewann die Regionalmeisterschaft im Wettbuchstabieren mit dem Wort *Rhinozeros*.

Als ich ins Reservat zurückkam, war meine Familie nicht überrascht, mich zu sehen. Sie hatte mich seit dem Tag meines Umzugs nach Seattle zurückerwartet. Ein alter Indianerdichter hat einmal gesagt, daß Indianer zwar in der Großstadt wohnen, aber nie dort leben können. Näher kommt wohl keiner von uns an die Wahrheit heran.

Die meiste Zeit habe ich ferngesehen. Wochenlang habe ich von einem Sender zum anderen geschaltet, in den Gameshows und Seifenopern nach Antworten gesucht. Meine Mutter hat mir die Stellenangebote in der Zeitung rot eingekringelt.

»Was willst du mit dem Rest deines Lebens anfangen?« fragte sie.

»Weiß nicht«, sagte ich, und bei jedem anderen Indianer im Land hätte diese Antwort normalerweise genügt. Aber ich war etwas Besonderes, ein ehemaliger Collegestudent, ein kluges Kerlchen. Ich war ein Indianer, der es zu etwas bringen sollte, der sich über den Rest des Reservats erheben sollte wie ein gottverdammter Adler oder so. Ich war die neue Version des Kriegers.

Ein paar Monate lang habe ich mir die Stellenangebote, die mir meine Mutter einkringelte, nicht einmal angesehen und die Zeitung einfach da liegengelassen, wo sie sie hinlegte. Aber nach einer Weile hatte ich die Nase voll vom Fernsehen, und ich habe wieder angefangen, Basketball zu spielen. In der High-School war ich ein guter Spieler gewesen, fast schon ein As, und beinahe wäre ich auf dem College, das ich ein paar Jahre besucht habe, sogar in die Auswahlmannschaft gekommen. Aber vom vielen Trinken und Trauern war ich so außer Form, daß ich an meine alte Stärke nie mehr anknüpfen konnte. Trotzdem war es schön, wie sich der Ball in meinen Händen anfühlte und die Füße in meinen Schuhen.

Zuerst warf ich nur für mich allein Körbe. Das war selbstsüchtig, aber ich wollte erst wieder richtig in Übung kommen, bevor ich gegen jemand anderen antrat. Da ich früher gut gewesen war und andere Stammesmitglieder blamiert hatte, wußte ich, daß sie sich bestimmt an mir rächen wollten. Die alte Geschichte vom Kampf Cowboys gegen Indianer können Sie vergessen. Die schärfste Rivalität in einem Reservat herrscht zwischen Indianern und Indianern.

Aber an dem Abend, als ich endlich wieder soweit war, ein richtiges Spiel zu machen, spielte in der Sporthalle plötzlich ein Weißer bei den Indianern mit.

»Wer ist denn das?« fragte ich Jimmy Seyler.

»Der Junge vom neuen BIA-Boß.«

»Hat er was drauf?«

»Kann man wohl sagen.«

Und ob er was drauf hatte. Er spielte Indianerbasketball, schnell und locker, besser als alle Indianer dort.

»Wie lange spielt er schon hier?« fragte ich.

»Lange genug.«

Ich machte Dehnübungen, und alle beobachteten mich. Die ganzen Indianer beobachteten einen ihrer alten, staubigen Helden. Obwohl ich hauptsächlich an der weißen High-School, die ich besucht hatte, Basketball gespielt habe, war ich trotz allem ein Indianer. Ich war ein Indianer, wenn es darauf ankam, und dieser BIA-Schnösel hatte es verdient, von einem Indianer geschlagen zu werden, ganz egal von was für einem Indianer.

Ich ließ mich einwechseln, und ein Weilchen spielte ich auch gut. Es war ein gutes Gefühl. Ich warf Körbe, erwischte ein paar Rebounds und half in der Verteidigung aus, so daß die andere Mannschaft nie richtig zum Zuge kam. Aber dann riß der weiße Junge das Spiel an sich. Er war einfach zu gut. Später, als er wieder im Osten war, hat er im Collegeteam Basketball gespielt, und noch ein paar Jahre später wäre er fast von den New York Knicks genommen worden. Aber davon konnten wir damals alle noch nichts wissen. Wir wußten bloß, daß er an diesem Tag besser war und an allen anderen Tagen auch.

Am nächsten Morgen wachte ich müde und hungrig auf, also schnappte ich mir die Stellenangebote, suchte mir einen Job aus und fuhr nach Spokane, um ihn mir zu sichern. Seitdem arbeite ich beim Highschool Exchange Program, tippe Briefe und nehme Telefonanrufe entgegen. Manchmal frage ich mich, ob die Leute am anderen Ende der Leitung wohl wissen, daß ich ein Indianer bin, und ob sich ihr Ton ändern würde, wenn sie es wüßten.

Einmal nahm ich den Hörer ab und hatte sie am Apparat, sie rief aus Seattle an.

»Ich habe die Nummer von deiner Mom«, sagte sie. »Ich freue mich, daß du Arbeit hast.«

»Ja, es geht eben nichts über eine volle Lohntüte.«

»Trinkst du noch?«

»Nein, ich bin schon seit fast einem Jahr trocken.«

»Gut.«

Die Verbindung war gut. Ich konnte sie zwischen unseren Worten atmen hören. Wie redet man mit dem wirklichen Menschen, dessen Geist einen verfolgt hat? Wie erkennt man den Unterschied?

»Weißt du was?« sagte ich. »Es tut mir alles sehr leid.«

»Mir auch.«

»Was soll aus uns werden?« fragte ich und wünschte mir dabei, ich wüßte die Antwort für mich selbst.

»Ich weiß nicht«, sagte sie. »Ich will die Welt verändern.«

Heutzutage, wo ich allein in Spokane wohne, wünsche ich mir, ich lebte näher am Fluß, näher an den Wasserfällen, wo die Geister der Lachse springen. Ich wünsche mir, ich könnte schlafen. Ich lege meine Zeitung oder mein Buch weg, mache überall das Licht aus, liege ruhig im Dunkeln. Es dauert Stunden oder auch Jahre, bis ich wieder schlafen kann. Das ist weder überraschend noch enttäuschend.

Ich weiß sowieso, wie meine Träume immer enden.

Deutsch von Regina Rawlinson

Dorothy Allison

Flut der Erinnerungen

Nur ein einziges Mal hatte sich die ganze Familie versammelt: zu einem Picknick auf der Farm meiner Tante. Meine Schwester Billie und ich jagten Hühner und trieben sie in die Scheune. Billie rannte geradewegs durch die weit geöffneten Tore hindurch und wieder hinaus, ich aber blieb stehen. Ein Schatten, der sich über mir bewegte, hatte mich stutzen lassen. Mein Cousin Tommy, wie ich acht Jahre alt, baumelte im Licht der Sonne, sein Gesicht so schwarz wie seine Schuhe. Das Seil um seinen Hals verschwand nach oben in den sonnigen Dachstuhl der Scheune, faszinierend, grauenhaft. Schien er nicht vor uns her zu rennen? Irgend jemand näherte sich von hinten. Irgend jemand fing an zu schreien. Meine Mama nahm meinen Kopf in ihre Hände und zog meinen Blick fort.

Jesse und ich lieben uns jetzt seit einem Jahr. Sie erzählt mir Geschichten aus ihrer Kindheit, wie ihr Vater jeden Tag zur Uni ging, von ihrer Mutter, die all ihre Kleider schneiderte, und von der Großmutter, die so gut nach Dillbrot und Vanille roch. Mit offenem Mund höre ich ihr zu, kann es nicht glauben und will es doch so sehr, verzehre mich nach diesem Märchen, für das sie jedes Leben hält.

»Wonach hat denn deine Großmutter gerochen?«

Ich lüge sie an wie immer, eine Lüge, die aus einem Buch entwendet ist. Mir dreht sich der Magen um, bei der Erinnerung an säuerlichen Schweiß und Schnupftabak: »Nach Lavendel.«

Mir wird klar, daß ich überhaupt nicht genau weiß, wie Lavendel riecht, und einen Moment lang habe ich Angst, sie könne noch mehr Fragen stellen, Fragen, die mich verraten werden. Aber Jesse beugt sich zu mir herüber, um mich in den Arm zu nehmen, um ihr Gesicht gegen mein Ohr zu pressen, und flüstert: »Wie wunderbar, so eine große Familie zu haben.«

Ich drücke sie an mich und schließe die Augen. Kein Wort kommt über meine Lippen.

Ich wurde nach den älteren Cousins und Kusinen geboren und vor den jüngeren, in einer Baby-Pause, und stand deshalb abseits, war immer die Beobachtende. Einmal, lange bevor mein Cousin Tommy starb, wurde ich draußen vor die Tür geschubst, während alle anderen meiner Kusine Barbara zuhörten. Ihre Schreie gellten hinten im Haus. Kusine Cora erschien mit Eimern voller blutiger Tücher, um sie zu verbrennen. Die anderen Kinder rannten umher, versuchten die Funken zu fangen oder stocherten mit Zweigen in der Glut. Ich wartete auf den Treppenstufen und suchte mir einen Reim auf all das Geschrei zu machen. Ich verstand nicht, was vor sich ging. Einige meiner Cousins und Kusinen waren offensichtlich eingeweiht: ihre seltsamen Mienen und ab und zu dieses sonderbare Gelächter. Ich hatte gesehen, wie sie ihr die Treppe hinaufgeholfen hatten, dickflüssiges Blut war an ihren Beinen herabgelaufen. Nach einiger Zeit nahm das Blut in den Tüchern eine immer dünnere, wässrige Farbe an, nahezu rosa. Cora warf die Tücher ins Feuer und stand bewegungslos in dem stinkenden Qualm.

Randall ging vorbei und erklärte, daß ein Baby käme, ein ausgebrütetes Ei, hinausgeworfen mit den Tüchern, aber es kam nicht. Ich wartete aufmerksam, und es kam keins; nichts als Blut, das sich hoffnungslos verdünnte, während im Haus

Stille einkehrte, stundenlanges Weinen leise verebbte, Trauer umhüllt von Rauch. Meine Tante Raylene öffnete die Haustür und fiel fast über mich, sie hatte mich nicht gesehen, sah überhaupt nichts. Sie hieb auf den Türbalken ein, bis sich knöcheltiefe Dellen in dem abblätternden Lack abzeichneten, sie schlug auf diesen Balken, als könne er fühlen, verfluchte ihn, verfluchte sich selbst und alle Kinder im Hof. »Verdammt, verdammt sei dieses Mädchen ... sinnlos ... verdammt!« rief sie in klagendem Singsang.

Ich besitze ein paar Fotos, die mir meine Mutter gab: fleckige, vergilbte Abzüge von trostlosen, schmutzigen Hinterhöfen, nackten Treppen und auf jeder Stufe ein Kind: Cousins, Onkel, Tanten; Rätsel. Das Rätselhafte daran ist, an wie viele sich niemand mehr erinnert. Ich zeige sie Jesse, ohne zu erklären, wer sie sind, und als sie über die ausgeschlagenen Zähne, die zerrissenen Overalls, über den Schmutz lacht, beiße ich die Zähne zusammen beim Gedanken an das, woran ich mich nicht erinnern will und was ich doch nicht vergessen kann.

Wir waren so viele, daß man uns nicht durchnumerierte, und wer zählte schon nach, wenn es von Zeit zu Zeit einer weniger wurde – als seien wir Kaulquappen. Meine Urgroßmutter mütterlicherseits hatte elf Töchter, sieben Söhne; meine Großmutter sechs Söhne, fünf Töchter. Jede brachte es auf mindestens sechs. Manche sogar auf neun. Sechs mal elf mal neun; wie in einer Multiplikationstabelle setzte sich ihre Reihe fort. Sie starben und wurden nicht vermißt. Ich stamme aus einer riesigen Großfamilie und weiß fast nichts über das Leben der meisten zu berichten. Irgendwie ließ man es immer wie Selbstmord aussehen: Autowracks, Revolver, ausgediente Seile; Geschrei, Fensterstürze, Dinge im Körperinnern. Ich bin die Spitze einer Pyramide, heruntergerutscht unter dem Gewicht der anderen, die nach mir kamen. So macht es nichts, daß ich die Lesbierin bin, diejenige, die keine Kinder haben wird.

Ich erzähle Geschichten, die amüsant klingen. Ich trinke Bourbon und betone dabei meine Worte, erzähle all die komischen alten Geschichten. Dauernd scheint jemand wissen zu wollen: und wer war das? Ich zeige die Bilder, und sie sagt: »Ist das nicht die aus der Geschichte mit der Brücke?« Ich verstaue die Fotos, trinke weiter, aber irgend jemand kramt sie immer wieder hervor, und dann: »Mein Gott! Wie viele wart ihr denn eigentlich?«

Ich antworte nicht.

Jesse sagte immer: »Du bist so besessen von Gewalt. Du kennst so viele grausame Geschichten.«

Sie sprach mit ihren sanften Lippen, mit diesem Kinn, das noch nie geschlagen wurde, und ich liebe dieses Kinn, aber als Jesse das sagte, zitterten meine Hände, und ich hätte alles darum gegeben, ihr wirklich grausame Geschichten zu erzählen.

Also fertigte ich eine Liste an. Ich erklärte ihr: die ist durchgedreht, hat ihrem kleinen Bruder eins mit dem Wagenheber übergezogen; die drei haben sich allesamt die Unterarme aufgeschlitzt, nicht die Pulsadern am Handgelenk, sondern die größeren Venen schon fast am Ellbogen; und sie, *sie* hat den Jungen erwürgt, mit dem sie die Nacht verbrachte, und wurde weggeschickt; diese da hat Lauge getrunken und starb lautlos lachend. In nur einem Jahr verlor ich acht Cousins und Kusinen. Es war das Jahr, in dem alle ausrissen. Vier verschwanden spurlos. Eine fiel in den Fluß und ertrank. Einer trampte gen Norden und wurde überfahren. Einer wurde erschossen, als er durch die Wälder streunte, während die letzte, Grace, aufbrach, um von Greenville nach Greer zu wandern. Warum, wußte niemand. Eine Meile von Sears stürzte sie die Überführung hinunter, am Roebuck-Lagerhaus, dort lag sie, in der Hitze, verhungernd, im Sterben.

Später, im Schlaf, und doch schlaflos, fand ich meine Hände unter Jesses Kinn wieder. Ich drehte mich weg, doch ich konnte nicht weinen. Ich lasse mich so gut wie nie zum Weinen hinreißen.

Wir wurden fast andauernd vergewaltigt, meine Kusinen und ich. Ich machte auch daraus einen Witz.

Was ist eine Jungfrau aus Süd-Carolina?

'ne Zehnjährige, die schnell rennen kann.

Es war aber nicht witzig für mich mit meinem Stiefvater in Mamas Bett, auch nicht für meine Kusine Billie mit meinem Onkel auf dem Dachboden, nicht für Lucille mit einem anderen Cousin im Wald, für Danny mit vier Fremden im Auto oder für Pammie, die in die Zeitung kam. Cora las es laut vor: »Wiederholt von unbekannten Tätern«. Sie blieben unbekannt, weil Pammi sich nie mehr zu Wort melden konnte. Stichwunden, Zerrungen, Prellungen, blaue Flecken. Ich hörte sämtliche Wörter, bedeutende Wörter und unbedeutende, Wörter, zu schrecklich, um sie zu verstehen. TOD DURCH GEWALTTÄTER. Mit dem Schwanz noch in ihnen, mit dem Besenstiel, dem Ast eines Baumes, der Maschinenfettspritze ... Objekte, unglaubliche Dinge ... Whiskyflaschen, Dosenöffner, Heckenscheren, Glas, Metall, Gemüse ... unglaublich, einfach unglaublich.

Jesse sagt: »Du kannst gut mit Sprache umgehen.«

»Sag nichts«, bitte ich sie, »sag nichts.« Und dieses eine Mal hält sie mich einfach nur fest, seelenruhig.

Ich krame die Bilder hervor, starre auf die Gesichter. Welche war ich? Im Grunde hassen sich Überlebende, soviel weiß ich; um den Kern erbitterter Eigenliebe legt sich der Haß, man kann es nicht begreifen und fragt sich immer wieder: »Warum ausgerechnet ich, und nicht sie, nicht er?« Das ist und bleibt ein Rätsel, und ich habe mich schon so sehr gehaßt, wie ich andere geliebt habe, habe die schlichte Tatsache meines eigenen Überlebens verabscheut. Bin ich nun verpflichtet zu reden, zu handeln, anders zu sein, weil ich überlebt habe?

Meinen Cousin Butch habe ich sehr gemocht. Er hatte so einen komischen großen Kopf, helles dünnes Haar und enorme wäßrige Augen. Alle Kinder mochten ihn, obwohl er den größten Kopf und die dünnsten Haare hatte. Ich war die Dunkelhaarige. Der Rest der Familie schien wie schwächer werdende Pauspapierabzüge verschiedener Blondtöne geraten zu sein, obwohl daraus später Rotschöpfe oder Braunhaarige wurden, und ich selbst dann nicht mehr so auffiel. Zu der Zeit aber stachen Butch und ich heraus – ich, weil ich so dunkel und schnell war, und er wegen seines großen Kopfes und seiner waghalsigen Streiche. Butch kletterte nämlich hinten auf den LKW meines Onkels Lucius, öffnete den Benzintank und beugte seinen Kopf darüber, atmete tief ein, hielt die Luft an, würgte, kotzte und atmete wieder. Es ging so tief, daß es bis in die Zehenspitzen hinein kribbelte. Ich kletterte ihm nach und probierte es auch aus, aber ich war zu klein, um mich lange genug festzuhalten, und fiel schwer zu Boden, schwindelig und kichernd. Butch schaffte es, sich lange oben zu halten, ließ seine Hand in den Tank gleiten und schöpfte eine Handvoll Benzin heraus, dann holte er tief Luft und lachte. Er konnte sich mit wenigen Griffen herunterlassen und schwang sich vom Türgriff direkt auf den Boden. Lachend und nach Benzin stinkend torkelte er dann umher. Irgend jemand erwischte ihn dabei. Und zündete ein Streichholz. »Ich werd's dir zeigen.«

Einfach so, weg, bevor man sich versieht.

In der Nacht erwache ich schreiend: »Nein, nein, laß mich!« in meiner Kehle steigt schmutziges Wasser empor, die flüssige Sprache meiner ureigensten Angst, meines Zorns. »Halt mich fest, halte mich.« Jesse rollte sich auf mich und legt ihre Hände fest auf meine Hüftknochen.

»Ich liebe dich, ich liebe dich. Ich bin ja da«, wiederholt sie.

Ich starre hinauf in ihre dunklen Augen, verwirrt, ängstlich. Ich hole tief Luft, setze mein harmlosestes Lächeln auf. »Bist du etwa darauf hereingefallen?« Ich lache und rolle unter ihr weg. Jesse pufft mich scherzhaft in die Seite, und ich schnappe ihre Hand aus der Luft.

»Meine Liebste«, flüstert sie, legt ihren Körper wie eine Hülle um mich und schließt die Augen. Ich halte meine Hände dicht vor mein Gesicht, beobachte die Knöchel, wie die Nägel zittern und zittern. Lange Zeit schaue ich so, während sie schon schläft, warm und ruhig an mich gelehnt.

James ist erblindet. Einer der Onkel hat ihm selbstgebrannten Schnaps ins Gesicht geschüttet.

Lucille ist in Tante Raylenes Haus aus einem der Vorderfenster geklettert und hinuntergesprungen. Man behauptete, sie sei gesprungen. Niemand sagte, warum.

Mein Onkel Matthew hat meine Tante Raylene geschlagen. Mark und Luke, die Zwillinge, hatten geschworen, ihn davon abzubringen. Eines Tages zerrten sie ihn hinaus in den Hof und warfen ihn wie einen leeren Kartoffelsack zwischen sich auf den Boden. Onkel Matthew schrie wie ein Schwein, das zur Schlachtbank geführt wird. Ich schickte meine beiden Schwestern sicherheitshalber in den Geräteschuppen, blieb aber selbst draußen und sah zu. Der kleine Bo kam aus dem Haus gerannt und warf sich mit den Füßen voran in die Arme seines Daddys. Onkel Matthew packte ihn und schwang ihn wie eine Sense gegen die größeren Jungen. Bos Kopf prallte gegen ihre Schultern, gegen ihre Hüften. Irgendwann kroch Bo im

Schmutz herum, Blut rann aus seinen Ohren, und seine Zunge hing ihm aus dem Mund, bis es Mark und Luke endlich gelang, ihren Vater niederzuringen. Lange Zeit war mir nicht klar, daß sie niemandem je erklärt haben, was Bo zugestoßen war.

Randall versuchte, mir und Lucille das Kämpfen beizubringen. »Nimm deine Hände hoch.« Er stand mit weit gegrätschten Beinen, wippte mit dem Rumpf auf und ab, wobei sein Kopf ständig hin und her wackelte. Dann schoß seine Hand in mein Gesicht. Ich warf mich rückwärts in den Dreck, blieb liegen. Er wandte sich Lucille zu, ohne zu bemerken, daß ich nicht wieder aufstand. Lachend versetzte er ihr einen Stoß. Sie legte ihre Arme um ihren Kopf, zog ihre Beine so eng an sich, daß die Knie ihren Hals schützten.

»Nein, nein!« schrie er. »Mach es so wie sie.« Er drehte sich zu mir. Ich rollte mich zu einer Kugel zusammen, erstarrte.

»Nein, nein!« Er trat nach mir. Ich stöhnte, bewegte mich nicht. Er drehte sich zu Lucille. »Du.« Ihre Zähne klapperten, aber sie hielt still, enger zusammengepreßt als ein eingeschweißtes Stück Schinken.

»Beweg dich!« schrie er. Lucille hielt ihren Kopf noch fester umschlungen und fing an zu schluchzen.

»Arschloch«, schimpfte Randall, »aus euch wird nie was werden.«

Er ging weg. Ganz langsam richteten wir uns wieder auf, sahen uns verlegen an. Wir wußten Bescheid.

Schlägt man zurück, bringen sie dich um.

Meine Schwester war sieben. Sie schrie wie am Spieß. Mein Stiefvater zog sie am linken Arm hoch, schwang ihn vor und zurück. Der Arm gab nach. Er baumelte lose hin und her. Meine Schwester brüllte die ganze Zeit. Ich wußte nicht, daß man ihn brechen kann – einfach so.

Ich rannte den Flur entlang. Er war mir direkt auf den Fersen. »Mama! Mama!« Seine linke Hand – er war Linkshänder – umklammerte meine Kehle, preßte mich gegen die Wand. So hob er mich hoch. Ich trat nach ihm, traf ihn aber nicht. Er schrie auf mich ein, doch in meinen Ohren war so viel Lärm, daß ich ihn nicht verstehen konnte.

»Bitte, Daddy. Bitte, Daddy. Ich tu' alles, was du willst, ich verspreche es. Daddy, alles, was du willst. Bitte, Daddy.«

Das konnte ich nicht gesagt haben. Mit dieser Faust um meine Kehle hätte ich überhaupt nichts herausbringen können, geschweige denn atmen. Ich kam zu Sinnen, als ich auf den Boden aufschlug. Ich sah zu ihm auf.

»Wenn ich lange genug lebe, bringe ich dich um.«

Wieder zog er mich im Würgegriff hoch.

Was hat sie nur? Stimmt etwas nicht mit ihr?

Wieso läuft sie ihm immer hinterher?

Keiner wollte klare Antworten.

Eine ganze Flasche Wodka reicht, um einen umzubringen, wenn man neun ist. Die Flasche faßte einen Viertelliter. Der dritte Cousin war der Beweis dafür. Wir erfuhren, was dies und andere Dinge anrichten können. Jedes Jahr brachte etwas Neues.

Du wirst erwachsen.

Mein großes Mädchen.

Im Arzneischrank stand Kodein und Schmerzmittel für das zahnende Baby; Whisky, Bier und Wein waren im Haus. Jeanne brachte MDA, PCP und Acid mit; Randall Gras, Speed und Meskalin. Es half einem, etwas abzustumpfen und die Zeit totzuschlagen.

Klauen war auch eine Art, sich die Zeit zu vertreiben. Sachen, die wir brauchten oder auch nicht, wegen des Nervenkitzels, der Wut, der Armut. *Du wirst erwachsen,* sagten wir uns. Doch früher oder später wurden wir alle erwischt. Und dann hieß es: *Wann wirst du es endlich begreifen?*

Erwischt, und der Alptraum begann. *Ein Fall für die Klinge,* so die Schlußfolgerung des Mannes, auf dessen Farm Mark und Luke mit fünfzehn geschickt wurden. Ihnen wurde der Kopf kahlgeschoren und die Ohrläppchen eingeschnitten.

Was ist los, Kind? Kannst du's nicht aushalten?

Mit sechzehn erwischte man June und schickte sie ins Jessups Heim für Mädchen, wo man ihr Kind zur Adoption freigab und sie sich die Handgelenke an den Sprungfedern der Matratze aufschlitzte.

Lou faßte man mit siebzehn und verwahrte sie in der Tankstelle am Stadtrand, vergewaltigte sie auf dem Boden des Sammeltanks.

Bist du ein Junge oder ein Mädchen?

Auf die Knie, mein Kind, kannst du's aushalten?

Erwischt mit achtzehn und ins Gefängnis gesteckt, kehrte Jack sieben Jahre später zurück, mit leerem Gesichtsausdruck, verständnislos. Er heiratete ein ruhiges Mädchen von auswärts, hatte drei Kinder nach vier Jahren. Dann kam Jack eines abends aus der Textilfabrik zurück, in der Hand einen der großen Griffe aus der elektrischen Spinnmaschine. Er nahm ihn, prügelte alle damit zu Tode und ging am Morgen wieder zur Arbeit.

Meine Cousine Melvina heiratete mit vierzehn, bekam in zweieinhalb Jahren drei Kinder, die Fürsorge nahm sie ihr alle weg. Sie brannte mit einem Karusselmechaniker durch und bekam noch drei Kinder, bevor er sie wegen einer Motorradakrobatin sitzenließ. Die Fürsorge nahm auch diese weg. Doch das nächste Baby hatte einen Wasserkopf, und diesen kleinen Wasserkopf ließen sie ihr sowie die drei nächsten, selbst das, welches sie so haßte – schwanger war sie die Treppe heruntergestürzt und konnte sich danach nicht mehr erinnern, von wem das Kind war.

»Wie viele Kinder hast du?« fragte ich sie.

»Meinst du die, die ich habe, oder die, die ich hatte? Vier«, erklärte sie mir, »oder elf.«

Meine Tante, die, nach der ich benannt bin, versuchte nach Oklahoma abzuhauen. Das war, nachdem sie ihr jüngstes Kind verloren hatte und man ihr sagte, daß Bo nie mehr ganz »richtig« sein würde. Sie packte Kekse, kaltes Hühnchen und Coca-Cola ein, nahm ein paar herumliegende Kleidungsstücke, Cora und ihr neues Baby, Cy, sowie die vier jüngsten Kinder mit. Sie fuhren nachmittags in Greenville los und wollten es bis zum Wochenende nach Oklahoma schaffen, kamen aber nur bis Augusta. Die Brücke dort gab unter ihnen nach.

»Es war Gottes Wille«, sagte mein Onkel.

Meine Tante und Cora kletterten ein Stück weiter flußabwärts wieder ans Ufer, und zwei von den Mädchen tauchten im Ufergestrüpp wieder auf; sie schrien so lauthals, daß man sie auch in der Dunkelheit fand. Eins der Mädchen aber kam nie wieder aus dem dunklen Gewässer empor, und Nancy, die Cy auf dem Schoß gehabt hatte, fand man im Wasser unter dem Wagen: sie hielt das Baby immer noch fest umschlungen.

»Gottes Wille«, sagte meine Tante. »Gott hat schon einen Scheißhumor.«

Meine Schwester bekam ihr Baby in einem schlechten Jahr. Wir sprachen darüber, als es noch nicht geboren war. »Hast du Angst?« fragte ich.

»Es wird schon alles in Ordnung sein mit ihm«, hatte sie, mich mißverstehend, geantwortet, und von anderen Ängsten gesprochen. »Schließlich haben Bastarde bei uns doch Tradition.«

Es war alles in Ordnung mit ihm, ein klassisch häßlicher, gesunder kleiner Junge mit jenem weißen Haarschopf, der so typisch für viele aus unserer Familie war. Doch es war ein schlechtes Jahr: Meine Schwester bekam erst eine Blasen-, später eine Rippenfellentzündung, und dann – keine Arbeit, kein Geld: sie mußte gezwungenermaßen wieder zu Hause einziehen, zu meinem eiskalten Stiefvater. Ich fuhr oft nach Hause, um sie zu besuchen, mußte verschweigen, daß es eine Frau war, mit der ich zusammenlebte. Ich nahm meinen unbeschreiblich zarten Neffen auf den Arm und wiegte ihn, wiegte mich selbst.

Eines Abends empfing mich lautes Geschrei – das Baby, meine Schwester, sonst war niemand im Haus. Sie stand über seine Wiege gebeugt und brüllte mit hochrotem Kopf: »Sei still! Sei still!« Jedem Wort folgte ein Faustschlag in die Matratze, nur einen Luftzug vom Ohr des Babys entfernt.

»Nicht!« Ich packte sie und zog sie weg, so vorsichtig wie möglich, um ihren vernähten Schnitt zu schonen. Den anderen Arm hatte sie fest auf ihren Bauch gepreßt, so konnte sie sich nicht wehren. Sie hörte nicht auf zu schreien.

»Dieser kleine Bastard schreit einfach, er schreit und schreit. Dieser kleine Bastard. Ich werde ihn umbringen.«

Dann begriff sie, und sie sah mich an, während ihr Sohn weinte und dabei mit den Füßen trat. Neben seinem Kopf zeichnete sich immer noch der Aufprall ihrer Faust ab.

»Oh, nein«, stöhnte sie, »ich wollte nicht so werden. Das habe ich mir immer geschworen.« Sie fing an zu weinen und hielt schluchzend ihren Bauch. »Wir sind kein bißchen besser, wir sind kein bißchen besser.«

Jesse schlingt ihre Arme um mich, drückt ihren Bauch in meinen Rücken. Ich entspanne mich unter ihr. »Sicher, daß du keine Kinder bekommen kannst?« fragt sie. »Ich würd' zu gerne sehen, wie die wohl werden würden.«

Ich werde steif. »Ich kann keine Kinder bekommen. Ich habe mir nie Kinder gewünscht.«

»Trotzdem«, entgegnet sie, »du kannst so gut mit ihnen umgehen, hast so viel Geduld.«

Ich denke an all die Momente, in denen sich meine Hand zur Faust geballt hat und ich mich nur mit Mühe zurückhalten konnte. Ich öffne meinen Mund, schließe ihn, kann nicht sprechen. Was könnte ich jetzt schon sagen? Alle die anderen Gelegenheiten, als ich nicht geredet habe, all die Sachen, die ich ihr einfach nicht sagen konnte, die Scham, die Selbstverachtung, die Angst; all das steht nun zwischen uns – eine Mauer, die ich nicht niederreißen kann.

Ich wünschte, ich könnte mich zu ihr umdrehen und mit ihr reden, ihr erklären ... »Durch meinen Kopf zieht sich ein staubiger Fluß, ein Fluß aus Namen, sich endlos wiederholend. Das schmutzige Wasser steigt in mir empor, die vielen Kinder in meinem Kopf, die ihr Leben in meiner Erinnerung hinausschreien – dann werde ich eine andere, so, wie ich mich immer bemüht habe, nicht zu sein.«

Aber ich rede nicht, und ich weiß – so sicher wie ich weiß, daß ich nie ein Kind haben werde –, daß ich uns mit meinem Schweigen verdamme, daß ich dich nicht länger lieben kann und dich hassen werde für dein Bilderbuchleben, weil du nicht nach dem fragst, was du dir verständlicherweise nicht vorstellen kannst, für die Unschuld in diesem sanften Kinn, das ich so liebe.

Jesse legt ihre Hände um meinen Nacken und sagt mit einem Lächeln: »Du erzählst die komischsten Geschichten.«

Ich lege meine Hände um ihren Rücken, fühle, wie es in den Spitzen meiner Knöchel pulsiert.

»Ja«, erkläre ich ihr. »Aber ich lüge.«

Deutsch von Olga Klenner

Charles D'Ambrosio

Ihr richtiger Name

Für PLA

I

Die Kopfhaut des Mädchens sah aus, als sei sie von Flammen versengt worden – Strähnen strohiger roter Haare schlängelten sich erst von ihrem Gesicht weg und schmiegten sich dann an die Haut, wo Schweiß und Sonnenöl und der während der Fahrt aufgewirbelte Dreck und Staub sie festklebten. Anfangs war ihr lichtes Haar eine Zeitlang so hell und sauber gewesen wie der Flaum eines frisch geschlüpften Kükens, doch es wurde immer heißer, je weiter sie nach Westen kamen, mitten hinein in eine Dürre, die schon den ganzen Sommer anhielt und die Landschaft verbrannte und das Gras versengte und den schwarzen Teer in den Dehnungsfugen der Straße aufweichte und die Kadaver von Waschbären und Rehen und Hunden wie Ballone aufblähte und auf der Straße vor ihnen alles durch Wellen aufsteigender Hitze wie eine Fata Morgana flimmern ließ. Seit sie Fargo hinter sich gelassen hatten, war es zu heiß für die Perücke, und sie lag nun zwischen ihnen auf dem Sitz, das Gewebe immer noch in der Form ihres Kopfes. Daneben ergossen sich aus einer Tüte orangerote Bonbons – Smiles nannte sie sie – über das Kunstleder. Zuckerkristalle rieselten in die schmutzige Steppnaht und blieben an ihrem Schenkel kleben. Der Boden war mit Kaugummipapierchen und fettigen weißen Tüten übersät, und auf dem Armaturenbrett, zwischen Plastikbechern, Pennies und Streichholzbriefchen, lag ein Autoaufkleber, der sich in der Hitze eingerollt hatte. »Rechne mit einem Wunder«, verkündete er. Der Mann und das Mädchen lebten schon einen Monat in diesem Wagen. Beide hatten seit Tagen nicht mehr gebadet.

Das Mädchen hatte eine schwarze Bibel im Schoß liegen, der Ledereinband so abgewetzt und zerschlissen wie alte Tennisschuhe. Das Deckblatt enthielt einen Stammbaum, der bis 1827 zurückreichte, Namen in dichter Folge, schwarz auf vergilbendes Pergament gekritzelt, eine Ahnentafel, die so gewichtig daherkam wie Adams Geschlechter im ersten Buch Mose. Die Liste der Vorfahren auf dem Deckblatt war für den Mann, der Jones hieß, nichts als bedeutungslose alte Geschichte, doch das Mädchen sagte, ihre Familie habe diese Bibel einhundertundfünfzig Jahre lang überallhin mitgenommen, und sie wolle sie auch mitnehmen. »Das hier bin ich«, hatte das Mädchen gesagt und Jones ihren Namen gezeigt; es war der neueste Eintrag, großzügige Schleifen in Bic-Blau. Sie hatte ihn selbst auf den Rand der Seite geschrieben. *Geb. 1960 –*. Während der Fahrt las das Mädchen verschiedene Abschnitte laut vor und beschwor eine Mischung aus epischer Schönheit und bösen Erinnerungen, das zweite Buch Mose und den Ledergürtel, mit dem ihr Stiefvater sie immer schlug, wenn sie ein Gebot übertrat – eines der ursprünglichen zehn oder eines seiner Zusatzgebote. Jones war sich nicht sicher, wie sehr sie dem strengen christlichen Glauben ihrer Ahnen vertraute, aber das Vorlesen schien sie zu verzaubern. Sie hatte eine schöne, in der Kirche geschulte Stimme, die jeden Vers in eine besänftigende Melodie verwandelte, in ein Lied des Trostes, dessen melodisches Auf und Ab sich irgendwo jenseits der strengen Ansprüche des Glaubens bewegte. Nur wenige Minuten vorher hatte sie sich mit einem Abschnitt aus Jeremia in den Schlaf gelesen.

Nun spürte sie, daß Jones sie anstarrte, und wurde wach.

»Du hast mich angesehen«, sagte sie. »Du hast dir irgendwas überlegt.«

Ihr Gesicht war formlos, weich und blaß wie warmes Wachs.

»Ich habe es gespürt«, sagte sie. »Wo sind wir?«

Sie hatten gerade mal eine Meile zurückgelegt, seit sie eingedöst war. Sie griff nach den Bonbons auf dem Sitz.

»Hast du Hunger? Willst du ein Smile, Jones?«

»Nein, ich verzichte«, sagte Jones.

»Ein Pfefferminz?« Sie hielt ihm das aufgerissene Päckchen hin.

»Nein, ich möchte jetzt nichts, danke.«

»Ich esse Bonbons, und dabei fallen mir die Zähne aus.« Das Mädchen lutschte den Zucker von einem Smile und fragte: »Wie weit ist es noch bis Las Vegas?«

Jones schob eine Kassette in den Achtspur-Rekorder. Er fuhr einen 1967er Belvedere, den er in Newport News für siebenhundert Dollar in bar gekauft hatte; im Preis inbegriffen war dieser sperrige Rekorder, der wie eine atavistische Orgel unten ans Handschuhfach geschraubt war. Jones hatte im Kofferraum zwei Kassetten gefunden, und nach fünfzehntausend Meilen hingen ihm sowohl Tom Jones als auch Steppenwolf ganz schön zum Hals heraus. Trotzdem setzte er sich lieber dem minderwertigen Sound dieser Bänder aus, als sich selber lügen zu hören.

»Komm doch, kleines Mädchen«, sang er mit hoher, spöttischer Fistelstimme mit, »komm auf den fliegenden Teppich zu mir.«

»Wie weit?« fragte das Mädchen.

Jones packte das Lenkrad fester. »Vielleicht noch einen Tag.«

Sie schien wieder einzuschlafen, die trockenen Augenlider geschlossen wie bei einer Eidechse, die rissigen Lippen, von denen sich Hautfetzen lösten, leicht geöffnet, der zerbrechliche Körper dem sanften Schaukeln des Wagens ausgeliefert. Jones wandte seine Aufmerksamkeit wieder der Straße zu, einer hypnotischen schwarzen Linie, die sich durch Wogen aus gelbem Gras schlängelte. Jones kam es so vor, als seien sie schon eine Ewigkeit im östlichen Montana unterwegs, als seien es immer dieselben zwei oder drei Bäume, dieselben zwei oder drei Bauernhöfe und Getreidesilos, die wie Kulissen in einem alten Film vorbeirauschten und Bewegung nur vortäuschten. Endlose, im grellen Sonnenlicht brennende Felder, gelegentlich von dunklen Pappelbeständen oder dem ausgeweideten Chassis eines rostenden Autos unterbrochen. Halb zerfallene Scheunen standen schief im Gras und beugten sich dem heißen Wind und der beharrlichen Flachheit, als akzeptierten sie passiv die Gesetze einer Welt, deren einziger Orientierungspunkt, soweit Jones sehen konnte, der waagerechte Horizont war.

»Er ist da draußen«, sagte das Mädchen. »Wenn ich die Augen zumache, spüre ich ihn da draußen. Er weiß, wo wir sind.«

»Das bezweifle ich sehr«, sagte Jones.

Das Mädchen hielt sich an der Kopfstütze fest und drehte sich mühsam um; durch die Heckscheibe blickte sie auf die gewundene Straße, die am blassen Rand der Welt, die sie hinter sich gelassen hatten, zu einem Nadelstich schrumpfte; genau aus dem Fluchtpunkt würde ihr Vater auftauchen.

»Ich nehme an, er wird bald Bescheid wissen«, sagte sie. »Er hat ein besonderes Gespür. Einmal hat er ein Erdbeben vorhergesagt.«

»Es ist ein großes Land«, sagte Jones »Wir könnten auf tausend verschiedenen Straßen unterwegs sein. Am besten, du denkst mit aller Macht an Florida, vielleicht bringt das seinen superschlauen Vorhersageapparat ein bißchen durcheinander.«

»Gebete«, sagte das Mädchen. »Er betet. Nichts Großartiges. Uns geht es wie Jona auf dem Schiff nach Tharsis; sie sind ihm auf die Schliche gekommen.«

Das Mädchen schloß die Augen; sie spritzte sich Wasser auf Gesicht und Brust.

»Es ist so heiß«, sagte sie. »Erzähl mir mehr über die Eskimos.«

»Ich hab dir alles erzählt, was ich über Eskimos weiß. Schließlich hab ich nur dieses eine Buch gelesen.«

»Dann erzähl es noch einmal, mir macht das nichts.«

Er durchforstete sein Gedächtnis nach allem, was er bei Knud Rasmussen gelesen hatte.

»Nichts bleibt ungenutzt«, sagte Jones. »Sie haben für alles Verwendung. Die Inuit können aus einem erschlagenen Hund einen Schlitten bauen. Sie töten den Hund, häuten ihn und schneiden das Fell in zwei Streifen.«

»Ich verbrenne bei lebendigem Leib«, sagte das Mädchen.

»Die Fellstreifen rollen sie der Länge nach ein und bringen sie im Wasser zum Gefrieren, und damit haben sie die Kufen. Diese Kufen verbinden sie dann mit den Rippen des Hundes.« Jones knabberte vorsichtig an einem orangeroten Smile. »Eben noch hat der Hund den Schlitten gezogen, und im Handumdrehen ist er selbst der Schlitten.« Er sah, daß das Mädchen eingeschlafen war. »Das ist Ironie«, sagte er und wiederholte dann das Wort. »Ironie.« Es klang dürftig, unzureichend; es besagte gar nichts; schweigend fuhr er weiter. Vor sich sah er eine Landschaft, deren Weite das Auge nicht erfassen konnte – die erdrückende Breite der verbrannten Felder und die feine schwarze Ader der Straße, die sich in einem unermeßlichen blauen Himmel verlor, so als seien die am Horizont zusammengeballten Wolken in Wirklichkeit ferne Städte und als wollten sie geradewegs zu ihnen fahren.

Sie hatte als Tankwartin und Kassiererin an einer Straßenkreuzung im südlichen Illinois gearbeitet, ein spindeldürres Mädchen mit widerspenstigen rostroten Haaren, sorgenvoll, mit abgebrochenen Fingernägeln und grünen Augen ohne Glanz. Sie trug einen grauen Overall, der sich wie ein Clownskostüm um ihren Körper blähte, und die langen Hosenbeine und Ärmel waren zu dicken Manschetten aufgerollt. »Ich habe das Meer noch nie gesehen«, hatte sie gesagt und auf die Reste eines abblätternden Aufklebers an Jones Wagen gezeigt. »... beim Segeln«, war da zu lesen. Sie stand auf der kleinen Insel mit den Zapfsäulen, während Jones seinen Tank füllte. Die verdeckten blauen Lichter über ihren Köpfen zuckten im Rhythmus des in der Luft hängenden Zirpens der Zikaden, und beides war in dem schwarzen Land rings um die Tankstelle von einer tröstlichen Unmittelbarkeit. Jones wollte das Mädchen auffordern, sich doch einmal umzusehen: Dieses flache Stück Nichts war so gut wie jeder Ozean. Statt dessen machte er Konversation und sagte: »Ich bin gerade erst aus der Navy entlassen worden.«

»Aus der Gegend?« fragte sie.

»Nee«, sagte Jones.

Er setzte den Tankdeckel auf und griff in den Wagen, wo er sein Geld, an die Sonnenblende geklemmt, aufbewahrte.

»Das hab ich gewußt«, sagte sie. »Ich hab das Nummernschild gesehen.«

Jones gab ihr einen Zwanziger aus dem zusammengerollten Bündel mit seinem Sold. Das Geld verkörperte für ihn seine letzten sechs Monate in der Navy, ein halbes Jahr, in dem er kein einziges Mal an Land gewesen war. Des Lebens auf hoher See überdrüssig und wissend, daß das nicht sein Beruf werden würde, hatte Jones im letzten Abschnitt seiner Dienstzeit den Versuchungen des Landurlaubs widerstanden, immer in der Hoffnung, am Ende soviel in der Tasche zu haben, daß er davon ein Jahr lang würde leben können. Als er jetzt sein schrumpfendes Geldscheinbündel vor Augen hatte, fühlte er sich hin- und hergerissen: Zum einen war er erschöpft, zum anderen drängte es ihn, weiterzuziehen, bevor er pleite ging.

»Wo in Virginia sind Sie zu Hause?«

»Ich komme nicht aus Virginia«, sagte Jones. »Ich hab nur diesen Wagen in Newport News gekauft, und es sind noch die alten Nummernschilder dran.«

»Schade«, sagte das Mädchen. »Ich mag den Klang. Virginia. Sie nicht?«

»Das hat für mich nichts Besonderes, glaube ich, weder so noch so.«

Das Mädchen faltete die Zwanzigdollarnote einmal in der Mitte und strich dann mit ihren dünnen Fingern immer wieder über den Falz. Daß sie hier auf dem flachen Land in einer Tankstelle arbeitete, fand Jones irgendwie sexy, und nun sah er sie genau an und versuchte sich darüber klarzuwerden, ob er ein, zwei Nächte in Carbondale verbringen wollte oder nicht. Bis auf die seltsame Beschaffenheit und Tönung ihrer roten Haare sah sie in seinen Augen gut aus, und in dem riesigen, im Wind flatternden Overall machte sie einen süßen und verlorenen Eindruck, wirkte irgendwie unschuldig und allein, so daß Jones plötzlich voller Zuversicht war, sie ohne größere Probleme aufreißen zu können.

»Machen Sie den jetzt klein?« fragte Jones mit einer Kopfbewegung in Richtung des Geldscheins.

Ihr Arm verschwand völlig, als sie in die tiefe Tasche des Overalls griff und ein zusammengerolltes Bündel Geldscheine herausholte, die voll schwarzer Fett- und Ölflecken waren. Jones nahm das Wechselgeld entgegen und ließ dann seinen Blick schweifen. Im Osten wölbte sich eine Kuppel aus Licht über Carbondale, ein fahles Gelb, das gegen den Nachthimmel drängte. Bis auf einen Scheinwerfer, der einen grünen Dinosaurier und ein darüber sich drehendes Sinclair-Schild bestrahlte, war die Straße vor der Tankstelle leer.

»Keine Angst, hier draußen zu arbeiten?« fragte er.

»Iwo«, sagte sie. »Es kommt ja kaum mal einer hier raus, höchstens Leute wie Sie, höchstens Leute, die irgendwo hinfahren. Neulich hat mal ein Mann aus Vernal hier getankt. Das liegt in Utah.«

»Trotzdem –«

»An manchen Abenden hätte ich nichts gegen einen Raubüberfall.«

Jones griff ins Handschuhfach und holte seinen Kulturbeutel heraus – eine Plastiktüte mit einem dünnen, gekrümmten, knochenähnlichen Stück Seife, einem stumpfen Rasiermesser und einer kahl werdenden Zahnbürste. »Kann ich mich ein bißchen waschen?«

»Der Waschraum ist hinten«, sagte sie. »Bei den Propangasbehältern.«

Im Waschraum zog er sein T-Shirt aus und wusch sich mit einem naß gemachten Handtuch; er betrachtete sich im Spiegel über dem Waschbecken und kam sich vor wie ein Fremder, wie jemand aus seiner Vergangenheit. Graue Augen, ein kantiger Kiefer, Ohren, die absurd von seinem kurzgeschorenen Kopf abstanden: ein Navy-Gesicht. Die sechs Monate Abgeschiedenheit an Bord hatten ihm neben seinen Pflichten als Offizier kaum noch ein Gefühl für die eigene Person gelassen. In dieser Zeit, geborgen im Kokon seiner Koje, hatte er nicht nur vergessen, wie er aussah, sondern auch, was andere Leute sehen mochten, wenn sie ihn anschauten. Nun war er Zivilist. Er beschloß, sich zu rasieren, und seifte sich mit der Seife ein. Nach vier, fünf schmerzhaften Strichen war der Schnurrbart weg.

Einen Moment lang spürte er die frische Brise in seinem glattrasierten Gesicht. In strammer Haltung blieb er ein wenig steif vor der Tankstelle stehen, und als ihm das Mädchen von der Kasse her zuwinkte, salutierte Jones.

»Bis dann«, sagte er.

»Okay«, sagte sie.

Jones fuhr los, hielt aber zwei Kilometer später schon wieder an, um in einen Laden zu gehen. Er griff sich zwei Sixpacks, eine billige Kühlbox aus Styropor und eine Tüte Eis und ging dann in den Teil des Ladens, wo es Spielzeug gab. Er entschied sich für eine rosarote Luftpistole, mit der man Haftpfeile verschießen konnte. Er fuhr zur Tankstelle zurück und parkte seinen Wagen im Schatten des Dinosauriers. Er wartete. Das Mädchen saß in der gläsernen Kabine hinter einem Ständer mit Straßenatlanten, plötzlich das Sweetheart jeder Stadt, durch die er in den letzten paar Monaten gekommen war. Mit einem Menschen zusammenzusein, der seinen Namen kannte, eine andere Stimme zu hören – das würde ihm heute schon genügen. Jones riß eine Bierdose auf und lud die Luftpistole. Er befeuchtete den Saugteller an der Pfeilspitze, zielte und schoß.

»He!« rief das Mädchen.

»Gehn wir irgendwo hin?« fragte Jones.

Sie hatten den Mississippi vor drei Wochen überquert und waren nach Norden durch Iowa gefahren; sie hatten in Motels übernachtet und in einfachen Speiselokalen gegessen und es sich rundum gutgehen lassen, bis sein Geld allmählich zur Neige ging. Nun fingen sie an, auf Rastplätzen und leeren Parkplätzen im Auto zu schlafen, Arme und Beine auf dem Rücksitz des Belvedere ineinander verflochten. Eines Morgens war Jones in eine Bäckerei gegangen, um für fünfunddreißig Cent einen Laib Sauerteigbrot vom Vortag zu kaufen. Es war die kühle blaue Stunde vor Tagesanbruch, doch der Himmel wurde bereits blaß, als Jones über den Parkplatz ging; der Teer unter seinen Schuhen wurde weich, und das letzte schwache Licht der Straßenlaternen hing in dumpfen Ringen gelb und blaßrot in der schwülen Luft. Nur ein weiteres Auto stand auf dem leeren Parkplatz;

seine Fenster waren herausgeschlagen worden, und Glassplitter lagen wie Saatgut auf dem Asphalt verstreut. Als sich Jones dem Belvedere näherte, sah er, wie das Mädchen langsam den Haarschopf anhob und vom Kopf nahm. Es war, als sei er Zeuge eines rückwärts ablaufenden Offenbarungswunders, als hätten die aufgehende Sonne und der neue Tag der Welt keine Visionen gebracht, sondern sie ihr statt dessen genommen, so daß sie ungeschützt und bloß dalag. Die Schädeldecke des Mädchens war blau, etwas Geheimes, das nicht fürs Licht bestimmt war. Jones öffnete die Beifahrertür. Das Mädchen hatte die Perücke aus lockigen roten Haaren auf dem Schoß.

»Verdammt«, sagte Jones. Er ging ein paarmal im Kreis herum.

Gelassen fuhr das Mädchen mit den Fingern wie mit einem Kamm durch den Haarschopf auf ihrem Schoß. Ihr war beim Abnehmen der Perücke klar gewesen, daß das Schicksal unumkehrbar seinen Lauf nahm, wenn sie sich Jones zu erkennen gab. Sie spürte, daß sie Jones in diesem Moment kennenlernen und für immer kennen würde. Sie wartete darauf, daß Jones seinen Schock und seinen Ärger überwand, voller Angst, daß sie dann möglicherweise nach Carbondale würde zurückgehen müssen, zu der Tankstelle und ihrem Stiefvater und der Kirche und den Gebeten um wundersame Fürbitte. Als Jones fragte, was mit ihr los sei, und sie es ihm erzählte, kickte er den Brotlaib in hohem Bogen über den Parkplatz.

»Warum hast du kein Wort davon gesagt?«

»Was hätte ich denn sagen sollen, Jones?«

»Die Wahrheit hätte für den Anfang gereicht.«

»Sieht aus, als hättest du auch so deinen Spaß gehabt«, sagte sie. »Es war eigentlich kein Thema bisher.«

»Himmel Herrgott.«

»Außerdem wär ich jetzt nicht hier, wenn ich es dir erzählt hätte. Du wärst längst auf und davon.«

Jones bestritt das. »Da kennst du mich aber schlecht«, sagte er.

»Schon möglich.« Sie setzte die Perücke wieder auf. »Ich behalt sie auf, wenn du mich häßlich findest.« Das Mädchen schwenkte die Beine aus dem Auto und ging über den Parkplatz. Sie las den Brotlaib auf und brachte ihn zurück. »Diese Geschichten ziehen sich in die Länge«, sagte sie.

Sie wischte Kies und Dreck und Grashalme von der Kruste und brach den Laib dann in zwei Hälften.

»Du hast keinen Orangensaft mitgebracht, oder?« fragte sie. »Zu diesem altbackenen Brot braucht man Orangensaft.«

Sie brach ein großes Stück sauberes Weißbrot aus der Mitte und gab Jones dann den Rest des Laibes. Der aß davon und wurde ruhiger.

»Wer weiß schon, wieviel Zeit mir noch bleibt?« sagte sie.

Als sie sich an diesem Morgen wieder auf den Weg machten, ging es fast zwangsläufig Richtung Westen: Gegen die Sonne zu fahren, war eine unerträgliche Vorstellung, und sie in der stillen Weite des anbrechenden Tages im Rücken zu haben, gab ihnen – und sei es noch so kurz – das Gefühl, sie könnten ihr davonfahren. Es war 1977, es war August, es war die Jahreszeit, in der die hügeligen Felder vor Sonnenblumen fieberten; auf welken Stengeln drehten sie sich dem Licht zu, so daß sie den beiden beim Aufbruch im Morgengrauen im Osten entgegenblickten und abends, wenn die Sonne unterging, im Westen nachschauten, während sie die vor ihnen liegende Straße nach dem weichen Licht von Neonlampen absuchten, nach den rotierenden Schildern und beleuchteten Fenstern und dem traurig tröpfelnden Kleinstadtverkehr, die strahlend am Horizont aufleuchten und bedeuten würden, daß es etwas zu essen und ein Quartier für die Nacht gab. Wenn Jones noch nicht zu müde war, drängte er weiter, denn lieber als am Tag fuhr er in der Einsamkeit der Nacht, wenn tatsächliche Entfernungen ungesehen zusammenschmolzen und der Wagen losgelöst durch grenzenlose Weiten zu schweben schien, wenn er unter sich das beruhigende Summen der rollenden Reifen hörte und draußen die Lichter von kleinen Ortschaften wie Sternbilder in einem warmen Weltall über dem verdunkelten Land hängen sah. Am Tag hielt er nur an, wenn das Mädchen ein Naturwunder, ein Wahrzeichen oder eine historische Besonderheit sehen wollte. Früh an diesem Morgen hatten sie das Tal des Little Big Horn besucht. Schweigen beherrschte die Szene, ein Schweigen, das an die Geschichte von vor hundert Jahren rührte und dann weiterging, zurück zu den verbrannten Gebirgskämmen und Klippen, zurück in eine Zeit, als die flache goldene Ebene im Westen noch keinen Fußabdruck zu spüren bekommen hatte. Jones sah zu, wie das Mädchen das Gewirr aus weißen Hinweistafeln studierte und nach dem geschwärzten Felsbrocken suchte, an dem Custer gefallen war. Sie war über den schmiedeeisernen Zaun geklettert, um sich neben den Stein zu stellen, und eine große Natter, die dort im Schatten Kühlung suchte, glitt durch das gelbe Gras davon. Das Mädchen schien ganz in Ordnung, nicht richtig krank, nur ein wenig seltsam und exotisch, wenn sie die Perücke abnahm. Hin und wieder dachte Jones, wenn er sie anschaute: *du wirst sterben,* doch die nie nachlassende Hitze hämmerte die Tage in eine dumpfe Gleichförmigkeit, und das Autofahren bewirkte eine Art von Amnesie; im großen und ganzen hatte Jones den Gedanken weggeschoben – bis zu diesem Morgen, als sie über ihr nächstes Ziel sprachen.

»Wir könnten nach Nevada fahren«, hatte sie gesagt. »Sieht aus, als wär das ohnehin unsere Richtung.«

»Vielleicht«, hatte Jones geantwortet.

»Man braucht da nur eine Stunde zum Heiraten«, sagte das Mädchen, »und die verleihen alles, was man braucht. Einen Schleier, Blumen. Wir werden um Geld spielen. Ich hab das noch nie getan. Du vielleicht? Roulette – was meinst du, Jones?«

»Vielleicht, hab ich gesagt.«

»Hör zu, Jones. Vielleicht ist nicht mein Ding.«

»Ich weiß nicht«, sagte Jones. »Ich hab's mir noch nicht richtig überlegt.«

»Was gibt's da zu überlegen? Du wärst im Handumdrehen Witwer.«

Jones schloß die Hand um das Knie des Mädchens, knotig und hart wie bei einem Fohlen. »Himmel«, sagte er.

»Ich verlange ja nicht, daß du eine schwere Verpflichtung eingehst.«

»Okay, schon gut«, hatte Jones gesagt. »Kein Grund, morbid zu werden.«

Die Nacht sank hernieder, und die Straße stieg an: Es ging in die Berge. Die Große Wasserscheide war nicht mehr weit, und Jones wußte nicht recht, ob er das Mädchen wecken sollte oder nicht. Sie verpaßte nur ungern etwas, sei es ein Wahrzeichen oder eine Grenze oder irgendeine andere auf einer Reklametafel angekündigte Attraktion. Sie hatten die Präsidentenparade – »Amerikas historisches Erbe in Wachs« – besucht und die Fahrt unterbrochen, um Alligatoren und Präriehunde und einen Strauß und die gebleichten weißen Knochen von Dinosauriern zu besichtigen, und das Heck des Autos war mittlerweile von Aufklebern und Abziehbildern übersät, und im Kofferraum stapelten sich Souvenirs, die sie gekauft hatte, Minilandschaften im Schneegestöber, Westernkrawatten, perlenverzierte Indianergürtel, geschnitzte Armspangen, Wimpel. Wall Drug, Mount Rushmore, Little Big Horn und inmitten von Mariengras ein nacktes, ausgefurchtes Fleckchen Erde, das zum Lewis-and-Clark-Pfad gehörte, wie auf einem von Kugeln durchlöcherten Plakat behauptet wurde – sie hatte sich mit billigem Plunder und sentimentalem Kram eingedeckt, und das Zeug erinnerte nun an eine rastlose Reise durch verschiedene Staaten, über Flüsse, auf Berge, in leere Felder, wo Schlachten geschlagen und entschieden worden waren, und über die Straßen schmutziger, vergessener Orte, wo sich vor langer Zeit einmal irgend etwas Bedeutsames abgespielt hatte.

Jones schüttelte sie und sagte: »Von hier an strömen alle Flüsse nach Westen.«

»Jones?« Sie war verwirrt, ein Kind, das verängstigt in einer fremden Umgebung aufwacht. »Ich fühle mich nicht besonders.«

»Willst du dich hinlegen?«

»Ein Bier wäre nicht schlecht«, sagte das Mädchen. »Ich muß das irgendwie wegbekommen.«

Jones fuhr vorsichtig auf den Pannenstreifen. Die Berge schnitten eine Krone der Dunkelheit aus dem Nachthimmel, und eine Reihe von Telefonmasten, deren Silhouette vom Sternenlicht betont wurde, wirkte wie Kreuze, die jemand entlang der Straße aufgestellt hatte. Jones schob seinen Matchsack vom Rücksitz und rollte den Schlafsack aus. Der Wagen vibrierte, als ein Sattelschlepper vorbeifuhr und hinter sich eine Phalanx aus Kies aufwirbelte.

»Sieh zu, daß wir bald dort sind«, sagte das Mädchen.

»Geh jetzt auf den Rücksitz.«

»Ich bete«, sagte das Mädchen.

»Das ist gut.« Jones fuhr dem Mädchen mit der Hand über den Kopf. Dünne Haarsträhnen lösten sich und blieben an seinen Fingern kleben. »Wir fahren nur noch bis zum nächsten Ort.«

Als sie wieder auf der Straße waren, trocknete der Wind sein T-Shirt, und der schweißgetränkte Baumwollstoff wurde steif wie ein Brett. Unter ihm rollten die abgefahrenen Reifen über den warmen Asphalt und hörten sich dabei an wie das Murmeln eines Flusses. Nun, da die Fahrt weiterging, empfand er nichts als Erleichterung: Ihm war, als habe sich sein Körper von seinem festen Platz in der Zeit freigemacht und schwebe nun durch die blauen Lichter von Ortschaften, die nach Indianern und Kavalleristen und Schlachten benannt waren, nach blinden Erwartungen und den Tröstungen der bekannten Vergangenheit, nach den stärkenden Überzeugungen und Ängsten von Pionieren. Outlook, Savage, Plentywood. Weiter nach Westen änderten sich die Ortsnamen, wurden zu Ablagerungen utopischer Geschichte, Ortsnamen wie Hope und Endwell, Wisdom und Independence und Loveland. Immer wenn die Ortsschilder vorbeiflitzten und einen Augenblick im Scheinwerferlicht aufleuchteten, hatte Jones das Gefühl, er reise durch eine vergessene Allegorie.

Das Mädchen fragte: »Was meinst du, wann sind wir dort?«

»Wir fahren nicht nach Las Vegas«, sagte Jones. Er hatte seine eigene Entscheidung nicht gekannt, bis er sich diese Worte sagen hörte.

»Warum nicht?«

»Ich bringe dich in ein Krankenhaus.«

»Die werden mich nach Hause schicken«, sagte das Mädchen.

»Schon möglich.«

»Dad wird behaupten, du hättest mich entführt.«

»Du weißt, daß es anders gelaufen ist.«

»Egal«, sagte das Mädchen. »Er wird sagen, du arbeitest für den Satan und seine dämonischen Mächte, auch wenn du es selbst vielleicht nicht weißt. Er sagt, so ziemlich jeder steht in Diensten des Satans.«

»Ich jedenfalls nicht.«

»Vielleicht weißt du's nur nicht«, sagte das Mädchen.

Sie überquerten den Bitteroot. Jones fand nichts mehr im Radio, und so horchte er auf die Gebete des Mädchens, Wortfragmente, die an sein Ohr drangen, *Jesus* und *Heiland* und *Amen,* die Musik ihrer Stimme vom Wind fortgetragen oder vorher abgewürgt, wenn sie sich auf dem Sitz hinter ihm in heftigen Brechreizen wand. Irgendwo im Westen Idahos schlief sie ein, und die nächsten paar Stunden lauschte Jones dem Singen der Autoreifen. Kurz vor Spokane kam, etwas zurückgesetzt in einem Weizenfeld, eine beleuchtete Reklametafel mit einem Jesus, der einen Stab in der Hand hatte und über Wasser ging. Jones dachte über das seltsame Zugeständnis an den Realismus nach: ein Mann, der auf dem Wasser gehen konnte, würde sich kaum auf eine Krücke stützen müssen. Mit der Reklametafel war auch der Gedanke wieder verschwunden, und er wurde durch keinen anderen ersetzt. Gelangweilt suchte Jones die Senderskala nach Stimmen ab, doch für lange leere Strecken bekam er nur das Knistern von Störgeräuschen herein, ein merkwürdiges an- und abschwellendes Geschnatter, das sich im Auto ausbreitete, als habe er plötzlich den Kontakt zur Erde verloren.

Eine ZIMMER-FREI-Anzeige in roter Leuchtschrift zuckte zweideutig, denn auch das KEINE war schwach beleuchtet. Hinter dem Motel und jenseits der Bahngleise schlängelte sich der Columbia River durch Wenatchee, breit und ruhig, eine friedliche blaue Ader zwischen dem Ort und den Apfelplantagen. Die niedrigen braunen Hügel waren mit grünen Rechtecken übersät, mit Gärten, die aus der verbrannten Erde herausgeschnitten schienen, und weit hinter ihnen im Westen – steil aufragend, in den blauen Himmel geritzt – säumte eine schneebedeckte Gebirgskette den Horizont, wie Zähne, die in einen gewaltigen Kiefer gepflanzt waren.

»Wir sind da«, sagte Jones.

»Wo?«

»Wen-a-tchee«, sagte er.

»Wena-tchee«, versuchte er es mit einer anderen Betonung.

»Irgendein Ort halt«, sagte er schließlich. »Gehen wir nach oben.«

In ihrem Zimmer setzte Jones das Mädchen auf dem Bett ab. Er besprengte die Bettücher mit Leitungswasser, um sie abzukühlen, und machte das Fenster auf. Draußen waren vor allem die grauen, staubigen Blätter eines Apfelbaums zu sehen, und unter dem Baum schimmerte das unnatürliche Blau eines Schwimmbeckens, ohne in der Morgensonne seine Tiefe erkennen zu lassen. Eine leichte Brise kräuselte das Wasser, und an der Oberfläche trieb ziellos ein aufgeblasener Rettungsring umher.

Das Mädchen hatte sich am Fußende des Bettes hingekniet, um mit gefalteten Händen und gesenktem Kopf zu beten. Sie war nackt, ihr Leib eine glanzlose, weiße Votivkerze, und die erloschene Flamme ihrer Haare eine sterbende rote Glut.

»Komm und bet mit mir«, sagte sie.

»Mach du mal«, sagte Jones. Er setzte sich auf den Bettrand und zog seine Stiefel aus.

»Es würde dir nicht schaden, auf die Knie zu gehen.«

»Diese Diskussion hatten wir doch schon«, sagte er.

»Ich glaube, es war ein Wunder«, sagte das Mädchen. Sie redete von der Remission ihrer Krebserkrankung, den erhörten Gebeten. Ihr Stiefvater gehörte einer evangelischen Freikirche an, die buchstäblich glaubte, die Entrückung des Jüngsten Gerichtes sei nicht mehr fern. Schon mehrmals hatte er das Ende der Tage vorausgesagt, und jedesmal war das Datum ereignislos verstrichen. Vor zwei Monaten hatte er sie aus der medizinischen Behandlung herausgenommen, sich gegen die Wissenschaft und für das Gebet entschieden. Für die Gemeinde der »Kirche des Erlösers« in Carbondale erwuchsen aus dieser Krankheit metaphorische Möglichkeiten und wundersame Vorzeichen, und man sah in ihr eine Art von Prophezeiung:

Mal wurde sie als Symbol für Gottes Verheißung gedeutet, mal als Beweis für die Verworfenheit des Menschen, für seine Schlechtigkeit und Sündhaftigkeit. Eine Zeitlang hatte eine Remission deutliche Besserung gebracht, und die Nachricht von der Heilung hatte scharenweise verzweifelte Heilssucher in die Kirche gelockt.

In einer Ausstellung in South Dakota hatte das Mädchen den in Form von Knochen vor ihnen liegenden Beweisen widersprochen und gesagt, die Dinosaurier seien nicht vor sechzig Millionen Jahren ausgestorben. »Es war vor etwa zehntausend Jahren«, hatte sie behauptet. Ihr Stiefvater glaubte, sie seien bei Noah in der Arche gewesen.

»Muß ja ein riesiges Schiff gewesen sein«, hatte Jones gesagt. Obwohl er eigentlich keine Lust gehabt hatte, weiterzustreiten, hatte er hinzugefügt: »Und jetzt, wo du wieder krank bist, wie ist das zu erklären?«

»Es ist der Wille des Herrn.«

»Mit dir kann man nicht reden«, sagte Jones.

»Wir sind alle nur hier, um Zeugnis abzulegen«, sagte sie.

»Sind deine Gebete je erhört worden?«

»An dem Abend, als du zur Tankstelle gekommen bist. Ich hatte es mir im Gebet erfleht, und du bist erschienen.«

»Ich hatte Hunger. Ich wollte einen Schokoriegel.«

»Das stellst du dir so vor«, sagte das Mädchen. »Aber du weißt es nicht. Genaugenommen weißt du nicht, warum du gehalten hast oder wie der Plan aussieht oder so. Wer hat dir den Hunger geschickt? Wie? Denk mal darüber nach.« Der Wortschwall schien sie zu erschöpfen. Sie wickelte eine Ecke des Leintuchs um den Finger und wiederholte: »Wer hat dir den Hunger geschickt?«

»Du hast also gebetet, und ich bin gekommen«, sagte Jones. »Wolltest du speziell mich? Oder einfach einen Menschen? Irgendeinen?« Er zog das Hemd aus, rollte es fest zusammen und wischte sich den Schweiß unter den Armen ab. »Deine Krankheit hat überhaupt keine Bedeutung. Du bist einfach krank, das ist alles.«

Jones drehte das heiße Wasser auf und blieb unter der Dusche – der ersten seit Tagen –, bis ein fleckiges Rosarot seinen ganzen Leib überzog. Dann rieb er sich, über dem Mädchen stehend, mit dem Handtuch trocken. Sie hatte Mühe, ihr Schluchzen zu unterdrücken.

»Willst du denn nicht duschen?« fragte Jones.

»Vielleicht sollte ich zurück nach Hause.«

»Vielleicht solltest du dich draußen an die Straße stellen, damit dich dein alter Dad mit seinem Radar aufspüren kann.« Und dann sagte Jones: »Wenn du das wirklich willst, kaufe ich dir eine Fahrkarte für den Bus. Du kannst dich schon morgen auf den Weg machen.«

Das Mädchen schüttelte den Kopf. »Es ist kein Ort für mich«, sagte sie.

»Die Eskimos haben auch kein Zuhause«, sagte Jones. »Sie haben kein Wort dafür. Die können nicht einmal fragen: He, wo wohnst du eigentlich?«

II

Dr. McKillop setzte sich auf eine Obstkiste und zog eine Flasche aus seiner Jackentasche. Die Nachmittagshitze war schlimm, aber das harte Licht war noch schlimmer; er blinzelte den Berg hinauf und wünschte sich dunkel, er wäre nicht betrunken. Doch dafür war es zu spät; mit einem Gefühl von Vorfreude, von glücklichem Ausgeliefertsein, trank er einen Schluck, und der von der Sonne gewärmte Scotch verursachte ihm ein heftiges Brennen hinten in der Kehle. McKillop empfand die heimliche Freude des Alkoholikers über die Unterwerfung unter etwas, das größer ist als er, ein neues Einvernehmen mit dem Schicksal: Er trank noch einen Schluck. Im Spiegel seiner silbernen Taschenflasche schwamm das Bild eines jungen Mannes, eines Weißen. Er war groß und hager, mit stark hervortretenden, hohen Backenknochen, und in dem grellen Licht schienen seine tiefen Augenhöhlen leer, Bassins aus kühlem blauen Schatten. Als der Mann schließlich nähertrat, reichte ihm McKillop die Flasche.

»In der Stadt hat man mir gesagt, daß ich Sie hier finde«, sagte Jones.

McKillop nickte. »Sie müssen verzweifelt sein.«

Der Doktor wischte sich mit einem von der Sonne gebleichten Halstuch den Staub und Schweiß aus dem Nacken. Einer der in der Apfelernte beschäftigten Taglöhner hatte sich beim Sturz von einem Baum den Arm gebrochen, und sie hatten McKillop geholt, der den Knochen wieder einrichtete. Von Rechts wegen war er kein Arzt mehr, nachdem er vor sechs Monaten dabei ertappt worden war, wie er sich selber Kokain verschrieb. Die Wanderarbeiter aus den Apfelplantagen störte es nicht, daß seine Zulassung bis auf weiteres ausgesetzt war, und McKillop war froh, diese Arbeit zu haben. Sie hielt ihm größeren Ärger vom Leib.

»Lassen Sie mich raten«, sagte McKillop. »Sie haben kein Geld? Oder Sie suchen eine bestimmte Arznei?«

»Der Barkeeper im Yakima Suzie hat mir Ihren Namen genannt«, sagte Jones.

»In einer Bar kann man sich betrinken, man kann Zigarren rauchen und sich im Glücksspiel versuchen. Man findet so manches in einer Bar. Das weiß ich aus eigener Erfahrung.« McKillop zerdrückte eine trockene braune Apfelblüte zwischen den Fingern und schnupperte dann an seinen Fingernägeln. »Aber einen Arzt, einen Arzt sollte man wahrscheinlich nicht in einer Bar finden.« Er blickte zu Jones auf und sagte: »Ich mußte den Kittel ausziehen.«

»Ich suche ja auch keinen Priester«, sagte Jones. Die überlaute Stimme und die geschwollene Redeweise des Doktors gingen ihm langsam auf die Nerven. Die Füße des Doktors steckten in Huraches, deren Sohlen aus alten Autoreifen herausgeschnitten waren; seine Zehen waren dreckverkrustet, und die langen gebogenen Nägel hatten eine gelbe, kränklich wirkende Farbe. Er hatte seine langen, reichlich ungepflegten Haare zu einem Pferdeschwanz zusammengebunden.

Jones blieb still, während auf dem zweispurigen ausgefahrenen Sträßchen aus grauem Staub und Schlaglöchern ein mit Wanderarbeitern voll besetzter offener Lastwagen in holpriger Fahrt vorbeiratterte. Das Grün des Gartens und der Obstplantagen, das er vom Tal aus gesehen hatte, war eine Täuschung gewesen; die aufgewirbelte Staubfahne fegte durch die Bäume und legte sich knochengrau auf Äste und Blätter. Eine Heuschrecke spuckte braunen Saft auf Jones' Hand; er schnippte sie weg und sagte: »Ich habe da ein Mädchen mit großen Schmerzen.«

»So, so, ein Mädchen mit großen Schmerzen.« McKillop schraubte den Verschluß auf seine Flasche und wischte sich wieder die Stirn. Er spuckte in den Staub, und das trockene Klümpchen rollte dick und fest vor seine Füße. Er zertrat es mit dem Gummiabsatz seiner Sandale. Er blickte hinauf in das Gitterwerk der Blätter, durch das hier und da die Sonne blitzte; viele der auf der Westseite hängenden Äpfel waren noch grün. McKillop stand auf, pflückte einen der unreifen Äpfel und steckte ihn in die Tasche. »Für später«, sagte er.

Im Zimmer roch es nach ranziger Mayonnaise. Auf dem Körper des Mädchens glänzte eine gelbe Flüssigkeit. Sie hatte sich erbrochen, auf die Brust, auf die Kissen, auf den Boden. Mit dem Gesicht nach unten umklammerte sie die Bettücher und riß sie vom Bett. Sie wälzte sich auf den Rücken, trat mit den

Füßen gegen die Matratze und stemmte sich hoch, hob ihren Leib an, wand sich, als bestreite sie einen Ringkampf und versuche, aus einem Klammergriff zu entkommen.

Jones drückte ihre Arme fest gegen das Bett, während sie sich wehrte und freizukommen versuchte. Sie biß die Zähne zusammen, keuchte dann schwer und rang nach Atem. Auf der Oberlippe hatte sie feine Schweißperlen in einem Schnurrbart aus blaßblonden Härchen. Sie ballte ihre dünnen knochigen Hände zu Fäusten und öffnete sie wieder, um Jones mit ihren gelb verfärbten Fingernägeln zu kratzen.

McKillop zog Morphium aus einem Glasfläschchen und fand eine blaue Vene im Arm des Mädchens. Ein Tropfen Blut perlte aus der Einstichstelle. McKillop tupfte das But mit dem Leintuch ab und klebte ein Heftpflaster drüber.

Aus dem Körper des Mädchens wich die Spannung, als gebe es da plötzlich kein Knochengerüst mehr.

Vom Wind aufgewirbelter Staub verdunkelte das Fenster. Jones schob es auf seinen mit Dreck und vertrockneten Fliegen verstopften Laufschienen zurück und blickte hinunter in den Motel-Pool. Im Licht der Unterwasserscheinwerfer leuchtete er wie ein Edelstein. An seinem Grund war ein Liegestuhl zu sehen; er lag auf der Seite und schwankte in einer unsichtbaren Strömung.

»Sie braucht einen Arzt«, sagte McKillop.

»Sie hat einen«, sagte Jones. »Sie sind Arzt.«

McKillop schüttelte den Kopf.

»Nicht weggehen«, sagte das Mädchen. Nur ihr Zeigefinger zuckte und hob sich ein klein wenig vom Bett ab, gerade so, als habe sich ihr ganzer Kampf auf eine winzige Zuckung reduziert.

»Warten Sie draußen«, sagte Jones zum Doktor.

Als McKillop gegangen war, machte Jones den Fernseher an, ein defektes Farbgerät, das den Raum in ein bläuliches Licht tauchte; er suchte nach einem einwandfreien Sender, aber der Bildschirm blieb ein Meer aus vibrierenden Störungen, hinter dem in surrealer Verzerrung nebelhafte Gestalten schwammen, Ausstrahlungen ohne Körper. Jones zog das Bett ab, tauchte ein dünnes, rauhes Handtuch in warmes Wasser und wischte das Erbrochene vom Gesicht des Mädchens, von ihrer harten flachen Brust, von ihrem Magen, der sich mit jedem Atemzug hob und senkte. »Tut gut«, sagte sie. Jones spülte das Handtuch aus und setzte die Waschung fort; er arbeitete sich die spindeldürren Beine hinunter und drehte sie dann auf den Bauch, führte das lauwarme Handtuch mit massierenden Bewegungen über den Rücken und das Hinterteil und die Schenkel hinunter. Die Vorhänge flatterten, teilten sich wie Flügel und wurden in das Zimmer geweht. Es war noch früh, doch die Sonne verschwand schon aus dem Tal; über dem braunen Kamm der Hügel hing ein Streifen aus strahlendem Licht, ein empathischer, den Konturen angepaßter Saum aus Gold, und verschiedene Laute – das Quietschen von Reifen, das Klimpern von Schlüsseln, ein bellender Hund – waren plötzlich deutlich zu hören, Laute, die so gewöhnlich und nahe waren, daß sie ihren Ursprung nicht im Zimmer und nicht draußen in der Welt, sondern in der Erinnerung zu haben schienen.

Als das Mädchen in Schlaf sank, schlüpfte Jones hinaus auf den Gang.

»Ihre Frau?« fragte McKillop.

»Nur ein Mädchen, das ich im Auto mitgenommen habe.«

»Mann Gottes.« Mit gequälter Ausgelassenheit schlug der Doktor Jones auf den Rücken. »Sie haben aber auch ein Händchen.«

Draußen auf der Straße brach die Dämmerung herein, ein Augenblick der Schwebe. Der Himmel war immer noch tiefblau, und ein schwacher weißer Saum verlor sich im Westen.

Ein Indianer hockte am Bordstein vor dem Motel, sein Gesicht braun und runzlig wie Fallobst im Herbst.

Jones und McKillop betraten eine Bar nebenan.

»Ich bringe sie in ein Krankenhaus«, sagte Jones.

»Die können dort herzlich wenig für sie tun«, sagte der Doktor. »Wir brauchen hier was zu trinken«, rief er laut. »Die legen ihr einen Morphiumtropf an. Damit bleibt sie euphorisch, bis sie stirbt.«

»Dann schicke ich sie nach Hause«, sagte Jones. Eins hatte er in der Navy gelernt, und für Jones war es zu einer Philosophie geworden: Es gab keinen zwingenden Grund, einen Schritt nach vorne zu tun, aber enorme Strafen wurden von denen gezahlt, die sich weigerten. Er hatte diese Lektion gelernt, als er Brasso in sein Koppelschloß rieb und seine Stiefel polierte, um für Kontrollen gerüstet zu sein, die nie kamen. »Ich könnte auf der Stelle verschwinden«, sagte er. »Ich könnte einfach losfahren.«

»Dann tun Sie's doch«, sagte der Doktor. »Nichts wie weg, das wäre meine Devise.« Er bestellte Boilermakers, bestehend aus einem großen Glas Bier und einem Whisky, und trank seinen in der Weise, daß er den Bourbon ins Bier kippte. Im Nu hatte er sein Glas geleert und bestellte eine zweite Runde.

»Tief drinnen«, sagte McKillop, »bin ich wirklich seicht.«

Jones sagte: »Ich hatte das Gefühl, ich müßte nur immer weiterfahren, dann könnte nichts passieren.«

»Die heilende, stärkende Kraft des Westens«, sagte der Doktor. »Teddy Roosevelt und all das. Der Westen war eine notwendige Erfindung des Sezessionskrieges, ein Ort der Harmonie und Eintracht. Vom Staatskörper zum Körper des –«

Jones hörte nur halb zu. Die fixen Vereinfachungen des Doktors widerstrebten ihm.

»Ich würde gerne mein Bündel schnüren«, sagte McKillop jetzt. Der Ausdruck hatte etwas Altmodisches. Selbst in der kühlen Bar schwitzte McKillop. Mit einem dicken Finger zerquetschte er einen Brotkrümel und schnippte ihn dann vom Tisch.

»Der Anblick des Mädchens hat Ihnen ziemlich zugesetzt«, sagte Jones.

»Ich werde es verkraften«, sagte McKillop. Er leerte sein Glas. »Mir geht's schon wieder besser. Sie brauchen Hilfe, aber ich bin nicht der richtige Doktor für Sie.«

McKillop ließ sich eine Rolle Vierteldollarmünzen geben und machte ein paar rührselige Anrufe bei Freunden in Seattle; er holte sie aus dem Schlaf, erinnerte sie an die alten Zeiten und forderte sie auf, ihm einen Gefallen zu tun, klagte alte Verpflichtungen ein und mußte sich zweimal wüste Beschimpfungen anhören, ehe er schließlich einen alten Freund aus seinen Assistenzarztzeiten erreichte, der jetzt am Mercy Hospital arbeitete und sagte, er werde sich das Mädchen ansehen, wenn es sonst keine Möglichkeit gebe.

»Wir kümmern uns um sie«, sagte McKillop zu Jones. Sie gingen hinunter in die Gegend der fensterlosen Lagerhäuser und nichtssagenden Kühlhallen, über Kopfsteinpflaster, das im blauen Laternenlicht sanft gerundet erschien, vorbei an Apfelkisten, die an den Backsteinfassaden sechs, acht Meter hoch aufgestapelt waren. Jenseits der Bahngleise floß der Columbia River ruhig dahin; ein Pfad aus kaltem Mondlicht erstreckte sich über das Wasser wie eine Brücke in einem Traum, die erste Stufe immer in Reichweite, zu Jones Füßen. Zwischen den Latten mancher Kisten sah Jones Augen, die zu ihm herüberstarrten; Männer hatten sich dort für die Nacht verkrochen, um dem Wind zu entgehen; zusammengesackt lagen sie hinter Zeitungen, Pappkarton und flatternder Plastikfolie. Jones blieb stehen. Ein Zeltdach über einer Laderampe knatterte im Wind wie eine niedergeholte Fock.

»Keine Sorge, Jones, mein Junge«, sagte der Doktor. »Wir

werden sie gut unterbringen. Morgen, in Seattle.« Er holte ein Fläschchen und eine Spritze aus seiner Tasche und gab sie Jones. »Wenn es zu schlimm wird, die Schmerzen meine ich, dann geben Sie ihr das. Nur die Hälfte, vier oder fünf Milligramm. Das schaffen Sie doch, oder? Sie müssen nur eine Vene finden.«

Ein Feuer brannte am Flußufer. Ein Lichtkreis bewegte sich in der Brise, und die Schatten regungsloser Männer führten ausgelassene Tänze auf. Eine Frau ging außerhalb des Kreises durchs Gras; ihre Beine waren von den eigenen Hosen gefesselt, Blue Jeans, die bis zu den Knöcheln heruntergezogen waren; sie stolperte, blieb stehen, stolperte, mühte sich ab. »Ich weiß genau, was ihr wollt.« Sie fiel hin und lachte fürchterlich.

Der Doktor umklammerte Jones' Hand, drückte und schüttelte sie, und Jones dachte schon, der Doktor werde nie wieder loslassen.

Vor dem Motel stand derselbe kaputte Indianer, und diesmal ging er auf Jones zu. An seinem linken Cowboystiefel war der Absatz so abgetreten, daß die blanken Schuhnägel bei jedem lahmen Schritt mit einem harten metallischen Laut auf den Beton trafen. Der Indianer blinzelte und streckte Jones eine Hand entgegen.

»Mir tun die Augen weh, wenn ich sie aufmache«, sagte er. »und sie tun mir weh, wenn ich sie zumache. Ich weiß die ganze Nacht nicht, was tun. Dauernd mache ich die Augen auf und zu.«

Jones griff in die Tasche und fingerte eine zerknüllte Dollarnote aus seinem Soldbündel.

»Ich bin mir ganz sicher«, sagte der Indianer. »Irgend jemand versucht alles, damit meine Augen schwarz werden.«

Jones gab ihm den Dollar. Er versuchte, in dem Mann die Gesichtszüge eines Eskimos zu erkennen, aber die Haut war verwittert, die Gesichtszüge ausgewaschen.

»SoHappy«, sagte er.

»Ich auch«, sagte Jones.

»Nein«, sagte der Indianer und schlug sich mit der flachen Hand auf die Brust. »SoHappy. Johnny SoHappy, das ist mein Name. Mein beschissener Name.«

Er blinzelte und wich zurück und ging allein davon, während die Schuhnägel hart über den Gehweg schrappten.

Das Mädchen war wach; in weiße Tücher gehüllt, starrte sie an die Decke, ihr Atem flach, aber regelmäßig. Jones lag neben ihr im Bett und hatte leichte Schwindelgefühle. Das Zimmer kreiste um ihn, sanft und sommerlich, wie die letzte Runde eines Karussells, das schwankend zum Stehen kommt. Er blickte aus dem Fenster. Unter dem Mondlicht war jedes Blatt an dem Apfelbaum ein Löffelvoll Milch.

Jones spürte, wie sich die trockenen dünnen Finger des Mädchens um sein Handgelenk legten, wie ein Vogel, der nach einer Sitzstange greift.

»Ich liebe dich«, flüsterte sie. Ihre Stimme klang heiser und erschreckend.

Jones machte die Augen zu, um das Kreisen des Zimmers aufzuhalten. Das Kreisen des Zimmers kroch ihm unter die Lider und Jones öffnete die Augen; nichts änderte sich, das Zimmer kreiste weiter.

»Wie ist das bei dir, Jones? Du könntest es einfach mal sagen. Auch wenn es nicht stimmen sollte, würde mir das nichts ausmachen. Jedenfalls nicht mehr.«

Jones drückte ihr leicht die Hand.

»Wo sind wir, Jones?« fragte sie. »Ehrlich. Wie heißt dieser Ort?«

Sie waren weit weg von Carbondale, von dem Zuhause, das er an jenem Abend vor ihrem Aufbruch gesehen hatte. Eine Eiche vor den verfallenden Resten einer Kindheitsfestung, ein am

Bodenfenster baumelndes ausgefranstes Seil mit hineingeknoteten Fußstützen, ein langsam kreiselnder Rasensprenger, ein Liegestuhl unter einem Sonnenschirm, ein Pappteller, der wegen des Windes mit einem leeren Cocktailglas beschwert war.

»Mir ist heiß«, sagte sie.

Jones hob sie aus dem Bett. Sie war heiß, aber sie schwitzte nicht. Unter seinen Fingern fühlte sich ihre Haut trocken und pulverig an, irgendwie mürbe, so als könne der nächste Windstoß alles fortblasen und ein Knochengerüst in seinen Armen zurücklassen. Er wickelte sie in ein weißes Tuch. Sie legte ihm die Arme um den Hals, und Jones trug sie, leicht wie Balsaholz, in das wässrige grüne Licht des Ganges und die Treppe hinunter.

»Wo gehen wir hin?« fragte sie.

Die glatte Oberfläche des Swimming-Pools schimmerte wie ein Türkis. Jones schlug das Tuch zurück und ließ es fallen. Das Mädchen war nackt.

»Halt dich fest«, sagte Jones.

Er ging am flachen Ende des Pools die Stufen hinab, und das Wasser umspülte seine Knöchel, seine Knie, seine Hüfte, und dann ließ er sachte das Mädchen ab, bis ihr Rücken auf der Wasseroberfläche schwamm.

»Nicht loslassen«, sagte sie; bei der Berührung mit dem Wasser war sie erschreckt zusammengefahren und hatte nach Luft geschnappt.

»Natürlich nicht«, sagte Jones. »Entspann dich einfach.«

Ihre Haut schien sich mit Wasser vollzusaugen, wie ein ausgetrockneter Schwamm, und sie kam ihm nun schwerer vor, greifbarer. Ihre Arme und Beine wurden geschmeidig, hoben und senkten sich im Rhythmus des Wassers. Er bugsierte sie durch das flache Wasser.

»Außer im Radio in irgendwelchen Songs«, sagte sie, »hat mir noch nie jemand gesagt, daß er mich liebt.«

Mit großen, leeren Augen blickte sie nach oben in die Blätter des Apfelbaums und darüber hinweg in den Nachthimmel, den Mond, die Kuppel der Sterne.

»Meinst du, wir werden beobachtet?« fragte das Mädchen.

Jones blickte hinauf zu den Reihen verdunkelter Zimmer rings um den Pool. Hier und da brannte ein Nachtlicht. Klimaanlagen summten.

»Das glaube ich kaum«, sagte er.

Sie breitete die Arme aus und ließ sich vom Wasser tragen, während Jones sie vorsichtig zum Beckenrand manövrierte. Er hob sie aus dem Wasser und setzte sie auf dem Tuch ab. Im tiefen Teil des Beckens, unter dem Sprungbrett, sah er den Liegestuhl; die gelben Stoffteile und die Armlehnen aus Chrom leuchteten im Licht der Unterwasserscheinwerfer. Jones atmete tief ein und tauchte mit einem Kopfsprung ins Wasser, das so warm war wie die Luft, was den Übergang von dem einen Element in das andere erleichterte. Er schob sich über den Grund des Beckens, bis er den Stuhl gefunden hatte. Er spürte den Druck auf seinen Ohren, und Benommenheit machte sich in ihm breit, während er den Stuhl zum anderen Ende des Pools schleppte. Einen Moment lang wollte er aufgeben, wollte am Grund liegenbleiben, bis alles schwarz wurde; er verharrte, bis jede Zelle in seinem Blut protestierte und die nach Luft verlangenden unwillkürlichen Instinkte seines Körpers ihn nach oben trieben; als er die Wasseroberfläche durchstieß, brach der letzte Atem explosionsartig aus ihm heraus. Er stellte den Liegestuhl neben den Apfelbaum.

Sie blieben unter dem Baum sitzen, bis Jones zu Atem kam. Ein heißer Wind trocknete ihre Haut.

»Mir hat Little Big Horn am besten gefallen«, sagte das Mädchen.

»Es war okay.« Jones sah einem Blatt nach, das über den Pool trieb. »Glaubst du wirklich, daß er nach dir sucht?«

»Ich weiß es«, sagte sie. »Er hat all diese Kumpel bei der Polizei, die gerettet sind – du weißt schon, Wiedergeborene.«

»Und da willst du wieder hin?«

Das Mädchen war still, dann sagte sie: »An Wochenenden suchen sie mit Dad unter Flußbrücken nach Graffiti mit satanischen Botschaften. Zur Teufelsanbetung braucht man die vier Elemente. Man braucht Erde, Wind, Feuer und Wasser. Das sagt er jedenfalls. Und so suchen sie an den Flüssen, und vielleicht sehen sie irgendwelche Graffiti, oder sie finden einen alten Hühnerknochen, und dann glauben sie, sie hätten einen tollen Fund gemacht.«

Es schien eine Antwort zu sein, auch wenn darin die Leitungen nach einem biblischen Schaltsystem verlegt waren.

»Morgen kommst du in ein Krankenhaus«, sagte Jones. »Der Doktor hat das eingefädelt. Es ist alles arrangiert.«

Er trug sie nach oben und legte sie aufs Bett. In fünf Wochen war aus dem Mädchen, das er im Herzen des Landes aufgegabelt hatte, eine alte Frau geworden, deren Körper sich aus der Welt zurückzog, geschrumpft und eingefallen und stündlich leichter werdend, wie es schien. Ihre Haare waren nie nachgewachsen, und die von der frühen Chemotherapie herrührenden Geschwüre hatten ihr Zahnfleisch so sehr geschwächt, daß sich ein Zahn gelockert hatte und ausgefallen war; zurückgeblieben war eine schwarze Lücke in einem Lächeln, das für die jungen Burschen in Carbondale verführerisch hätte sein sollen. Das Weiße in ihren Augen war inzwischen scharlachrot. Ihre Gliedmaßen waren nur noch Haut und Knochen, regelrecht verkümmert. Sie hatte gesagt, sei sei achtzehn, aber man hätte sie nun für achtzig halten können.

»Glaubst du, ich komme in die Hölle?«

»Wahrscheinlich.«

»Jones –«

»Na ja, warum sagst du solche Dinge?«

»Ich weiß nicht.« Sie zog das Bettuch bis unters Kinn. »Wenn ich den Mund aufmache, kommen einfach solche Dinge raus. Andere Worte hab ich nicht.«

»Während meiner Dienstzeit«, sagte Jones, »waren wir einmal zu Manövern im Mittelmeer.« Ein Boiler sei explodiert, sagte er, und ein Mann habe in einer Pfütze brennenden Öls Feuer gefangen. Wie ein Wahnsinniger war der Mann, von Flammen eingehüllt, in irren Kreisen über das Deck gerannt, ein helles, wirbelndes Licht in der Finsternis, hin und her wie eine auf Abwege geratene Leuchtkugel, während andere Männer unschlüssig hinter ihm herrannten und Angst hatten, sie könnten selbst Feuer fangen. Am Ende war der Mann, ohne jede Hoffnung und nicht mehr bei Sinnen, über die Reling ins Meer gesprungen. »Man konnte die Flammen im Wind lodern hören, als er hinunterstürzte«, sagte Jones. »Dann war er verschwunden. Es war das Traurigste, was ich je erlebt habe.« Danach hatte er geholfen, das Feuer zu löschen, und dafür, daß er seine Pflicht getan hatte, war ihm ein pfenniggroßes Ehrenzeichen für eine Heldentat verliehen worden.

»Wir können hingehen, wo wir wollen«, sagte sie, und es entstand eine lange Pause, in der sich ihr Atem gurgelnd durch eine Lunge voller Flüssigkeit kämpfte, »nirgends gibt es eine Klimaanlage.«

Jones hielt ihre Hand, einen Knochen. Er dachte, diesmal werde sie husten, aber wieder versuchte sie nur zu atmen. Plötzlich wollte er nicht mehr neben ihr im Bett liegen.

»Die Eskimos wohnen in Eishütten«, sagte er.

»Im Augenblick hört sich das gut an.«

»Es ist sehr kalt«, fuhr Jones fort.

»Ich wollte, wir könnten da hin.«

Das Mädchen hustete und rollte sich dann zusammen, daß sie wie ein Fötus im Mutterleib dalag. »Es ist, als hätte ich heiße Messer im Innern, die mich durchbohren«, sagte sie.

Jones wuchtete sich aus dem Bett. Er machte die Nachttischlampe an und holte das Morphium und die Spritze aus der Brusttasche. »Weil die Eskimos arm waren, dachten die ersten Forschungsreisenden, sie wanderten von Ort zu Ort«, sagte er. »Die hielten die Eskimos für Tippelbrüder.« Er riß die Zellophanhülle von der Spritze, schob die Nadel in das Gläschen und zog den Kolben langsam zurück, bis die Hälfte der klaren Flüssigkeit im Spritzenzylinder war. »Sie waren immer in Bewegung«, sagte er. Das Mächen biß ins Kopfkissen, bis das Zahnfleisch blutete, so daß ein Abdruck im Kissenbezug zurückblieb. Ihr Körper hatte etwas Wachsames, eine Gespanntheit, die Jones erahnte, wenn er ihre gequält abgewinkelten Arme sah, die kaum sichtbare, schwache Spannung ihrer verkümmerten Muskeln. Sie hob den Kopf und machte den Mund weit auf; mit ihren erschreckten roten Augen sah sie sich suchend im Zimmer um, als frage sie sich, wo die ganze Luft hingegangen sei. »Aber wenn man mal darüber nachdenkt, versteht man, daß es sehr sinnvoll ist.« Jones drückte die Luftblasen aus der Spritze, bis ein Tropfen des Morphiums wie eine Tauperle vorne an der Spritze hing. »Nur wenn sie in Bewegung bleiben, können sie in der Kälte überleben. Sogar ihre moralischen Grundsätze stützen sich auf Kälte, auf Bewegung.« Jones redete jetzt nur weiter, um gegen die Stille und das einzige Geräusch – das mühevolle Atmen des Mädchens – anzugehen. Er löste den Griff, mit dem ihre Finger die Bettücher umklammerten und bog den Arm nach hinten, bis er flach auf dem Bett lag. »Sie haben keine Polizei«, sagte er, »und sie haben weder Anwälte noch Richter. Die schlimmste Strafe besteht für einen Eskimo darin, zurückgelassen zu werden, in der Kälte zurückzubleiben.« Er suchte die breiteste Vene, die auf ihrem Arm zu finden war, stellte sich vor, daß sie direkt zu ihrem Herzen führte, und stieß die Nadel hinein.

McKillop hatte die Handtasche des Mädchens genommen und den Inhalt aufs Bett gekippt. Er kramte darin und fand einen blauen Gummiball, Sicherheitsnadeln, Pennies, eine Einkaufsliste und mehrere Traktate, die er sich genauer ansah. »Hören Sie sich das an«, sagte er. »Seit Jahrhunderten beten Gottesfürchtige und Gerechte: Dein Königreich komme. Aber wie sieht dieses Königreich aus, das im Gebet zu erflehen uns Jesus gelehrt hat? In Ihrer Bibel finden Sie alles über das Wer, Was, Wann, Warum und Wo des Königreichs.« Er lachte. »Ironie des Schicksals, was?«

»Wir wissen nun mal nichts Genaues, oder?« sagte Jones.

»Hören Sie bloß auf«, sagte der Doktor. Er nahm einen Zettel mit Notizen in die Hand. »Rouge. Lippenstift, karminrot. Zwei paar weiße Baumwollsocken. Carolyn anrufen.«

»Bleiben sie von ihrem Zeug weg«, sagte Jones.

»Ich hab nur nach einem Ausweis gesucht«, sagte er. »Wie heißt sie eigentlich?«

Jones überlegte kurz und sagte dann: »Es ist besser, Sie wissen es nicht.«

»Sie haben ihr doch keine Überdosis verpaßt, oder?«

»Nein«, sagte Jones. Einmal war er in der Nacht aufgewacht, weil das Mädchen mit lauter Stimme etwas rief. Sie redete mit jemandem, der nicht im Zimmer war, und fing dann an, unsichtbare Dinge aus der Luft zu pflücken. Als er sie mit diesen Phantomen kämpfen sah, fühlte sich Jones entsetzlich allein. In ihrem Fieberwahn sang sie schließlich den Refrain eines Chorals. Jones sagte zum Doktor: »Daran gedacht hab ich allerdings.«

»Sie könnten die Wahrheit sagen. Unangenehm, gewiß, aber es ist immer eine Möglichkeit.«

Jones sah den Doktor an. »Dafür ist es zu spät«, sagte er.

»Ich habe es selber mit der Wahrheit versucht, und es funktioniert sowieso nicht besonders. In jedem zweiten Fall vielleicht, öfter nicht. Was nützt das schon? Die Welt ist ein Unternehmen mit kaputtem Pimmel.«

»Die große Frage ist«, sagte McKillop, »wer wird sich dafür interessieren?«

»Ihre Familie«, sagte Jones. »Wiedergeborene Christen.«

»Ich bin als Katholik aufgewachsen.« McKillop zog an seiner silbernen Halskette und zeigte Jones ein matt gewordenes Kreuz. »Es war die Religion meiner Mutter. Ich bin nicht gläubig, aber es geht mir immer noch nach.«

»Das hier ist gesetzwidrig.«

»Wenn Sie sie nach Hause geschickt hätten, würden Fragen kommen.«

»Die Fragen kommen sowieso«, sagte Jones. »Ihr Stiefvater ist fanatisch. Er wird nach mir suchen. Er glaubt nämlich an das, was er tut.«

»Ich kann mich vage erinnern, daß ich mal glaubte –«

»Nicht alles hat mit Ihnen zu tun«, sagte Jones. Er spürte die Traurigkeit der Sprache, ihre Einsamkeit. Der Doktor hatte keine Überzeugung, die über ein Netz aus kleinen Ironien hinausreichte; er war wie jemand, der sich dadurch gegen den Regen zu schützen versucht, daß er sich die Erinnerung an einen Regenschirm ins Gedächtnis zurückruft.

Der Doktor verzichtete mittlerweile auf die Annehmlichkeit eines Flachmanns und trank direkt aus der Flasche.

»Ich war die ganze Nacht nicht zu Hause«, sagte McKillop.

»So sehen Sie auch aus«, sagte Jones.

»Ich hab endlich mal Glück gehabt. Mehr oder weniger.« Er wischte sich den Mund ab und sagte: »Ich wollte, ich hätte was zu frühstücken.« Er zog den grünen Apfel aus der Tasche und polierte ihn am Revers seines zerknitterten Jacketts. Er hielt Jones die Flasche hin. Jones schüttelte den Kopf. »Ich hatte diese Frau schon lange im Auge, ich habe sie immer aus der Ferne begehrt, und nun lag ich plötzlich in ihrem Bett, konnte sie berühren und riechen und schmecken. Aber ich hab ihn nicht hochgekriegt.«

»Vielleicht sollten Sie mit dem Trinken aufhören.«

»Ich trinke nun mal gern.«

»Es ist nicht zweckmäßig«, sagte Jones.

»Damit aufzuhören, wäre ein drastischer Schritt«, sagte McKillop. Er biß in seinen Apfel. »Für einen Mann, der so selten Glück hat wie ich.«

»Wiedersehn«, sagt Jones.

III

Die Gipfel wirkten nicht mehr wie Zähne in einem Kiefer, sondern rückten drohend heran und erschienen dann nicht mehr als Berge, wurden zu abgerutschten Felswänden, zu Abhängen voller Schotter, voller Geröll und Schutthalden, zu Ausbissen, wo sich Bäume, vom Wind verkrüppelt, an gekritzte Felsen klammerten. Auf der Paßhöhe wurde die Luft kühler, und es gab schattige Mulden, wo Flecken aus reinem weißen Schnee der starken Sommerhitze trotzten. Der Meilenzähler ging auf die Hunderttausend zu, vermutlich schon zum zweitenmal im Leben des Belvedere. Jones beobachtete, wie sich die Ziffern langsam drehten, bis die Null erreicht war. Für einen kurzen Augenblick schien die Bilanz ausgeglichen, bereinigt, und dann war der Moment auch schon vorbei. Die Zahlen drehten sich wieder, und Meile Nummer eins war Geschichte.

Bis zum Nachmittag hatte er die Brücke am Deception Pass überquert, war in südlicher Richtung weitergefahren und hatte eine Fähre nach Port Townsend erwischt. Von dort fuhr er auf der 101 nach Westen und machte dann einen Schwenk nach Norden und fuhr auf der nahe am Ufer verlaufenden Straße die Strait of Juan de Fuca entlang. Er kam durch Pysht und Sekiu und fuhr weiter, bis er nach Neah Bay und zum Reservat der Makah-Indianer kam, wo endgültig keine Straße mehr weiterführte. Die Hitze hatte auf dem Weg nach Westen nicht nachgelassen, und nun wütete ein Flächenbrand auf der Kuppe eines Berges an der Westgrenze des Reservats. Unter einer Wolke aus schwarzem Rauch verfärbte sich der Himmel gelb. Ascheflocken rieselten wie Schnee herab. Weiße Hütten säumten die Straße auf beiden Seiten und wollten auf ihren schiefen Hohlblockbeinen nach vorne kippen, und ein paar barfüßige Kinder spielten auf den staubigen Plätzen um die Hütten und jagten hinter kleinen Windhosen her. Mehrere Mädchen in Kleidern, die so dünn und zart waren wie Spinnweben, standen da und schirmten die Augen ab, während sie auf das Feuer starrten. Das Sonnenlicht drang durch das hauchdünne Gewebe und die Röcke flatterten im Wind, so daß die jungen Mädchen alle in Flammen aufzugehen schienen.

Jones fuhr langsam durch den Ort und zog dabei eine Schleppe aus weißem Staub hinter sich her, der sich mit der schwarzen Asche vermischte, ehe er auf die Kinder und die Hütten und die vereinzelt herumstehenden Schrottautos niederging. Am Fuß des Berges folgte Jones einem ausgewaschenen, für die Holzabfuhr angelegten Weg, bis auch der sich verlor. Ein gelber Trailer stand auf einer Klippe, und dahinter, verdeckt durch ein vom Wind zerzaustes Wacholdergestrüpp, lag der Ozean. Jones hörte die Brandung und hatte den Geruch der aufgewühlten See in der Nase. Ein Mann in einem Overall kam aus dem Trailer – in Jones' Augen sah er aus wie ein Eskimo. Jones schaltete die Zündung aus und brachte den Wagen schaukelnd zum Stehen, doch einen Moment lang spürte er in seinem Rücken den Druck des ganzen Landes, das er durchquert hatte – die Vibration der Straße arbeitete sich über die Lenksäule nach oben, in seine Hände und weiter durch die Arme und machte sich als Schmerz in den Schultern bemerkbar, als Taubheit, die das Rückgrat hinunterkroch. Dann hörten die Vibrationen auf, und er spürte, wie sich sein Körper wieder in der Gegenwart einfand.

Jones stieg aus dem Wagen. Der Mann hakte einen Daumen in der Brusttasche ein, der angedeutete Habitus eines Rauchers. Hinter rissigen Lippen hatte er verfaulte Zähne. Er beobachtete einen umgerüsteten Bomber, der auf den Ozean hinausflog, eine hohe und weite Kurve beschrieb und wieder zurückkam, im Bogen um den Berg flog und ganze Wolken eines feuerhemmenden Mittels versprühte. Die Chemikalien fielen in einem rostroten Vorhang herab, der sich über die vorderste Linie des Feuers legte.

»Wie ist es ausgebrochen?« fragte Jones.

»Eine kleine Glasscherbe kann so einen Brand auslösen, wenn die Sonne richtig draufscheint.« Der Mann zündete sich eine Zigarette an. »Ziemlich trocken diesen Sommer. Sie haben meistens auf dem Berg da Holz geschlagen, und keiner verbrennt das Zeug, das liegenbleibt. Wo soll's denn hingehen?«

Jones sagte, er fahre nur ein bißchen spazieren.

»War mal eine Liebeskolonie da unten«, sagte der Mann. Er deutete vage Richtung Ozean. »Die Hippies kommen immer mal wieder zurück und suchen den alten Weg da runter. Aber die Wege sind alle zugewachsen.« Der Mann fuhr sich mit der Zunge über das schwarze Zahnfleisch, dort, wo die Schneidezähne fehlten. »Ich hab geglaubt, Sie sind auch einer von denen.«

»Nein«, sagte Jones. »Ich war noch nie hier.«

»Parken Sie, wenn Sie wollen. Auf einem Wildpfad geht's noch ein Stück runter.«

»Danke.«

»Die alte Zellerbachmühle können sie nicht übersehen.«

Er fand die verlassene Mühle, die nur noch eine Ruine war, ein Haufen aus Trümmern und verbogenem Blech. Er setzte sich auf eine verrostete Wasserrinne und räumte ein Stück des

Sockels von verbranntem Unkraut. Mit einem Stecken bearbeitete er den harten, trockenen Boden, grub drei Schaufeln lose Erde aus und wickelte sie in eines der Hemden, die dem Mädchen gehörten. Als er fertig war, setzte er sich an einen Baumstumpf; mit dem Finger zählte er die Jahresringe ab, bis er dicht am Kernholz bei zweihundert war.

Die zu einem Klangspiel arrangierten Muschelschalen unter der Markise eines Ladens für Anglerbedarf hörten sich an wie klappernde Zähne. Diesseits der Wellenbrecher zerrten Boote an ihren Vertäuungen. Jones suchte die Anlegeplätze im Bootshafen ab, bis er auf einem Kabinenkreuzer ein an Davits hängendes Rettungsboot sah. Die Fenster der Jacht waren alle dunkel, über das Ruderhaus war eine Plane gezogen, und der am Heck mittels einer Schablone aufgemalte Heimathafen war Akutan. Jones ließ das Rettungsboot zu Wasser, legte ab und ließ sich ruhig aus dem Bootshafen treiben.

Als er bis zur Fahrrinne hinausgerudert war, startete er den 20-PS-Außenborder und folgte einem blinkenden roten Leuchtfeuer, hinaus um die Spitze von Cape Flattery auf den Ozean. Auf seinem Kurs entlang der Küste hielt er sich knapp außerhalb der Brandung, und manchmal wurde das Boot auf einem Wellenkamm so hochgeschleudert, daß der mit knochengrauem Treibholz übersäte Strand zu sehen war. Jones drosselte den Motor und trieb mit der Brandung aufs Ufer zu, bis der Rumpf über Sand schrappte. Er lud das Mädchen ins Boot, in den Bug als Ballast.

Jones stakte sich mit dem Ruder vom Sand und ruderte dann los. Jede heranrollende Welle machte seine Anstrengungen zunichte, hob den Bug hoch aus dem Wasser und trieb das Boot in die schäumende weiße Gischt zurück. Es gelang ihm dann schließlich, das Boot in dem Tal zwischen brandenden Wellen zu halten. Der Motor sprang kurz aus dem Wasser und heulte mit hoher Drehzahl auf, und Jones steuerte hinaus aufs offene Meer, geradewegs nach Westen. Jenseits des Küstensockels wich der rauhe Wellengang einer rollenden Dünung, und Jones wußte, daß er in tiefem Wasser war. Er hatte vergessen, wie schwarz eine Nacht auf See war, wie nahe und hell einem in der Dunkelheit selbst der kälteste, sterbende Stern vorkam. Er bekam Angst und nahm die Welt in sich auf wie ein furchtsames Kind, und unsinnige Ängste ließen ihn zittern – das furchtbare Leben unter ihm, der Stiefvater des Mädchens und sein fanatisches Streben, sein eigenes unstetes Leben auf der Flucht vor diesem Augenblick. Wenn dieser Augenblick Geschichte wurde, würden sie zu Gericht über ihn sitzen und ihn für schuldig erklären. Sprühnebel kam über den Bug geflogen und bespritzte sein Gesicht. Die See hob und senkte sich in einem schläfrigen Rhythmus. Er passierte das schwarze Heck eines vor Anker liegenden Containerschiffes, vier oder fünf Stockwerke senkrechte Wand, und als er den Motor drosselte und sich nur noch treiben ließ, hörte er Stimmen an Deck, menschliche Stimmen und eine Sprache, die er nicht verstand.

Er fuhr noch eine Meile und machte den Motor aus. Die runde Welt ging nahtlos in den Nachthimmel über, ungeteilt, der Horizont klar und unsichtbar bis auf einen Sternenregen, der blitzend wie ein Nachleuchten aus dem Wasser aufstieg. Eine kühle Brise wisperte über das Wasser. Der August war zu Ende. Jones hatte am Ufer Steine aufgelesen und den Schlafsack damit beschwert, und dann hatte er sämtliche Beweisstücke aus dem Auto entfernt, hatte die Souvenirs, den billigen Schmuck, die orangeroten Smiles und die Perücke eingesammelt und alles in das Fußende des Schlafsacks gestopft und diesen dann mit einer Nylonschnur zugebunden. Er hatte die Bibel genommen, die Ahnentafel aufgeschlagen und den Monat und das Jahr auf den Rand gekritzelt. In einem Wellental schaukelnd, dachte Jones über die Möglichkeit nach, daß sich alle diese Dinge eines Tages von ihrem Platz am Meeresboden losreißen und an die Oberfläche kommen könnten, die Autoaufkleber von Indianerschlachten und Abziehbilder zur Erinnerung an die zu Fuß und mit Planwagen zurückgelegten Wege von Forschungsreisenden und Pionieren, die letzten Ruhestätten von Männern und Frauen, die ihre Namen Städten und Landkarten überlassen hatten. Und dann das Mädchen selbst, durch ihre Überreste zu identifizieren, eine Geschichte, erzählt und interpretiert von Knochen und Zähnen.

Jones schlang einen Strick um den Griff seiner Taschenlampe und band das andere Ende an den Schlafsack. Er prüfte den Lichtstrahl, der in der Dunkelheit kräftig leuchtete und einen breiten Streifen aus weißem Licht aus der Luft schnitt. Jones nahm die Erde, die er an der zerfallenen Mühle ausgegraben hatte, und verteilte sie über den ganzen Schlafsack, von Kopf bis Fuß. Es schien ein dürftiges Ritual – der Dreck, die Taschenlampe –, aber Jones war entschlossen, sich an den feierlichen Brauch zu halten. Mit der Zunge leckte er sich eine Salzschicht von den Lippen. Seine Hände wurden allmählich kalt und steif. Er hievte das Kopfende des Schlafsacks über die Backbordseite und schwenkte dann die Füße des Mädchens herum, bis das ganze Paket über Bord ging. Jones hielt es noch einen letzten Moment an der Oberfläche, indem er die Taschenlampe umklammerte, so daß die Luftblasen entweichen konnten, und ließ dann los. In einem Strudel sank sie in die Tiefe, und eine Lichtspirale wirbelte durch eine See, die in dem schwächer werdenden Lichtkegel grün erschien und dann nur noch schwarz war. In der Stille ließ sich Jones treiben, bis er, von der Strömung davongetragen, nicht mehr sicher sein konnte, wo sie in die Tiefe gefahren war.

Hinter die Wellenbrecher zurückgekehrt, band Jones das Rettungsboot mit einer langen Leine an einen Holzpflock. Von dem Berg war nichts mehr zu sehen, die Dunkelheit hatte ihn geschluckt; aber der vorherrschende Westwind hatte den Flächenbrand inzwischen bis auf die Bergkuppe vorangetrieben, und rotgelbe Flammen loderten in den Himmel. Ein alter Makah-Indianer schleppte sich die Straße entlang; er zog einen Stock durch den Staub und stützte sich nur dann darauf, wenn er stehenblieb, um zu verfolgen, wie die Hieroglyphen ihre feurige Botschaft am Rande des Reservats hinterließen. Jones setzte sich an den Pier und ließ die Beine baumeln. Flocken federleichter schwarzer Asche schwebten durch die Luft und streiften sein Gesicht. Gischt verkrustete und brannte ihm auf den Lippen, und er hatte Durst. Er lauschte dem Rhythmus des Wassers und seiner eisig kühlen Musik, den klirrenden Kadenzen von Tauen und Taljen und Glockenbojen. Draußen jenseits der Brandung erschienen die roten und grünen Positionslampen eines Segelbootes, das sich gemächlich dem Hafen näherte. Der Wind erfaßte die Stimmen der Segler und trug sie wie ein Lied über das Wasser. Einer von ihnen rief: »Da ist es.« Er stand am Vordeck und zeigte auf das Banner der Flammen im Himmel.

Deutsch von Hans Hermann

Robert Antoni

Granny Myna erzählt von dem Kind

Das Gefäß war groß und massig. Ich konnte es nur mit Mühe tragen. Es war am Tag vor meinem dreizehnten Geburtstag, vor siebenundsiebzig Jahren: Morgen werde ich neunzig. Ich bin immer noch praktizierender Arzt, und während ich hier in dieser Bibliothek sitze, am Schreibtisch meines Vaters und des Vaters meines Vaters – der als Rotholzstamm von sechs Warrahoon-Indianern aus den dunstigen Wäldern Venezuelas geschleppt, den Orinoco hinabgeflößt und hinter drei rudernden Pirogen über die Karibische See gezogen worden war, während mein Großvater in einer fast vergessenen Sprache Schlag für Schlag den Rhythmus vorgab –, höre ich ihn noch heute, wie er hinter seinem Schreibtisch sitzt und aus diesem Fenster auf diesen Mond über demselben schwarzglänzenden Meer schaut. Ich höre ihn noch heute. Ich kenne die Stimme meines Großvaters, obwohl er Urzeiten vor meiner Geburt gestorben ist. Obwohl ich nicht mehr wußte, wer die Geschichte erzählt hat oder wann ich sie gehört habe, ebensowenig wie ich wußte, was jene Worte bedeuteten oder ob es überhaupt Worte waren, verfielen meine Schritte, als ich das große, gläserne Gefäß trug, plötzlich in den Rhythmus seiner Stimme: *Na-me-na-na-ha! Na-me-na-na-ha! Na-me-na-na-ha!*

Mein Oberkörper war nackt, ich trug nur meine ausgebeulten Schul-Shorts und meine alten Jesuslatschen und war so mager, daß mein Nabel wie ein dicker Knoten hervorstand. Ich hielt das Gefäß an die Brust gedrückt. Meine Arme hielten es umschlungen, meine Finger griffen in die Aushöhlung am Boden, und der Deckel stieß mir bei jedem Schritt ans Kinn. Ich konnte nicht nach unten schauen, und so mußte ich auch das nicht sehen, was ich in ihm wußte. Es war ein sehr altes Gefäß, wie man es zum Einmachen von Obst verwendete, aus dickem Glas mit Drahtklammern, die den Glasdeckel festhielten. Ich schwitzte. Mein Bauch klebte an dem Gefäß. Mein Stöpselnabel rieb gegen das Glas, wurde manchmal eingeklemmt und sandte mir einen heftigen Schmerz die Beine hinunter bis in die Zehen. Beim Weitergehen zog ich den Bauch ein.

Hinter mir stieg bereits die Sonne auf, gemeinsam mit dem Staub, den meine eiligen Füße aufgewirbelt hatten. Ich überlegte: *Maraval muß mindestens zehn Meilen vom Domingo-Friedhof entfernt sein. Wie kannst du es zu Fuß rechtzeitig hin und zurück schaffen?* Überlegte: *Mindestens zehn Meilen vom Domingo-Friedhof zum Maraval-Sumpf. Daddy wird dir garantiert eine runterhauen, wenn du nich rechtzeitig wieder da bist. Das Glas is so schwer wie ein Wackerstein. Und meine Arme schreien nur danach, abzufallen. Wie aber könntest du stehenbleiben und es absetzen?*

Es waren noch keine Leute auf dem Pfad, nur ein paar Köter hatten sich in den Gräsern, die in der Mitte wuchsen, zusammengerollt, und ein paar alte Ziegen auf dem Weg zur Weide zogen ellenlange, verdrehte und zerschlissene Stricke hinter sich her. Sie waren so groß wie ich, und sie kamen schnüffelnd zu mir her und drückten ihre Gesichter in meines und starrten mich mit silbernen Augen aus einer anderen Welt an. Ich verjagte sie mit Tritten und überlegte: *Wie konnte sie tot sein, wenn sie die Augen gar nich zu hat? Aber wenn sie nich tot is, und du liegst daheim im Bett und träumst das alles bloß, wie kannst du dann so müde davon sein, dieses Glas herumzuschleppen?* Überlegte: *Du weißt, daß sie sofort mit der*

Beerdigung anfangen, weil sie's so eilig hatte. Also gehst du am besten einfach weiter und denkst gar nich mehr drüber nach, stehenzubleiben und es abzustellen, damit du keine Zeit verlierst, und außerdem willste dir ihr Gesicht sowieso nich anschaun müssen.

Kleine Dörfer säumten Divina Trace, den Fußweg, der hinter dem Kloster begann, sich zwischen Mietskasernen am Ortsrand von St. Maggy hindurchschlängelte und hinter dem Friedhof vorbeiging. Dann verlief er auf dem Land weiter durch Kakao- und Kokospflanzungen und durch Zuckerrohrfelder und endete schließlich an der Kirche von Magdalena Divina am Rand des Maraval-Sumpfes. Hier, außerhalb der Stadt, zog sich der Pfad durch den Busch – die Baracken und die mit Ruku gedeckten Lehmhütten waren dort halb hinter riesigen Bambusbüscheln verborgen, und Schwärme von Geflügel scharrten in Staubwolken herum, als ich mich näherte, dazu kamen die Gerüche aus den Kohlebecken zum Kochen und der Gestank von Müll – außer, wenn der Pfad eine der Pflanzungen durchquerte. Dann ging er geradeaus weiter, auf beiden Seiten bemooste, graue Kakaobäume, dazwischen Muskatnuß oder leuchtend orangefarbene Strohblumen zum Schutz vor der Sonne. Sonst zog sich der Pfad durch dichte Haine von Kokospalmen, deren breite Blätter hoch oben in der Brise rauschten, oder er wurde von violetten Wänden aus Zuckerrohr eingeschlossen, und es duftete süß oder verkohlt, wenn das Feld abgesengt worden war, um vor der Ernte die Skorpione zu vertreiben. Es gab Hügel, von denen aus man an einem Horizont die Berge sehen konnte und am anderen heißes, schwarzes Meer.

Ich war schon oft im Maraval-Sumpf gewesen, aber ich wollte nicht glauben, daß er zehn Meilen weit weg war. Ich überlegte weiter: *Vielleicht isses gar nich so weit? Du weißt genau, daß es mindestens zehn Meilen sind. Wie oft bist du mit Mutter Maurina und allen von St. Maggy Provisional in der Kirche gewesen, um die Wanderstatue zu sehen und von der Schwarzen Jungfrau zu hören? Wie oft bist du mit Papee Vince und der ganzen dritten Naturkunde-Klasse im Sumpf gewesen, um Exemplare zum Präparieren zu sammeln? Mit Daddy und allen fünf Fähnlein der Seascouts, um Springfrösche für das Sommer-Jamboree zu fangen?* Überlegte: *Du weißt, daß es mindestens zehn Meilen sind. Wie oft bist du mit deinen Kumpels da gewesen, um Leguane zu fangen und sie den Indianern in Suparee für je fünfzig Cent anzudrehen? Rennen und sie schnell bei den Schwänzen packen und sie rum und rum schleudern, bis ihre Köpfe ausklicken und sie buduups wie von selbst in den Rupfensack plumpsen! Und das eine Mal, als du einen Dollar für den ganz ganz großen gekriegt hast und für den Dollar so viele Julie-Mangos gegessen hast, daß dein Bauch am liebsten frupuups geplatzt wär! Wie konnten die Kulis und Warrahoons diese Dinger essen? Aber Granny Myna sagt, daß Barto in Venezuela die ganze Zeit Leguane gegessen hat, als sie grade geheiratet hatten und die Rinderranch in Estado Monagas hatten, wo Daddy auf die Welt kam. Und daß Barto das eine Mal versucht hat, einen mit rein zu bringen, und sie ihn mit seiner eigenen Machete hinausgejagt hat, weil Granny Myna kein Lebewesen im Haus duldete, das dazu verdammt war, auf dem Bauch zu gehen, und daß Barto deswegen, weil er dieses Ekelzeug gegessen hat, so jung umgekommen is. Aber Daddy sagt, ein Warrahoon hat ihm mal nen Leguaneintopf ins Krankenhaus gebracht, und er hat es nich von nem Hühnerfrikassee unterscheiden können.*

Ich wollte nicht an den Inhalt des Glases und die zehn Meilen vor mir denken, und ich wollte nicht daran denken, daß ich zu spät für die Beerdigung zurück sein könnte. Ich war die ganze Nacht aufgewesen und bereits davon erschöpft, das Gefäß zu tragen. Ich war gerade erst vom Friedhof gekommen. An jenem Abend hatte ich nicht einschlafen können und wälzte mich im Bett herum, während ich über die alte Granny Myna nachdachte. Sie hatte mir einmal eine Geschichte über einen Frosch erzählt, dem sie dabei zugesehen hatte, wie er in Wallafield einer Frau das Auge aussaugte, und ich bekam das Bild von dieser Frau im Kampf mit dem riesigen, weißen Frosch nicht aus dem Kopf. Es war einer dieser fliegenden Frösche, und die Frau hatte wie immer unter einem Tamarindenbaum gesessen. Sowie sie nach oben sah, flog der Frosch heraus und klebte ihr *frapps* im Gesicht. Granny Myna hat mir erzählt, daß zwei starke Männer nötig waren, um den Frosch wegzuziehen, und als er losließ, kam das Auge mit heraus. Sie sagte, wenn Barto nicht da gewesen wäre und das Auge aus dem Matsch geklaubt, darauf gespuckt und es wieder hineingeschoben hätte, die Frau hätte sich ohne Auge von dem Frosch davongemacht.

Es passierte mir öfter, daß ich mitten in der Nacht aufwachte und anfing, über Granny Myna und eine ihrer Geschichten nachzudenken, aber ich weiß noch, daß ich es diesmal nicht schaffte, sie und den Frosch aus meinen Gedanken zu verbannen. Meine Großmutter war sechsundneunzig und redete ständig vom Sterben, und doch war Granny Myna zeit ihres Lebens keinen einzigen Tag krank gewesen, und ich war überzeugt davon, daß sie ewig leben würde. Ich konnte nicht einschlafen, und so weckte ich meinen jüngeren Bruder, um ihn über die Frau aus Wallafield auszufragen. Er schnauzte mich an und drehte sich auf die andere Seite. Ich weiß noch, wie ich dalag und auf den schwirrenden Ventilator horchte, dessen Geräusch mit jeder Umdrehung lauter wurde, bis er mir in die Ohren zu brüllen schien. Ich riß das Laken weg und sprang aus dem Bett. Ich zog meine Shorts über, schnallte mir die Jesuslatschen an und schlich leise den Flur entlang. Papee Vince, mein Großvater mütterlicherseits, hatte das Zimmer ganz hinten. Ich ging eilig daran vorbei und die Treppen hinunter. Granny Mynas Tür war offen, und so steckte ich den Kopf hinein. Sie saß aufrecht im Bett und wartete. Ich ging hin und setzte mich neben sie. Sie sah mich lange an, langte an mir vorbei, um ihren goldenen Rosenkranz auf den Nachttisch zu legen und begann zu sprechen.

Er war als Mann auf die Welt gekommen, aber oberhalb seiner Eier war er ein Frosch. Das ist so gekommen, weil Magdalena Domingo eine Hure und eine schwarze Schlampe war, und außerdem war sie eine schlechte Frau. Magdalena hatte die Angewohnheit, jeden Sonntag in den Maraval-Sumpf zu gehen, weil ich ihr nachgegangen bin, und manchmal hat sie sich dort unter dem Regenbaum mit Barto getroffen, sie is in den Maraval-Sumpf, weil sie gern den Crapos beim Pimpern zugeschaut hat. Magdalena hat einfach mit Begeisterung den Fröschen beim Ficken zugeschaut, und dahin muß sie auch in dem Moment geschaut ham, wo sie das Kind empfangen hat, weil Barto nach demselben Prinzip aus zwei Eseln ein Zebra geschaffen hat, indem er sie für ihr Dings in einen Raum gesteckt hat, den er mit Streifen ausgemalt hat. Deshalb ham nämlich auch alle deinen Daddy für nen zweiten Heiligen Johannes gehalten, weil ich über meinem Bett das Bild hängen hab, auf dem er noch glücklich auf dem Teller lächelt, zu dem ich in meinen ganzen Momenten der Leidenschaft hinaufgeschaut hab, und deshalb hat dein Daddy dieselbe Falte direkt hier mitten auf der Stirn, und wie könnt es sonst sein, daß dein Daddy der einzige Domingo mit diesen Augen is, die dich immer anschaun, genau wie der Heilige Johannes? Siehst du, wie Papa Gott Seine Arbeit macht? Genauso hat Magdalena das Kind mit dem Froschgesicht gemacht, um ihr eigenes nachzuäffen und mit den Eiern von *jedem* Mann auf dieser Insel mit Namen Corpus Christi!

Wie Dr. Brito Salizar das Kind rauskommen sieht, will er's nix als wieder in Magdalenas Muschi reinstopfen und vorm Rest der Welt verstecken. Dr. Brito weiß, daß nix Gutes von diesem Kind kommen wird, das die lebende Sünde der ganzen Erde is. Weil Magdalena diesem Froschkind nur einmal ins Gesicht schaun braucht, um sich selbst tot umzubringen: Sie drückt auf das Kissen und hält den Atem an, bis sie erstickt. Wie's Dr. Brito merkt und ihr das Kissen aus dem zugekrampften Kiefer schneidet, war sie schon tot. Die Federn stoben in dem kleinen Krankenhauszimmer vor und zurück wie in nem Wirbelsturm. Dr. Brito bläst in die Luft vor ihm, um die rumfliegenden Federn wegzupusten, er bekreuzigt sich, und Dr. Brito macht den Mund weit auf und beugt sich vor und beißt dem Crapokind die Kordelschnur vom Bauch ab, um die Welt der Lebenden für alle Ewigkeit mit der Welt der Toten zu vereinen!

In der Nacht damals hat's dermaßen geregnet, daß der Caronee über die Ufer geflossen is, und am nächsten Morgen war'n Krokodile auf den Straßen und in den Kellern von den Häusern. Und wie Barto ankommt, ganz voller Matsch bis an die Eier, und die Schuhschachtel da in der Hand hält, pack ich ihn an seinem Schnurrbart und verfluch ihn und sag, daß er mir *niemals* mit dem Crapokind da ins Haus kommt! Aber Barto is'n Mann, dem niemand was sagen kann, wenn er erst mal entschlossen is, und er schert sich über-haupt nich drum und achtet nich auf mein Gezeter, von dem das Dach schier wackelt. Ich sag ihm, Papa Gott wird ihn umbringen und uns alle dazu, wenn er versucht, das Crapokind reinzubringen, aber Barto hört gar nich, weil er schnurstracks durch die Haustür marschiert und die Schuhschachtel da mitten auf den Tisch im Eßzimmer stellt. Und wenn ich ihn nich dran gehindert hätt,

hätt Barto das Froschkind direkt neben Amadao gelegt, der in meinem Schlafzimmer in der Wiege liegt und erst sechs Monate zuvor auf die Welt gekommen is.

Ja, und Evelina, das is das Dienstmädchen, das sogar damals bei mir gewohnt hat, bloß ne kleine Negrita, die auf dem Gut rumrennt, wie ihre Mummy gestorben is, und ich nehm sie auf, Evelina braucht nur davon zu hören, daß das Crapokind ins Haus kommt, schon fängt sie an, sich an die Brust zu schlagen und einen Schwall Kreolen-Obi-Geplapper auf das Kind loszulassen, und sie rennt ganz schnell in ihr Zimmer, um sich unterm Bett zu verkriechen. Reggie und Paco, das sind die letzten von den neun Jungs vor Amadao, der in der Wiege schläft, Reggie und Paco kommen zu Barto gerannt und fragen ihn, wo er diesen Puffpuff-Frosch aufgetrieben hat, und ob sie ihn bitte in den Hof mitnehmen dürften, um rauszufinden, wie gut er springen kann. Aber Barto braucht den Jungs bloß nen scharfen Blick zuwerfen, schon wissen sie, daß mit ihm nich zu spaßen is, und der kleine Reggie und Paco rennen davon, und wir sehn sie bis spät abends nich wieder. Ich für mein Teil hab mich nach ner Weile ein bißchen beruhigt, und Barto dreht sich zu mir, weil ich natürlich damals noch den kleinen Amadao stille, und er will jetzt wissen, wann ich fertig bin, um seinen Manuelito zu füttern, was der Name is, den Barto dem Kind offiziell mit Salz und Wasser verliehen hat. Heiliges Herz Jesu! Ich schau Barto direkt in die Augen und sag ihm, wenn er das Crapokind auch nur in meine Nähe bringt, quetsch ich ihm die Eier derart, daß sie Milch lassen wie zwei Käselaibe, und dann kann er ja *die* dem Malefiz-Froschkind geben.

Aber nix hat Barto bremsen können. Wie wenn er's mit Papa Gott selbst aufnehmen will. Weil das nächste, was ich seh, is, daß er wieder seinen Revolver nimmt, zum Schutz vor den Krokodilen, und er geht raus zum Schuppen zu der großen Kuh, die wir da ham und die Rosey heißt. Und diese Rosey is schon seit so vielen Jahren bei uns, daß sie ganz ganz zahm geworden is und die Jungs auf ihr rumreiten können wie auf nem Pferd, und wir müssen gut aufpassen, daß wir keine Banane oder sowas aufm Tisch liegen lassen, weil sowie du dich umdrehst, steckt sie den Kopf durchs Fenster und nimmt sie weg. Und jetzt steh bloß ich noch da wie ne Stockpuppe und schau Barto zu, wie er die Kuh durch den Matsch führt, der Rosey bis zum Bauch geht, und Barto schleppt sie quer durch die Diele und ins Eßzimmer und stellt sie auf den Tisch. Oui Papayo! Na, jetzt weiß ich, daß ich bald plemplem werd!

Barto läßt Rosey einfach so stehn und geht zum Meer und holt nen Eimer Wasser, um den Matsch von Roseys Zitzen abzuwischen. Aber wie Barto das Froschkind aus der Schuhschachtel holt und ich sein Gesicht zum erstenmal richtig seh, fang ich sofort wieder zu zetern an, weil man auf der Haut von Papa Gotts Erde noch nie so'n häßliches Wesen gesehn hat! Sogar Rosey macht nen Satz, wie sie das Crapokind sieht, und Barto muß sie festhalten, damit sie nich zur Tür rausschießt. Aber nix konnte Barto aufhalten, wenn er sich erst mal entschlossen hatte, weil das nächste, was ich seh, is, wie er sich das Cowboy-Halstuch vom Hals bindet und es Rosey um die Augen wickelt. Auf der Stelle is sie wieder ruhig, und Barto hält das Crapokind unter sie mit den Zitzen in dem großen Froschmaul, und es saugt Milch raus, die ihm über das ganze häßliche Froschgesicht läuft, und es redet eine Art Froschsprache, wie *oy-juga oy-juga oy-juga!*

In der Nacht lieg ich im Bett und versuch mein Bestes, um zu schlafen, wo dieses ganze Durcheinander im Haus vor sich geht, und Barto kommt ins Zimmer, weil Barto eigentlich ein eigenes Schlafzimmer oben hat, das wo jetzt deine Mummy und dein Daddy benutzen, er kommt ins Zimmer direkt ans

Fußende von dem Bett hier und zielt mit dem Revolver auf mich und seine Augen spucken Feuer, und er will wissen, was ich mit seinem Manuelito angestellt hab. Heiliges Herz Jesu! Ich geb ihm zur Antwort, daß ihn das Froschkind jetzt ganz plemplem gemacht hat, weil ich nie und nimmer dieses Crapokind anfassen werd, nich bis ans Ende aller Tage, und wenn es verschwunden is, weiß ich nix davon, weil wie ich es zuletzt gesehn hab, schläft es noch selig im Schuhschachtelbettchen mitten auf'm Eßtisch. Aber Barto regt sich jetzt fürchterlich auf wegen dem Crapokind, und so beschließe ich, Evelina zu wecken, und wir zwei fangen an, das Haus auf den Kopf zu stellen und suchen in allen Schubladen und unter den Betten und überall nach dem Kind, aber wir finden es gar nirgends und wissen nich, was wir tun sollen. In dem Moment hör ich Evelina irgendwo draußen schrein, und ich renn los und entdeck sie am Teich, der für die ganzen Enten zum Baden gedacht is, dort steht sie mit ganz ganz weit aufgerissenen Augen, wie wenn sie grad ein Ungeheuer gesehn hätte, bloß weil sie Reggie und Paco und dieses Froschkind schwimmen sieht!

Am nächsten Morgen steht ganz St. Maggy auf meiner Türschwelle und will das Crapokind sehn. Der Caronee hat noch nich mal angefangen zu sinken, und der Matsch auf den Straßen geht immer noch bis zu den Knien, aber nix hat die Leute aufhalten können. An allen Fenstern drängeln sie sich, einer steht auf dem andern, und sie warten den halben Tag, damit sie nur mal nen Blick auf das Crapokind werfen können, und der kleine Babu-Junge sieht, wie die Horde angestürmt kommt, während er seinen Fahrradkarren durch den Matsch schiebt mit den ganzen Flaschen voller süßem Sirup, der überschwappt, und er fängt an, Eis abzukratzen, als obs ihn gepackt hätt, und er verkauft eine Portion Snowball an jeden von den Leuten, die nur da stehn und durch die Scheibe schaun und schlecken, mit ihren grünen, lila und gelben Zungen, als wär das alles ne einzige Schmierenkomödie, die sich da abspielt mit der Kuh und dem Crapokind im Haus! Alle lachen und grölen und blasen sich die Backen auf und machen Froschgesichter, um das Kind nachzuäffen, und bald hör ich, wie mich jemand damit aufzieht, daß *ich* die Mutter von dem Crapokind sei, wo sie doch alle ganz genau wissen, daß das Kind Barto gehört und dieser schwarzen Schnepfe Magdalena und ich über-haupt nix mit ihm zu tun hab, und wie sie *mich* immer mit Barto bei Maraval den Fröschen beim Ficken zuschaun gesehn ham. Heiliges Herz Jesu! Ich renn schnell zu der Schuhschachtelwiege, pack das Crapokind und werf mich vor Barto auf die Knie und bitte ihn, es um der Gnade Papa Gotts willen wegzubringen!

Barto schaut nen Moment zu mir runter, und ich seh, daß ich ihn endlich gerührt hab. Weil er runterlangt und das Crapokind rausnimmt, das jetzt in eine weiße Tagesdecke gewickelt ist, daß man die Hälfte, die zu nem Mann gehört, nich mal sehn kann. Barto trägt das Kind zu dem großen Glasschrank, den wir da im Wohnzimmer stehn ham und wo die ganzen Gewehre drin sind. Er holt das größte raus, das is die Rifle, die ganz mit Silber und Perlmutt überzogen is und die wir seit der Zeit von General Monagas da ham, und Barto trägt das Kind und das Gewehr auf den Dachboden. Er steigt ganz aufs Dach raus und geht vor bis an den äußersten Rand. Barto hat nich mal den Mund aufgemacht und sagt kein einziges Wort. Er steht einfach da oben in seiner Lederkluft, die ich von oben bis unten mit Speiseöl eingerieben hab, bis sie glänzt, und mit breit gespreizten Beinen und Sporen an seinen Cowboystiefeln hält er das Froschkind, und seine Augen lodern, und er streckt langsam den Arm aus, bis er ganz grade is, und zielt mit der großen Rifle von General Monagas in den Himmel hinauf, um *buudumm!* zu schießen, und die ganzen Leute haun ab, rennen und schlittern durch den Matsch, wie wenn jeder mit nem Riesenhaken am Hintern aufgespießt worden wäre!

Nach und nach erschienen Leute auf der Straße, von denen die meisten auf die Stadt zu gingen. Sie trugen für den Kirchgang ihre besten Kleider oder waren bereits als irgendein Heiliger oder eine Figur aus der Bibel oder als Figur aus den Heiligen Büchern der Hindus kostümiert. Dieser Tag war ein großer Tag für Corpus Christi: Es war der religiöse Festtag, nach dem die Insel benannt war. Die meisten von uns besuchten am Morgen die Messe. Am Nachmittag fanden Umzüge durch die Straßen von St. Maggy statt, und die Festlichkeiten dauerten bis Mitternacht. Denn mit dem Zwölf-Uhr-Schlag hörte die ganze Musik auf und wir kehrten in die Kirche zurück, um mit der Ostervigil anzufangen. Auf dem Pfad fuhren nie irgendwelche Motorfahrzeuge, außer ab und zu ein Lastwagen oder ein Kleinbus, der zu einem der Güter gehörte. Fahrräder und Eselskarren kamen vorüber, von denen manche bereits mit Kreppapier und Pappmaché dekoriert waren.

Alle Vorübergehenden schauten mich an, wie ich das riesige Gefäß schleppte. Ich schwitzte und war voller Staub und überlegte: *Angenommen, jemand sieht das Froschbaby jetzt und stößt nen Schrei aus? Angenommen, jemand fragt dich, wo du's her hast? Was sagste dann? Daß du's auf'm Domingo-Friedhof ausgebuddelt hast? Daß du's im Maraval-Sumpf gefangen hast?* Dann begann ich zu überlegen: *Aber kein Mensch sieht das Froschbaby! Biste sicher, daß in dem Glas über-haupt was drin is? Vielleicht isses nur voller Meerwasser? Vielleicht is das Froschbaby bloß n Monster, das du dir ausgedacht hast? Irgendein Mumpitz, den dir Granny Myna in den Kopf gesetzt hat?*

In diesem Moment zerrte ein Junge in meinem Alter – der mit einem weißen Turban als Moses verkleidet war und eine große Papptafel mit Geboten hinter sich dreinschleppte – seinen Vater am Ärmel und zeigte auf mich: »Siehste das, Daddy? Schau dir mal den Frosch an, den der Junge in seinem Glas hat. Er is so groß wie n Affe! Er is *lebendig,* weißte, Daddy. Er *schwimmt!*«

Magdalena ging einfach mit Begeisterung nach Maraval, um die Frösche pimpern zu sehn, weil sie jeden Sonntag den ganzen Weg vom Kloster St. Maggy zu Fuß ging und aufgeputzt in ihren weißen Nonnenkleidern vor dem Angesicht von Papa Gott die Straßen entlangstolzierte, wo sie doch untendrunter nix wie ne schwarze Hure is. Und genau die fickenden Frösche muß Magdalena angeguckt ham, daß sich das Froschgesicht in dem Moment, wo sie das Kind empfangen hat, eingeprägt hat, weil ein Crapo die einzige Kreatur auf der Haut von Papa Gotts Erde is, die durchhalten und leidenschaftlich drei Tage und drei Nächte lang pimpern kann, ohne auch nur mal zum Luftholen Pause zu machen, und wie sonst hätte er wie n perfekter Mann mit dem großen Apparat dran und der Rest ein Frosch rauskommen können? Natürlich hat Dr. Brito gleich erkannt, daß das Kind oberhalb der Eier ein Crapo war, und er sagt, er hat schon von mehr Froschkindern gehört, obwohl er zuvor noch nie das Privileg gehabt hat, selbst eins zu sehn, aber ich weiß, daß das unmöglich is, weil diese Welt nie und nimmer groß genug sein kann für zwei. Und der andere Schüler-Doktor im Krankenhaus, das is der erste, der mit nem großen Abschlußstempel von der Queen, das war Elisabeth die Zweite, aus England gekommen is, aber wie kann ein vernünftiger Mensch auf einen Doktor hörn, der alles aus nem Buch gelernt hat, ohne daß er je nen Kranken zu Gesicht gekriegt hat? Dieser kleine Schüler-Doktor sagt, das Kind is überhaupt gar kein Frosch, sondern es hat nur irgendein Zeug im Blut oder den Genen oder sowas. Er holt das große schwarze

Buch raus, das so dick is, daß er's kaum schleppen kann, und er deutet auf das Bild von diesem Ding, das nach den ersten zwei Mädels heißt, die mit dieser Krankheit auf die Welt gekommen sind, und er schreibt es mir auf nen Zettel, damit ichs glaub: ANNA-UND-CECILY. Der kleine Schüler-Doktor sagt, dieses Zeug bedeutet, daß man ohne Gehirn geboren is, und daher kommts, daß das Kind wie n Frosch *aussieht.* Aber es is dein Onkel Olly, das is der Wissenschaftler für Knochen und Steine und ein ganz kluger alter Herr, Onkel Olly beweist ohne jeden Zweifel, daß das Kind ein Frosch ist und ein Gehirn *hat,* auch wenn's nich größer is als ne Pflaume.

Das Froschkind hat über-haupt keinen Schädel gehabt, nur so ne ganz ganz weiche Hülle aufm Kopf wie die Schale von ner Avocado. Also mußte Onkel Olly bloß nen kleinen Schnitt mit der Schere machen und auf beiden Seiten drücken, und das kleine Hirn kam rausgeflutscht wie ne Eichel aus der Schale. Natürlich is Onkel Olly als erstes schnell nach Maraval gerannt, um nen großen Crapo Grande zu holen, und er nimmt diesem Froschbullen das Hirn raus und vergleicht es mit dem von dem Kind. Ja, und die zwei warn in Größe und Form und Gewicht und allem so gleich, daß Onkel Olly, sowie er schnell zum Pinkeln rausgeht und wiederkommt, vergessen hat, welches zu wem gehört.

Ich wünschte nur bei Papa Gott, daß Onkel Olly mit dem Hirn zufrieden gewesen wär! Aber wenns um seine Wissenschaft ging, konnte nix deinen Onkel Olly zufriedenstellen. Als er mit dem Hirn fertig war, war er ganz aufgeregt und hat beschlossen, daß er dieses Crapokind für noch mehr Sektionen konservieren will. Es war also Onkel Olly, der das Kind in das Glas mit dem Meerwasser gesteckt hat, aber noch am selben Abend entdeckt es Barto, wie es auf dem Regal unten in Ollys Labor schwimmt, und das is der Anfang vom Ende.

Ein Mann in einem Ochsenkarren, der in meine Richtung fuhr, hielt neben mir: »He-eh, Whiteboy, sag mal, was Sache is!«

Ich stand da und starrte diesen Alten an, der sich und seinen gesamten Ochsenkarren in Aluminiumfolie eingewickelt hatte. Er nickte mit der Nase in Richtung auf das Gefäß: »Wo gehst'n hin un schleppst das Glas da zum Spaß rum? Das Ding is ja so groß wie du! Wieso steigste nich hier rauf un stellst den Brocken ab un läßt dich von mir n bißchen die Straße lang kutschiern?«

»Was sind Sie?« fragte ich. »Roboter?«

Der Alte schnalzte mit der Zunge; ärgerlich saugte er an den Zähnen. »Ich bin der Erzengel St. Michael, un das is mein Streitwagen, wo in die Schlacht zieht. Und du schaust lieber, daß du deinen kleinen Hintern bald hier hochkriegst, sonst fällste noch tot um, wie du da die Riesen-Glasbüchse rumschleifst.« Er schnalzte noch einmal. *»Roboter!«*

Ich wuchtete das Glas mit einem Schubs auf das Brett, wo der Alte seine Füße stehen hatte. Er beugte sich vor und studierte es mehrere Sekunden lang. Dann setzte er sich wieder auf, wobei sein Kostüm Falten schlug, und wir blickten uns an.

»Komm, Junge!« sagte er, und ich kletterte auf die Bank neben ihn. Das Gefäß stand zwischen uns. Der Alte wies mit der Nase hinter sich: »Noch jede Menge Blechpapier für dich da hinten, weißte. Warum verkleidste dich nich richtig, könn wir uns besser amüsiern!«

»Finden Sie nicht, daß ein Roboter reicht, Alter?«

Er schnalzte mit der Zunge und zog an dem ausgefransten Strick, den er als Zügel benutzte. Wir fuhren langsam weiter und schwankten dabei von einer Seite zur anderen, und die Lösung in dem Gefäß zu unseren Füßen schwappte hin und her. Der Ochse war ein riesiger Arbeitsbüffel mit weit auseinanderliegenden s-förmigen Hörnern, dem klebriger Dunst aus dem blaugrauen Buckel stieg. Nach einer Weile sah mich der

Alte erneut an. Sein Gesicht war von Schweißperlen überzogen. Die weißen Bartstoppeln und die grauen Augen und Wimpern sahen im Kontrast zu seiner umbra-schwarzverbrannten Haut silbern aus. Alles schien zu seinem Aluminium-Kostüm zu passen.

»Wo schleppst'n am Corpus-Christi-Tag das Glas da hin?« fragte er. »Corpus Christi is der Tag, wo man sich amüsiert!«

Ich schaute zu seinem kegelförmigen Hut hinauf, dessen umgeklappte Krempe auf seiner Nasenwurzel ruhte wie die übergroße Mütze eines Yankee-Matrosen.

»Was'n los mit dir, Junge? Redste nich?«

»Is Ihnen nich heiß in dem Kostüm da drin?«

Er schnalzte. »Wo willst'n hin mit dem Glas da, Junge?«

»Ham Sie schon mal ein Froschkind gesehen, Alter?«

Er saugte wieder an den Zähnen. »Mehr wie neunzig Jahre lauf ich schon auf der Erde rum, sagt meine Mummy. Gibt immer noch ne Masse Zeug, wo ich nie gesehn hab.«

Eine leichte Brise kam auf, und der Alte hielt seinen Hut fest. Ich hielt die Hände an die Augen wegen des Staubs, der von der Straße aufstieg.

»Alter, glauben Sie, daß jemand mit offnen Augen sterben kann?«

Er wandte sich um und sah mich an: »Jeder kommt mit zunen Augen auf die Welt, und jeder stirbt mit offnen Augen. Der Fehler von Papa Gott is, daß Er die ganze Geschichte von hinten nach vorn aufzieht. Und das, Junge, is der Anfang von der ganzen Wirrnis und Streiterei. Jetzt sag, wohin trägste das Glas da?«

»Maraval.«

»Bis nach Maraval zu Fuß? Gut, daß ich gehalten hab, Junge. Du wärst ja holterdipolter tot gewesen, bis du mit deiner großen Glasbüchse da angekommen wärst.«

Er langte nach hinten und reichte mir die Rolle Aluminiumfolie. »Corpus-Christi-Tag is kein Tag, wo man schweres Zeug rumschleppt. Zieh dich orntlich an, damit wir uns amüsiern könn! Wir treffen uns mit der Band unten an der Straße, noch ne Weile Blödsinn machen, bevor wir spieln!«

Ich sagte ihm, ich müsse zum Maraval-Sumpf.

Er schnalzte. »Wie's beliebt, Whiteson. Wenn wir auf die Schar der Seraphim stoßen, biste schon fast am Ziel.«

Ich legte die Rolle mit der Folie hin, während wir weiterfuhren. Der Ochse setzte seinen langsamen, gleichmäßigen Tritt fort, und der Wagen schwankte auf seinen wackligen Rädern.

Ich hab Magdalena nie nen Vorwurf gemacht. Papa Gott is ihr Richter, und wenn sie ne Hure is, muß sie sich vor Ihm verantworten. Wie komm ich dazu, zu sagen, daß es nich recht is, wenn sie Bartos Geliebte is, und wie kann ich ihr oder Barto oder sonst jemand dieses Crapokind vorwerfen, wenn es doch eine Kreatur von Papa Gott is, von Seiner eignen Hand berührt, aus Seinem eignen Fleisch geschaffen, und es Seine eigne Luft atmet? Also nehm ich es auf den Arm. Obwohl es mir von allem auf der Welt am verhaßtesten is, is es doch der Sohn von meinem Mann, und ich muß nach dem Kind schaun. Ich steh da mit Evelina in der Küche mitten beim Essenmachen, wie ich spür, daß was mein Herz berührt. Ich werf nich mal mehr den Rest von den Dasheen-Blättern in den Topf mit dem kochenden Wasser für den Callaloo, sondern laß alles stehn und liegen und schau nach dem Froschkind. Wie ich es in die Arme nehm, hab ich so viele Tränen in den Augen, daß ich kaum was seh, und meine Hand zittert so, daß ich sie kaum ruhig genug halten kann, um ihm meine Brustwarze in den Mund zu stecken, aber ich machs. Aus Liebe zu Papa Gott mach ichs! Ich stille ihn mit der Milch aus *meiner* Brust!

Ich hab Magdalena nie nen Vorwurf gemacht. Ich versuch,

so gut ich kann, nie auf das zu hörn, was die Leute reden, und ich kann dir sagen, die Leute können manche Worte so vorbringen, als ob sie dir ein Messer in die Brust stoßen. Aber ich hab Magdalena nie nen Vorwurf gemacht. Ich bin nett zu ihr, und wenn sie mir in der Kathedrale mit den ganzen anderen Nonnen begegnet, bemüh ich mich extra, ihr ein freundliches Todobien zu wünschen, denn wie komm ich dazu zu sagen, daß Barto seine ganze Zuneigung nur mir geben darf, wo er doch genug Liebe für die ganze Welt im Herzen hat? Kein Mann hat seine Frau je mehr geehrt und ihr mehr Liebe und Ergebenheit geschenkt, als dieser Mann mir geschenkt hat. Barto hat mich auf ein Podest gestellt, hörste? Auf ein *Podest!*

Aber irgendwas passiert, wie das Kind anfängt, an meiner Brust zu saugen. Irgendwas passiert, und ich weiß nich, was es is. Wie wenn ihm irgendein Gift aus dem Mund rauskommt und in mein Blut läuft, weil als nächstes renn ich wieder in die Küche, zu dem großen Becken mit dem kochenden Wasser, das dort auf mich wartet, daß ich den Callaloo fertigmach, und ich werf es rein. Evelina schreit, aber ich hör sie gar nich, denn bevor ich weiß, was meine Hände machen, stecken sie bis zu den Ellbogen in dem kochenden Wasser, und wie es kam, daß ich es gar nich gespürt hab, kann ich dir heut noch nich sagen, denn da steh ich und ersäuf das Kind in dem Becken mit dem kochenden Wasser, und die Dasheen-Blätter schwimmen drin rum wie die grünen Höllenflammen!

Sowie ich wieder klar bin, zieh ich es aus dem Wasser, aber es is schon tot. Ich hab keine Ahnung, was ich machen soll. Ich kann nur Evelina anflehn, daß sie es bitte um der Gnade von Papa Gott willen wegbringt. Ich bitte sie, es nach Maraval zurückzutragen, wo es hingehört, aber Evelina weigert sich, in die Nähe von dem Crapokind zu gehn, ob es nun lebendig is oder tot. Nach einer Weile is sie aber bereit, es von mir wegzubringen, und ich beschwöre sie, daß sie direkt nach Maraval geht und es reinwirft, und ich geh raus auf die Straße, um Evelina nachzuschaun, wie sie mit dem Crapokind davongeht, das sie kopfüber an den Beinen hält wie einen Hahn, den sie auf dem Victoria Market verkaufen will. Ich schau Evelina nach, bis ich sie nich mehr seh, geh wieder ins Haus und versuch mein Bestes, um den Callaloo noch fertigzumachen. Ich wünschte nur bei Papa Gott, ich hätt auf der Straße bleiben können! Weil ich muß mich laut verfluchen, daß ich das mit dem Crapohahn gesagt hab, und kaum bin ich wieder im Haus, kommt auch schon Evelina wieder, weil sie nämlich das Crapokind für lausige fünf Kokosnuß-Dollar an Onkel Olly verkauft hat. Und Onkel Olly hat beschlossen, daß er seine Wissenschaft ein bißchen an dem Kind ausprobiern will, und in der Nacht findet es Barto, wie es unten in Onkel Ollys Labor auf dem Regal schwimmt. Heiliges Herz Jesu! Ich hab gedacht, Barto bringt mich um. Ich hab ihn noch nie so außer sich gesehn, wie wo er mit diesem Glas zu mir gekommen is und verlangt hat, daß ich ihm erzähl, was mit dem Kind passiert is. Wie ich fertig bin und auf dem Boden knie und ihn anflehe und er mit lodernden Augen über mir steht, sagt er mir, daß ich dafür mein Leben und meinen Tod lang leiden werd, weil ich mich nich mal mehr drauf freun kann, friedlich neben meinem Mann in der Erde zu liegen, weil dieses Crapokind zwischen uns sein und mich an mich selbst erinnern wird und mich bis ans Ende der Ewigkeit quälen wird. Und damit geht Barto raus und trägt das Gefäß in die Nacht.

Aber ich kann gar nich mehr leiden. Nach sechsundneunzig Jahrn hab ich keine Kraft mehr übrig. Meine Augen sind vertrocknet, und es kommen keine Tränen mehr, und Papa Gott hat mir verziehn. Er hat mir verziehn, und morgen werd ich bei Ihm im Himmel sein. Papa Gott hat mir verziehn, und Barto muß mir jetzt nach all den Jahrn, die ich in der Dunkelheit geweint hab, auch verzeihn, und ich bin bereit. Ich bin bereit, meine Knochen in Frieden niederzulegen, Frieden, den ich damit verdient hab, daß ich in der heißen Nacht Blut zu Wasser geschwitzt hab, aber ich werd nie Frieden haben, solang ich neben diesem Crapokind begraben sein muß. *Nie!* Aber du wirst es wegbringen, Johnny. Du wirst heut nacht für mich auf den Domingo-Friedhof gehn und es ausgraben, und du wirst es wegbringen. Jetzt bin ich bereit zum Sterben. Geh und ruf deine Mummy und deinen Daddy.

Wir konnten die Divina-Church-Band in der Ferne auf ihren Steeldrums trommeln hören, lange bevor wir auf sie stießen. Die Sonne verbarg sich immer noch hinter den schwarzen Wolken, aber der Alte schwitzte weiter in seinem Aluminiumkostüm. Ein Lüftchen kam auf und blies ihm den Hut davon, und so nahm ich die Rolle mit der Folie und stellte mich auf die Bank, um ihm einen anderen zu machen, einen langen Stachel, der nach oben herausragte – ein passender Helm für einen Erzengel. In der Band müssen fünfzig Leute und ebenso viele Kinder gewesen sein, und alle waren als Engel verkleidet. Der Alte lenkte seinen Ochsenkarren an den Straßenrand, und wir sahen uns den Umzug an, während die Engel uns beim Vorübergehen zuwinkten. Die meisten gingen zu Fuß, aber es gab auch Fahrräder und drei oder vier Eselskarren. Die Kinder rannten vor und zurück, schrien und schlugen mit ihren Flügeln. Jeder Engel hatte irgendein Musikinstrument – Steeldrums, Hörner, Quatros – aber die meisten Instrumente bestanden aus nichts weiter als einem Paar Toktok-Sticks, einer Rumflasche und einem Löffel oder einer getrockneten Kalebasse mit einer Handvoll Poinciana-Samen zum Schütteln darin. Der Alte fing an zu singen, wobei ihm die Lippen gegen die fast zahnlosen Kiefer klatschten und der Speichel davonflog. Er nahm meine Hände in seine und schüttelte sie auf und ab im Takt zur Musik, und seine Aluminium-Arme knisterten: »Zeit zum

Feiern, Whiteson, mach den Mund auf!« Ich begann auch zu singen:

Sal-ve Re-gina,
Regina Magda-lena!
Be-ne-dicimas te,
Glo-ri-ficamas te,
A-do-ramas te,
Regina Magda-lena!

Als die Band vorübergezogen war, stieg ich von dem Karren herunter, und der Alte reichte mir das Gefäß. Er wendete den Ochsenkarren und winkte, und einen Moment lang blinkte sein Kostüm wie geschmolzenes Metall, als es das Licht auffing, und er rief etwas, das ich über die Musik hinweg nicht verstehen konnte. Ich sah dem Alten nach, wie er in einer Staubwolke verschwand, die seiner Band voller Engel folgte. Ich sah ihm lange nach, bis der Staub sich gelegt hatte und die Steeldrums nur noch ein Grollen in der Ferne waren. Ich sah mich um und merkte plötzlich, daß ich allein war. Auf dem Pfad war niemand mehr. Es war still. Ich drehte mich um und ging weiter, mittlerweile ruhig und ohne Hast.

Granny Myna starrte mich schweigend an. Ich konnte mich nicht rühren, nicht vom Bett aufstehen. Sie griff nach meinen Händen und nahm sie beide in die ihren: »Geh, Johnny. Sag Mummy und Daddy, daß ich bereit bin.«

Ich rannte nach oben und sagte es ihnen, und mein Bruder, Evelina und Papee Vince wachten alle von dem Lärm auf. Wir versammelten uns um Granny Myna, die sich in dem schmalen Bett aufgesetzt hatte und den Rücken gegen das Kissen am Kopfteil stützte: Mein Vater saß in Unterhosen direkt neben ihr und hörte durch sein Stethoskop ihr Herz ab, meine Mutter hielt meine kleine Schwester auf dem einen Arm, und mein jüngerer Bruder hielt sie bei der anderen Hand, während Papee Vince auf dem Stuhl saß und sich über seinen dicken Bauch beugte und die alte Evelina irgendeine Obi-Beschwörung murmelte und ich überlegte: *Das bist nich du, der da steht und das sieht, weil du oben im Bett liegst und schläfst. Warum gehste nich nachschaun, ob du dich selbst findest, dann wüßtest du, daß du nur träumst?*

Mein Vater zog sich das Stethoskop aus den Ohren und ließ es auf seine Brust fallen. Er sah sich um, stand auf und ging an den kleinen Tisch, der von Granny Mynas religiösen Gegenständen übersät war: eine Statue des Heiligen Michael, eine des Heiligen Christophorus, eine Fotografie des Papstes, eine von Barto, eine wie die Muttergottes geformte Plastikflasche, die mit Weihwasser aus Lourdes gefüllt war, ein paar künstliche Rosen, bunte Perlen, alles auf einem Spitzendeckchen drapiert, das sie in Rosa, Weiß und Babyblau selbst gehäkelt hatte. Mein Vater nahm eine Kerze, drückte sie Granny Myna in die Hand und schloß ihre Finger darum. Er zündete ein Streichholz an, doch bevor er es an die Kerze halten konnte, betrat Mutter Oberin Maurina, Granny Mynas Schwester, den Raum. Wir drehten uns alle um und sahen sie an. Keiner hatte sie gerufen, und soweit wir wußten, hatten sie und Granny Myna seit über fünfzig Jahren nicht mehr miteinander gesprochen, bevor sie ins Kloster davongelaufen war. Unser Haus hatte sie nie betreten.

Mein Vater zündete noch ein Streichholz an und hielt es an die Kerze. Schweigend bedeutete er uns, uns hinzuknien. Meine Großmutter musterte die Flamme ein paar Sekunden lang, holte tief Luft und blies sie aus: »Steht auf! Betet um meinen *Tod*, wenn ihr schon beten müßt!«

Mein Vater saugte an den Zähnen. »Mummy –«

»Morgen is der sechzehnte April, der Heilige Donnerstag:

Corpus-Christi-Tag. Es is der *glücklichste* Tag im Himmel, und ich werd dabei sein. Ich will kein Theater mit der Beerdigung. Barto hält den Stein und alles für mich bereit. Grabt einfach das Loch und bringt mich morgen früh als *allererstes* unter die Erde!«

Wir wußten nicht, was wir tun sollten. Mein Vater saugte an den Zähnen. Er sah meine Mutter an, stand wieder auf, setzte sich direkt neben meine Großmutter und hörte mit dem Stethoskop ihr Herz ab. Granny Mynas Hände lagen zu Fäusten geballt in ihrem Schoß. Ihre Lippen waren fest über Ober- und Unterkiefer zusammengepreßt, ihr spitzes Kinn stand hervor und zitterte ein wenig. Sie hielt die Augen weit geöffnet, ohne zu zwinkern – und auf mich gerichtet. Ich sah, wie ihr die Kinnlade langsam nach unten sank, ihre Lippen lila wurden und sich leicht öffneten und ihre Haut zu weichem Wachs wurde. Ich überlegte weiter: *Ihre Augen sind nicht zu, also ist sie nicht tot. Ihre Augen sind nicht zu, also ist sie nicht tot. Ihre Augen sind nicht* – Mein Vater drehte sich um. Bevor er aufsehen konnte, war ich schon losgerannt.

Ich rannte den halben Weg zum Domingo-Friedhof, bevor ich kehrtmachte und wegen der Schaufel noch einmal zurückging und überlegte: *Wenn das Glas nicht da ist, ist sie nicht tot. Du mußt dir nur fest vornehmen, dir das Glas nicht auch noch einzubilden.* Der Friedhof roch nach nasser Erde und verfaulenden Blättern, versetzt mit dem übersüßen Geruch von Eukalyptus. Eine niedrige, korallenrote Mauer umgrenzte ihn. Die riesigen Bäume rauschten im Wind, und die Unterseiten ihrer Blätter blinkten silbern im Mondlicht. Ich ging direkt zu dem für Granny Myna vorgesehenen Grab, wo bis auf ihren Todestag alles in den Stein eingraviert war. Ich ließ die Schaufel fallen und kniff die Augen zusammen, um die Reihe der Gräber zu erkennen. Auf der einen Seite der Grabstätte, wo meine Großmutter beerdigt werden sollte, war Onkel Ollys Grab, und auf der anderen das von Manuelito. Neben Manuelito lag Bartos Grab, und daneben Magdalena Maria Domingo. Ich ging näher hin: MANUELITO DOMINGO, NACI XVI ET MORI XIX APRILIS, ANNO DOMINI NOSTRI, MDCCCXCIX.

Ich hob die Schaufel wieder auf und überlegte: *Wenn es nicht da ist, ist sie nicht tot, weil du dich weigerst, dir das Glas herbeizuträumen. Du kannst wieder nach Hause gehen und dich selbst beim Schlafen auslachen.* Aber ich hatte die Schaufel noch nicht dreimal in den Boden versenkt, als ich gegen etwas Festes stieß. Ich warf die Schaufel zur Seite und kniete mich hin, um mit den Händen weiterzugraben. Nach einem Moment war mir klar, daß ich das Gefäß gefunden hatte.

Ich versuchte, es herauszuziehen, aber mir rutschten die Hände ab: Ich fiel nach hinten, als wäre ich geschubst worden, mein Kopf bumste gegen Manuelitos Grabstein, und jemand warf mir einen Klumpen feuchter Erde ins Gesicht – als wäre ich geohrfeigt worden. Ich spuckte den Dreck aus und versuchte, mir die Augen zu wischen. Es war niemand da.

Langsam stand ich auf und klopfte mich ab. Ich kniete mich wieder hin und grub vorsichtig weiter, ganz um das Glas herum. Ich stellte auf jede Seite des Lochs einen Fuß und hob es heraus. Dann rollte ich es zu einem freien Fleck, kniete mich erneut hin und rieb mit den Händen über das Glas und spuckte darauf, um die Erde zu entfernen. Ich beugte mich tiefer und sah immer noch nichts. Ich stand auf. Mit Mühe hob ich das Gefäß über den Kopf, und der Mond leuchtete es an.

Als ich am Ende des Divina Trace angelangt war, hatte der Wind aufgefrischt. Mehrere schwarze Wolken verdunkelten die Sonne. Die acht oder zehn Häuser von Suparee Village waren ausgestorben, nicht einmal ein Huhn oder ein Köter war auf der Straße. Am Ende des Pfads hob sich die Kirche von Magdalena Divina gegen einen grauen Himmel ab. Die dicken

Holztüren standen weit offen. Es war leer und kalt drinnen. Ich ging langsam den Mittelgang entlang, wobei meine Jesuslatschen auf den polierten Steinen quietschten und mir die Sohlen gegen die Füße klatschten, während jeder Schritt in der Kirche widerhallte. Auf der einen Seite neben dem Altar stand ein goldenes Taufbecken. Auf der anderen Seite war eine kleine Kapelle, wo Andachtskerzen in ihren roten Glasfassungen flackerten. Die Gerüche von kreolischem Räucherwerk und Speiseöl wurden um so stärker, je näher ich kam.

Ich stand vor der Kapelle, konnte aber wegen der Finsternis drinnen außer den leuchtend roten Flammen nichts sehen. Ich stellte das Gefäß auf eine Kirchenbank und stieg die Stufen hinauf, die auf beiden Seiten von mit Speiseöl gefüllten Kalebassenschalen gesäumt waren. Ich kniete am Gitter der Kapelle nieder. Langsam begann sie aus der Dunkelheit heraus Form anzunehmen, Reflexe der winzigen roten Flammen erschienen auf ihrem Gesicht und blinkten durch die vom Räucherwerk aufsteigenden Wolken hindurch: ihre sanften Augen, die tröstenden Lippen, das hochrote Zeichen auf ihrer Stirn, die Haut wie gebrannte Siena und die lange, schwarzhaarige Perücke. Ihr ausgebleichtes Gewand war von juwelenbesetzten Anhängern übersät, ihre ausgestreckten Arme beladen mit Spangen voll silberner Stacheln und Armreifen, und vom Hals hing ihr ein goldener Rosenkranz – Spenden für erhörte Gebete – Magdalena Divina, Mutter der Wunder, Schwarze Jungfrau von Maraval! Ich schloß die Augen: *Gegrüßet seist du Maria voller Gnaden der Herr ist mit dir gebenedeit bist du unter den Frauen gesegnet ist die Frucht deines Leibes Jesus. Heilige Maria Mutter Gottes bet für uns Sünder jetz in der Stunde unseres Todes. Amen.* Ich tauchte den Finger in das Weihwasserbecken und bekreuzigte mich. Ich hob das Gefäß wieder auf, ging rasch am Altar vorbei und durchs Sanktuarium hinaus.

Hinter der Kirche stand ein gewaltiger Regenbaum, der sich

symmetrisch über einen Flecken Gras ausbreitete. Dahinter lag der grün-schwarze Maraval-Sumpf, wo am Rand und in den Untiefen Mangroven wuchsen, deren dicke, moosbewachsene Banyans sich bogenförmig aus dem Wasser erhoben wie beschwörte Schlangen. Ich ging an der Mangrovengrenze entlang – suchte mir den Weg zwischen den hohen Schilfrohren, während der Schlick an meinen Jesuslatschen saugte – bis ich eine Lücke fand, wo ich ins Wasser hinauswaten konnte. Ich legte das Glas hin, und es versank drei Zentimeter tief im Schlick. Ich löste die Drahtklammern am oberen Teil und hob den Deckel ab. Ich hatte einen stechenden Gestank erwartet: Es kam keiner – lediglich der abgestandene Geruch des Morasts. Ich bemühte mich nach Kräften, nicht in das Glas hineinzuschauen, aber ich sah zwangsläufig zwei hervorstehende Augen oben auf einem flachen Kopf: Der Deckel glitt mir aus der Hand und landete *klatsch* im Schlamm.

Ich holte tief Atem und hob das Gefäß wieder auf, das nun durch den Schlamm auf dem Glas und auf meinen Händen glitschig war. Ich ging langsam, die kalte Flüssigkeit aus dem Gefäß lief mir über die Brust, und im selben Moment, als ich den Fuß ins Wasser stellte, geschahen mehrere Dinge fast gleichzeitig: Die Frösche, die ein großes Getöse gemacht hatten, hörten auf der Stelle zu quaken auf, und es herrschte absolute Stille; das Licht wurde mit einem Mal schwächer, und ein Windstoß kam angefegt, der blauschwarze, zungenartige Blätter von den Mangrovenzweigen riß, während die Banyans im Wind bebten. Ich ging vorsichtig tiefer ins Wasser, bis es mir an die Hüfte reichte, hielt das Gefäß halb eingetaucht und blieb stehen – bis zum Schienbein im Schlick. Langsam kippte ich das Gefäß um, merkte, wie das Gewicht davonglitt und spürte das kräftige Aufklatschen vor mir im Wasser. Jetzt wollte ich nichts sehnlicher, als mich schnell umzudrehen und davonzurennen: Ich bekam meine Füße nicht vom Fleck. Ich stand da, mit dem jetzt leeren Glas im Arm, und sah mich selbst wieder mit meinen ausgebeulten, marineblauen Schul-Shorts, die sich um meine Hüften blähten, fühlte meine Füße wieder in den Jesuslatschen unter dem Schlick, sah noch einmal hinab durch das dunkle Wasser und überlegte, ohne zu verstehen, glaubte: *Er lebt und schwimmt.* Ich sah zu, wie seine langen, eckigen Beine abknickten, sich straff anspannten und ihn geschmeidig durchs Wasser gleiten ließen; spannen, gleiten; spannen, gleiten; und das Froschkind verschwand in einem Gewirr stiller Mangroven-Banyans.

Deutsch von Ariane Böckler

Jennifer Egan
Die Stylistin

Als sie endlich die Dünen erreichen, öffnet Jann, der Fotograf, einen silbernen Schirm. Die letzten Aufnahmen für diesen Tag. Das Licht ist mild, die Sonne steht tief. Um sie herum glitzern die Sandberge wie Haufen aus Glaspulver.

Ein Mädchen gräbt ihre Zehen in den Sand. Sie trägt einen kurzen Baumwollrock und ein weites T-Shirt. Einige Meter von ihr entfernt wühlt die Stylistin in einem mit Designer-Badeanzügen gefüllten Koffer. Die Stylistin heißt Bernadette. Sie macht das schon seit Jahren.

»Hier«, sagt sie und reicht dem Mädchen einen Bikini. Er ist aus glänzendem roten Material. Das Mädchen blickt hinüber zu Jann, der gerade einen neuen Film einlegt. Unter ihrem Rock zieht sie den Slip aus und schlüpft in das Bikini-Unterteil. Sie ist noch weit unter zwanzig.

»Wird das jetzt das Titelbild?« fragt das Mädchen; ihr Name ist Alice. Bei jeder Aufnahme stellt sie diese Frage.

»Wo warst du vor zwei Monaten?« fragt die Stylistin.

»Wie meinst du das?« Alices Gesicht hat die Form eines Diamanten. Ihre Augen schimmern golden.

»Ich meine, wo warst du vor zwei Monaten?« wiederholt Bernadette ihre Frage.

»Zu Hause. Sie hatten mich noch nicht entdeckt.«

»Wo ist zu Hause?«

»Rockford, Illinois.«

»Titelbild oder nicht«, sagt Bernadette zu dem Mädchen gewandt, »ich finde, du machst dich ganz gut.«

Das überrascht Alice. Ihr Mund öffnet sich, als wolle sie antworten, aber statt dessen dreht sie sich um und zieht ihr T-Shirt aus. Die Bewegung ihrer Schulter hat etwas Verzweifeltes, Hoffnungsloses. Sie bedeckt ihre kleinen Brüste mit dem roten Oberteil des Bikinis. Bernadette macht den Verschluß zu. Alice blickt einen Moment lang auf die hellblauen, unruhigen Wellen. »Wo sind wir noch mal?« fragt sie.

»In Lamu«, sagt Bernadette.

Haar und Make-up kommen an, außer Atem nach dem Marsch durch den Sand. Nick, der Visagist, fängt bei den Augen des Mädchens an. Sie schlingt ihre Arme um den Oberkörper.

»Wo waren wir gestern?« fragt sie.

»In Mombasa«, sagt Bernadette.

Der Fotograf ist bereit. Die silbernen Schirme, in denen sich das Licht sammelt, sind aufgespannt. Er hält einen Beleuchtungsmesser vor die Brust des Mädchens. Haar und Make-up teilen sich eine Zigarette. Es sind noch zwei andere Models dabei, die das Ganze aus der Entfernung beobachten. Das Meer trifft mit leisem Murmeln auf den Sand. Umgeben von lauter bekleideten Menschen erscheint das Mädchen seltsam nackt. Sie ist erst so kurz dabei, daß die Kamera ihr noch Furcht einflößt. Jann hat sie vom Stativ genommen und hält sie dicht vor das Gesicht des Mädchens. »Dieses Gesicht«, sagt er und legt eine Pause ein, in der er sich zu den anderen umdreht, »schaut euch dieses Gesicht an.«

Sie schauen. Es ist zart und zerbrechlich wie ein gerade aufgegangener Mond. Jann blickt durch seine Kamera. Das Klicken des Auslösers vermischt sich mit dem Geräusch der ausrollenden Wellen. Das Mädchen erfaßt den Rhythmus und beginnt sich zu bewegen.

»Ja«, ruft Jann, »ja, genau so!«

Wieder schauen die anderen. Bernadette sieht es und fühlt, daß auch die anderen es sehen. In der Art, wie das Licht fällt, liegt etwas Besonderes; in den ruhelosen Händen des Mädchens, in ihrem traurigen Mund. Es herrscht Schweigen. Sie ist mehr als ein dürres, junges Mädchen an einem Strand. Sie ist der Inbegriff eines jungen Mädchens, traurig und langhaarig, den Blick auf die verschwommene Linie des Horizonts gerichtet. Dann ist der Augenblick vorüber.

Alice bückt sich und kratzt sich am Knie. Bernadette schaut hinüber zu Jann und sieht, daß er lächelt.

»Bingo«, sagt er.

In der Stadt ist es windig. Staub und Bonbonpapiere wirbeln durch die Luft. In Lamu gibt es viele Witwen, alte Frauen, die ihre im Wind wehenden dunklen Schleier festhalten. Auf dem Marktplatz kauern sie neben Körben voll getrocknetem Obst, Samenkernen, purpurfarbenem Korn. Die Luft riecht nach Verbranntem.

Die Gruppe ist in einem alten zweistöckigen Hotel am Wasser untergebracht – ein Ort, an dem man einen Klavierspieler und harte Männer erwartet, die auf ihr Vaterland trinken. Es erinnert Bernadette an das Hotel in New Orleans, in dem sie ihre Flitterwochen verbracht hat. Hier wie dort drehen sich Ventilatoren an den Decken. Letzte Nacht hat sie auf ihrem Bett gelegen und die Kreise des Ventilators beobachtet.

Nach dem Abendessen erzählt Alice, wie sie entdeckt wurde. Es passierte in einem Einkaufs-Center, sagt sie. Viele Mädchen waren da. Man mußte Schnappschüsse mitbringen. Ihrer zeigte sie auf den Schultern ihres Bruders. Die beiden anderen Models scheint die Geschichte zu langweilen.

Bernadette zündet sich eine Zigarette an. Sie dreht sich zu

Jann, der in einer Zeitschrift blättert. »Woran erinnert dich das?« fragt sie.

Er blickt auf und zieht dabei die blonden Augenbrauen hoch. Er sieht gut aus und ist durchtrainiert – wie ein Wikinger aus einem Kinderbuch.

»Woran erinnert mich was?« fragt er.

»Das hier. Wir alle.«

Jann scheint verwirrt zu sein, also fährt sie fort. »Ist dir schon mal aufgefallen, daß hier keiner den anderen so richtig mag?« fragt sie. »Es ist wie in einer Familie.«

Er amüsiert sich. Er nimmt einen großen Schluck Bier und fährt sich mit der Hand durchs Haar. »Das meinst nur du«, sagt er.

Bernadette lacht und wird wieder ernst. »Was hält uns zusammen?« fragt sie.

»Ganz einfach«, sagt Jann, während er sich im Stuhl zurücklehnt, so daß das billige Holz quietscht. »Blöde Frage.«

»Mach dich nur über mich lustig«, sagt Bernadette.

Er beugt sich nach vorn und stützt die Ellbogen auf das Wachstuch. Der Wind trägt Musikfetzen aus den Straßen zu ihnen hinein. Die Models sind verschwunden, und der Raum hat sich mit Menschen gefüllt, deren Haut so schwarz ist, daß sie im Licht blau schimmert.

»Wir machen Modeaufnahmen«, sagt er.

Seine Worte klingen merkwürdig sinnlos.

Er rollt ein Streichholz zwischen seinen Handflächen und gibt dem Kellner ein Zeichen, noch zwei Bier zu bringen. An der Tischkante sitzen Fliegen. Er schaut Bernadette an. »Auf daß wir die Aufnahmen bald im Kasten haben«, sagt er und erhebt sein Bier. Seine Stimme klingt nervös. Bernadette trinkt mit nach hinten gelegtem Kopf aus der Flasche. Ihr langer Hals schimmert weiß. Jann beobachtet, wie sich ihre Kehle beim Schlucken bewegt.

»Auf die Hände, die uns füttern«, sagt sie.

Nun kommen die Mädchen wieder. Sie wollen irgendwo tanzen gehen. In Mombasa waren sie in einer Diskothek, wo junge Afrikanerinnen bei lasziven Tänzen auf zahlungskräftige Kunden warteten. Das hat die Mädchen fasziniert.

»Nicht in Lamu«, sagt Jann. »Hier gibt es doch noch nicht mal Autos.«

Alice gähnt ungeniert wie eine Katze. Das Licht fällt auf ihre Zähne. Sie beugt sich nach unten und legt den Kopf auf Janns Schulter. In ihrer hilflosen Teenager-Art hat sie ihn vom ersten Augenblick an angehimmelt.

»Ich bin müde«, sagt sie.

Jann wirft Bernadette einen kurzen Blick zu und zieht das Mädchen auf seinen Schoß. Seine Hand gleitet über ihr weiches Haar, und sie läßt sich an seine Brust sinken. Ihre langen Beine baumeln über dem Boden. Alle schweigen. Das Mädchen räkelt sich und bewegt den Kopf. Zwei Monate zuvor hat sie um diese Zeit ihrem Vater einen Gute-Nacht-Kuß gegeben. Sie springt auf. »Na dann«, sagt sie, während ihr Blick von Jann zu Bernadette wandert, »bis morgen.«

Sie sucht nach den beiden anderen, die schon vor ihr gegangen sind.

»Arme Kleine«, sagt Jann.

Während sie ihr nachblicken, greift Bernadette unter dem Tisch nach ihm und berührt ihn, zuerst ganz vorsichtig, dann entschlossener. Komisch, denkt sie, wie einfach das ist. Wie stehlen. Zum Glück weiß das jüngste der Mädchen nichts davon. Jann schaut sie an und schluckt. Sie bemerkt, daß er jünger ist, als sie dachte. Sie nimmt einen Schluck Bier, es schmeckt nach Rauch, aber rührt ihre Hand nicht vom Fleck. »Woran erinnert dich das?« fragt sie.

Er schüttelt den Kopf. Röte überzieht sein Gesicht.

»Laß uns hochgehen«, sagt Bernadette.

Sie verlassen die Bar und steigen die enge Treppe zu den Zimmern hoch. Bernadette stützt sich mit der Hand an der Wand ab. Sie ist betrunkener, als sie dachte. Oben angekommen, bleiben sie stehen. Insekten umschwirren eine nackte Glühbirne. Jann hakt seine Finger im Bund ihrer Jeans ein und zieht leicht an ihr. Lust, sauer und metallisch, stößt ihr in der Kehle auf. »Bei dir?« fragt sie.

Janns Bett ist ordentlich gemacht; das Moskitonetz über dem Kopfende zu einem Bündel zusammengeschnürt. Er geht ins Bad und schließt die Tür hinter sich. Bernadette steht am Fenster. In den Fensterrahmen sind keine Scheiben, nur Holzläden, die geöffnet sind, um die Nachtluft eindringen zu lassen. Das silberne Mondlicht liegt glitzernd auf den Wellen. Bunt bemalte Segelboote säumen das Ufer.

Während sie aus dem Fenster schaut, hört sie die Toilettenspülung. Sie wartet darauf, daß Jann gleich hinter ihr auftaucht. Aber er kommt nicht. Das Bett quietscht unter seinem Gewicht.

»Weißt du«, sagt sie, während sie noch immer auf das Meer hinausblickt, »das hier erinnert mich an etwas.«

»Alles erinnert dich an etwas«, sagt er.

»Stimmt. Und ich werde noch rausfinden, woran.«

»Hast du schon eine Idee?«

»Nein.« Sie streckt sich, bis es ihr in der Magengegend zieht. »Muß wohl eines der wenigen Dinge sein, die ich noch nicht gesehen oder getan habe.«

Jann ist still. Bernadette fragt sich, ob er wohl schon das Moskitonetz runtergelassen hat.

»Na dann«, sagt er, »dann kann's ja nicht schwer zu entdecken sein. Wenn's soweit ist.«

Bernadette zieht ihr T-Shirt aus. Ihr BH ist schwarz, ihre Brüste sind voll und weiß. Sie sind zu füllig. Das ist schon immer so gewesen, aber nachdem sie den ganzen Tag damit zugebracht hat, Mädchen mit spitz hervorstehenden Hüftknochen und eingefallenen Bäuchen anzuziehen, erscheint ihr der eigene Körper wie eine Überraschung. Sie dreht sich zu Jann um. »Ich werde es merken, wenn ich es gefunden habe«, sagt sie, »denn es wird mich an nichts anderes mehr erinnern.«

Er liegt auf dem Rücken, die Arme hinter dem Kopf verschränkt. Sein Fotografen-Auge ruht auf ihr. Ihr Körper fühlt sich üppig, fade an. Sie bereut, daß sie ihr T-Shirt ausgezogen hat.

»Wenn du die Augen schließt«, sagt sie, »wirst du den Unterschied gar nicht merken.«

Jann schüttelt den Kopf. Der Ventilator zieht seine Kreise, der Luftzug streicht über Bernadettes nackte Schultern. Sie geht hinüber zur Kommode, auf der Wechselgeld, Filmschachteln, Zigaretten liegen. Sie nimmt eine Zigarette aus der Packung und zündet sie an. Ihr Blick bleibt an einigen Polaroidabzügen hängen: zwei vom Morgen aus der Stadt, ein anderes vom Hafen. Sie sieht ein weiteres – Alice in den Dünen – und hält es in die Höhe. »Wie findest du sie?« fragt sie.

»Süß«, sagt Jann. »Ein bißchen steif noch. Neu eben.«

»Sie ist in dich verknallt«, sagt Bernadette. »Ich bin sicher, daß du es gemerkt hast.«

»Arme Kleine«, sagt Jann. »Sie sollte auf High-School-Bälle gehen.«

Bernadette blickt wieder auf das Foto. Die Haare des Mädchens glänzen im Sonnenlicht. Der Sand schimmert weiß wie Schnee, das Meer leuchtet türkis. Plötzlich sehnt sie sich danach, in diesen weißen Dünen zu sein, als hätte sie so etwas noch nie zuvor gesehen. Sie muß es sich selbst erst wieder klarmachen, daß sie bei den Aufnahmen dabei war, daß sie den Badeanzug des Mädchens ausgesucht hat.

»Ist dir schon mal aufgefallen, wie bedeutsam solche Dinge aussehen können?« fragt sie.

Jann lacht. »Ob mir das schon mal aufgefallen ist?« fragt er. »Ich habe schließlich die Aufnahme gemacht.«

Bernadette legt das Foto zurück zu den anderen. Ihre Stimme wird sanfter. »Ich meinte das ganz allgemein«, sagt sie.

»Ganz allgemein«, sagt Jann, »ist das eben so.«

Der Raum liegt in fahlem Licht. Bernadette geht zum Bett. Es ist seltsam, denkt sie, wie die Mischung aus Lust und Verzweiflung einen zu jemand anderem treiben kann. Sie setzt sich auf das Bett und wünscht sich einen Augenblick später, besser zur Tür gegangen zu sein. Sie hätte ihn gern dazu gebracht, sie darum zu bitten. Er hätte sie darum gebeten, denkt sie.

Sie legt sich neben ihn unter den kreisenden Ventilator. Er erinnert sie an eine Schere. Sie berühren sich nicht.

»Also«, sagt sie, den Blick auf den Ventilator gerichtet, »hast du vor, was mit ihr anzufangen.«

»Mit wem?«

»Mit Alice.«

Seine Arme spannen sich an. »Bist du immer so?«

»Du bringst meine beste Seite zum Vorschein«, sagt sie.

Sie nimmt sein Gesicht zwischen ihre Hände und küßt seinen Mund. Saurer Geschmack breitet sich in ihrem Mund aus. Sie fragt sich, ob auch er es schmecken kann. Sie drückt ihren Bauch gegen seinen und zieht ihm das T-Shirt über den Kopf. Jemanden auszuziehen ist einfach – ist schließlich ihr Job. Jann riecht nach Strand. Seine Brust ist kaum behaart.

»Was ist los?« fragt er.

Seine Augen sind trübe und klein. Er drückt sie aufs Bett, kniet sich über sie und zieht ihr die Jeans aus, zuerst ein Bein, dann das andere. Sie betrachtet seine Arme, dieselben faserigen Muskeln und Adern, die sie während der vergangenen Tage betrachtet hatte, wenn er die Kamera hielt. Sie erforscht sie mit ihren Fingernägeln, die schmale weiße Halbmonde hinterlassen. Er protestiert nicht. Jetzt hat sie ihn, das weiß sie. Und welchen Unterschied macht es jetzt noch, denkt sie.

Später, nachdem sie sich geliebt haben und die Geräusche aus der Bar langsam verstummt sind, liegen Jann und Bernadette reglos nebeneinander.

»Dieses Zimmer«, sagt sie, »erinnert mich an das Zimmer, wo ich meine Flitterwochen verbracht habe. In New Orleans.«

»Flitterwochen?« fragt er.

»Ja«, sagt sie. »Was blieb einem zu Anfang der Siebziger schon anderes übrig?«

Jann sagt nichts.

»Damals war ich hübsch«, fährt sie fort. »Meine Haare gingen mir bis hierher.«

Sie dreht sich ein wenig und zeigt auf den unteren Teil ihrer Wirbelsäule. Ihre Haut ist feucht.

»Du bist immer noch hübsch«, sagt Jann.

»Bitte«, sagt Bernadette.

Janns Finger streicht über ihre Wange.

»Hör auf«, sagt sie.

»Warum?«

»Weil alte Haut häßlich aussieht.«

»Wie alt bist du?« fragt er.

»Sechsunddreißig.«

Er lacht. »Sechsunddreißig«, sagt er. »Mein Gott, in was für einem Geschäft wir arbeiten.«

Bernadette berührt ihre Wange an der Stelle, wo zuvor seine Finger sie berührt haben. Sie drückt ihre Haut, als suche sie nach einem Makel.

»Seit sechzehn Jahren arbeite ich als Stylistin«, sagt sie. »Zuerst habe ich die Mädchen als Konkurrenz betrachtet. Jetzt fühle ich mich eher wie ihre Mutter.«

»Sechzehn Jahre«, sagt Jann und schüttelt den Kopf.

»Sie sind viel jünger als ich«, sagt sie, »und du weißt das.«

»Sie werden auch älter. Stell dir vor, was das für sie bedeutet.«

»Wer weiß das schon? Sie verschwinden.«

»Genau«, sagt Jann.

Schweigend liegen sie nebeneinander. Bernadette beschließt, in ihr eigenes Zimmer zu gehen. Eine Unterhaltung soll immer zu etwas führen, und sie und Jann haben schon alles hinter sich.

»Schwer vorzustellen, daß du verheiratet warst«, sagt er.

»War ich auch kaum. Es hat nur eine Minute gedauert.«

»Wie ist es zu Ende gegangen?«

»Himmel«, sagt sie, »mit was hab ich hier bloß angefangen?«

»Sag's mir«, beharrt er.

Sie verengt die Augen zu einem Schlitz und setzt sich auf. Mit den Zehen sucht sie den Boden nach ihren Sandalen ab.

»Du kannst keine einfachen Fragen beantworten«, sagt Jann. »Stimmt's?«

Sie berührt mit ihren Fingerknöcheln die Lippen. Die Tür ist drei Meter vom Bett entfernt. Sie wäre am liebsten angezogen. »Ich bin ruhelos geworden«, sagt sie.

»Ruhelos«, sagt Jann.

»Ruhelos«, sagt sie. »Verstehst du – ruhelos? Ich habe an all die Orte gedacht, die es gibt.«

Jann lacht. »Ich glaube, du hast dich für das richtige Leben entschieden«, sagt er.

»Ich denke auch«, sagt Bernadette. Sie tastet nach ihrem Feuerzeug. »Du fragst zuviel«, sagt sie.

Sie zündet sich eine Zigarette an, zieht gierig daran und läßt den Rauch durch Mund und Nase entweichen. Ihr fällt auf, wie gerne sie raucht, besonders bei Unterhaltungen wie dieser.

»Und«, sagt Jann, während sie die Zigarette in dem

Aschenbecher, der aus einer halben Muschel besteht, abstreift, »waren sie so schön, wie du sie dir vorgestellt hast, die Orte?«

»Sicher waren sie schön. Sehr schön sogar. Auch hier ist es schön.« Sie macht eine Armbewegung in Richtung Zimmerdecke. »Ich war an jedem Ort dieser Welt«, sagt sie. »Dir geht es doch genauso, stimmt's?«

»Stimmt« sagt Jann.

Sie zuckt die Schultern. Dann schlüpft sie in ihre Sandalen und zündet eine letzte Zigarette an. Für den Weg, denkt sie.

»Das einzige, was mir leid tut«, sagt sie, »ist, daß ich kaum Bilder von mir selbst habe. Alles, was ich habe, sind die Aufnahmen, die ich gestylt habe.«

Jann nickt. »Es ist, als würde man das Fotoalbum eines anderen anschauen«, sagt er.

Bernadette dreht sich um und schaut ihn an. Er hat ein süßes Gesicht, denkt sie. »Stimmt«, sagt sie. »So ist es.«

Sie drückt die zur Hälfte gerauchte Zigarette aus. Sie bereut, daß sie nicht zehn Minuten früher gegangen ist. So bleibt sie noch eine halbe Stunde länger, denkt sie.

Sie legt sich wieder auf das Bett, ihren Körper Janns zugewandt. Seine Schulter verströmt einen schwachen süßen Geruch, wie Kerzenwachs. Sie legt ihre Hand auf seinen Bauch, aber als sie versucht, sie zu bewegen, bedeckt er sie mit seiner Hand.

»Welcher Ort«, sagt er, »hat dir am besten gefallen?«

Bernadette seufzt. Sie hat die Fragen satt. Seltsamerweise kann sie sich nicht daran erinnern, diese Frage schon einmal gehört zu haben. Wie ist das möglich, fragt sie sich. Sicher hat ihr irgend jemand diese Frage schon einmal gestellt, sicher hat sie diese Frage schon einmal beantwortet. Sie versucht wieder, ihre Hand zu bewegen. Jann hält sie fest.

»Sie haben mir alle gefallen«, sagt sie.

»Unsinn.«

Sie verspürt einen Anflug von Bedauern, daß sie noch immer hier ist, daß sie sich immer weiter in die Unterhaltung verstrickt. Jann führt ihre Hand von seinem Bauch zu seiner Brust. Dort ist die Haut wärmer, so dicht über dem Knochen. Sie spürt sein Herz schlagen.

»Einer muß doch etwas ganz Besonderes gewesen sein«, sagt er.

Bernadette zögert.

»New Orleans«, sagt sie. »Meine Flitterwochen.«

Das ist der einzige Ort, an den sie sich erinnern kann.

Plötzlich würde sie am liebsten anfangen zu weinen.

Jann läßt ihre Hand los. Er dreht sich auf die Seite, so daß sie einander ins Gesicht schauen. Ihre Hüften berühren sich. »Muß toll sein dort«, sagt er. Seine Stimme klingt jetzt weich. Bernadette schmiegt sich an ihn. Sie kann nichts dagegen tun. Jann umfaßt ihren Kopf und zwingt sie sanft, ihn anzuschauen. »Hey«, sagt er, »woran erinnert dich das?«

Er neckt sie. Um den Hals trägt er ein feines Silberkettchen.

»An nichts«, sagt sie. Ihre Kehle ist wie zugeschnürt.

Einen Augenblick lang verharren sie reglos.

»Na also«, sagt Jann und zieht sie an sich.

Am nächsten Morgen stapfen sie durch die Dünen, benommen vor Erschöpfung und Müdigkeit. Es ist noch früh, und das Licht ist fahl, bleiern. Es läßt die Wellen bleich und trübe erscheinen. Jann ist unrasiert. Bernadette kann ihren Blick nicht von ihm wenden.

Sie kommen zu spät. Die anderen warten schon ungeduldig am Ufer, drehen sich immer wieder um, um zu sehen, wie sie im Sand vorankommen. Die Gesichter der Mädchen wirken in der blutleeren Morgensonne gespenstisch. Sie können es sich bestimmt denken, sagt sich Bernadette. Sie hofft, daß sie es tun.

»Es ist komisch«, sagt sie, »wieder zurückzugehen.«

»Zu ihnen?« Jann deutet hinüber zu der Gruppe. »Oder ganz zurück?«

»Beides«, sagt sie.

Am Nachmittag werden sie nach Nairobi fliegen. Und am nächsten Morgen nach New York. Zwei Wochen später muß sie nach Argentinien.

»Alles ist vorbei, sobald du irgendwo anders bist«, sagt Bernadette. Es ist ein Fehler, diese Dinge auszusprechen. »Es ist vorbei.«

Jann nimmt seine Kameratasche von der einen Schulter und hängt sie über die andere. Seine Bartstoppeln glitzern unter dem Schweiß.

»Manche Dinge bleiben auch«, sagt er und grinst sie an, »sonst gäbe es nichts außer Fotos, die du stylst und die ich schieße.«

Haar und Make-up winken. Die anderen scharren mit spöttischer Ungeduld im Sand. Er ist zu weich, um irgendwelche Geräusche zu machen.

»Es sind nicht genug«, sagt Bernadette.

»Nein«, sagt Jann. »Es sind nicht genug.«

Sie versucht, seinen Blick aufzufangen, aber er weicht ihr aus. Er hat es einmal gesagt, denkt sie. Aber sie kann die Unterhaltung nicht an dieser Stelle beenden. »Es sind nicht genug«, wiederholt sie.

Sie kommen bei den anderen an. Alle beobachten sie wachsam. Bernadette genießt die Aufmerksamkeit in einer schamlosen, kindischen Art, die sie zum letzten Mal in der High School verspürt hat. Die Tatsache, im Mittelpunkt der Gedanken anderer zu stehen, übt einen seltsamen Reiz auf sie aus.

Alice ist als erste dran. Sie trägt einen schwarzen, knapp geschnittenen und mit Goldfäden durchzogenen Einteiler. Es ist Bernadettes Lieblingsstück. Die Brüste des Mädchens sind so winzig, daß Bernadette den Badeanzug am Rücken enger stecken muß. Alice lächelt nicht. Ihre Augen sehen heute seltsam aus, so als hätte sie nicht geschlafen.

Nick, der Mann fürs Make-up, kann gar nicht genug Lidschatten auftragen. »Du bist ganz verschwollen«, sagt er zu ihr, während er noch mehr Wimperntusche aufbürstet.

»Verschwollen«, bemerkt Bernadette. »Warte noch zwanzig Jahre.« Als Nick endlich zufrieden ist, geht Alice hinunter zum Wasser. Die beiden anderen Models rahmen sie ein, mit dem Rücken zur Kamera. Alice streckt ihre Arme zur Seite, eine Ballettpose. Während Jann in schneller Folge auf den Auslöser drückt, hebt sie sie langsam. Bernadette steht neben Jann. Sie sieht ein dünnes Kind, einen Körper, der gerade die ersten zarten Rundungen zeigt. Im Gesicht des Mädchens ist eine Spur von Nachgiebigkeit, von Verletzbarkeit zu erkennen. Sie schaut Jann an.

»Mehr Augen«, sagt er. »Einen härteren Blick.«

Das Mädchen hebt ihr Kinn, betont die Kontur ihrer Kieferknochen. Sie schaut Jann und Bernadette mit dem traurigen, stolzen Blick eines Menschen an, der etwas sieht, von dem er weiß, daß er es nicht haben kann.

Jann ist aufgeregt. »Ja! Ja, das ist es!« schreit er.

Ja, das ist es, denkt Bernadette. In drei Jahren ist sie sicher berühmt. Dann wird sie nicht mehr an Lamu denken, und wenn sie die Bilder von sich an diesem Strand betrachtet, wird sie sich fragen, wer sie gemacht hat.

Als alle Aufnahmen im Kasten sind, geht Alice hinunter zum Meer und watet langsam ins Wasser. Sie trägt noch immer den schwarzen Badeanzug, und wie sie so allein dasteht, sieht sie aus wie ein Teenager, der jeden Moment untertaucht. Nachdem Bernadette die anderen Models angezogen hat, geht sie zu ihr. Sie möchte ihr etwas sagen. Bernadette und Alice waten Seite an Seite schweigend weiter ins Wasser.

»Ich will nach Hause«, sagt Alice. Ihre Augen sind gerötet.

»Noch vierundzwanzig Stunden«, sagt Bernadette.

»Ich meine, nach Hause.«

»Rockford, Illinois?«

Das Mädchen nickt. »Ich fühle mich einsam«, sagt sie.

Es ist erstaunlich, denkt Bernadette, wie die Jüngeren diese Dinge aussprechen können. Wie einfach es ist.

»Wir sind hier in Afrika«, erklärt sie dem Mädchen.

Schulterzuckend starrt Alice auf den Strand. Seltsam geformte Bäume erheben sich hinter den Dünen. Jann drückt wieder den Auslöser. Die anderen Models liegen ausgestreckt im Sand. »Das Zuhause ist dann am schönsten, wenn man es von Afrika aus betrachtet«, sagt Bernadette.

Alice dreht sich zu ihr und sucht ihren Blick. »Wie meinst du das?« sagt sie.

»Ich meine, daß du nach Hause kannst, wenn du willst«, sagt Bernadette. »Niemand hält dich auf.«

Das Mädchen richtet ihren unruhigen Blick auf den Horizont. Das Wasser sieht aus wie eine zähflüssige Silbermasse. Warm umspült es Bernadettes Schenkel.

»Und dann bist du wieder zu Hause«, sagt sie.

Alice taucht ihre Finger ins Wasser und malt feuchte Streifen auf ihren Arm. Sie sieht enttäuscht aus, als hätte sie erwartet, etwas anderes zu hören.

»Aber jetzt, wo du Blut geleckt hast«, sagt Bernadette, »wirst du das sicher nicht wollen.«

Einen Augenblick lang erfüllt sie Stolz bei dem Gedanken, wie sie ihr Leben gelebt hat. Ich bin nicht zurückgegangen, denkt sie.

»Nein, das würde ich nicht wollen«, sagt Alice.

Der Mund des Mädchens entspannt sich langsam. Sie sieht erleichtert aus. Es ist schwer, auf ein außergewöhnliches Leben zu verzichten.

»Na immerhin«, sagt Bernadette, »kann ich dich ein bißchen aufmuntern.«

Alice zuckt die Achseln, und ihre Miene hellt sich nicht auf. Sie ist doch noch ein Teenager.

»Die Aufnahme eben – die von dir«, sagt Bernadette. »Das war das Titelbild.«

Das Mädchen fährt sich mit der Hand durchs Haar. Ihre Lippen öffnen sich, und ihre Augen füllen sich mit Tränen. Sie versucht, ihr Lächeln zu unterdrücken.

Sie hören Stimmen und drehen sich um. Jann kommt auf sie zu, Nick im Schlepptau. Sie sind fertig mit den Aufnahmen.

»Ich möchte noch eine von dir machen«, sagt Jann zu Bernadette. »Du bekommst einen Abzug.«

Bernadette wirft einen Blick auf Alice. Das Mädchen hat sich abgewendet, und ihre nassen Hände baumeln herunter.

»Von uns dreien«, sagt Bernadette.

Jann gibt Nick die Kamera. Dann stellt er sich neben Bernadette, die zwischen ihm und dem Mädchen steht, um jeden einen Arm gelegt. Sie spürt die knochige Schulter des Mädchens, zerbrechlich und warm wie der Flügel eines Vogels. Sie streicht dem Mädchen ein paar lose Strähnen aus dem Gesicht.

»Bitte lächeln«, sagt Nick.

Schweigen besiegelt den Augenblick. Bernadette fühlt den Wind, das Wasser, das weich ihre Zehen umspült. Sie verspürt den Stich der Sehnsucht. Jann preßt seine Hand an ihren Rücken. Zwischen ihnen allen spannt sich ein zerbrechliches Gewebe, fein wie ein Spinnennetz. Bernadette sehnt sich nach diesem Augenblick, als wäre er bereits vorüber, als hätte er sein können. Aber er ist noch da.

Deutsch von Kirsten Spieldiener

Jeff Eugenides

Capricious Gardens

So sprach ich und weinte in bitterster Zerknirschung meines Herzens. Und sieh, da höre ich vom Nachbarhause her in singendem Tonfall, ich weiß nicht, ob eines Knaben oder eines Mädchens Stimme ... Da war der Tränen Fluß zurückgedrängt, ich stand auf und konnte mir's nicht anders erklären, als daß ich den göttlichen Befehl empfangen habe, die Schrift aufzuschlagen und die erste Stelle zu lesen, auf die meine Blicke träfen.
Augustinus

In Irland, im Sommer, gehen vier Personen auf Suche nach Nahrung in einen Garten hinaus.

Die Hintertür eines großen Hauses wird geöffnet, und ein Mann tritt heraus. Sein Name ist Sean. Er ist dreiundvierzig Jahre alt. Er entfernt sich von dem Haus, blickt dann zurück, als zwei weitere Personen sich zeigen, Amy und Maria, junge Amerikanerinnen. Ehe die nächste Person erscheint, gibt es eine Pause, eine Lücke im Zug, doch endlich kommt Malcolm. Er tritt zaghaft ins Gras, als fürchte er, darin zu versinken.

Aber schon können sie alle sehen, was geschehen ist.

Sean sagte: »Meine Frau ist schuld an all dem. Es spiegelt exakt ihr Wesen. Sich erst die ganze Mühe machen und graben, pflanzen und gießen und dann alles innerhalb weniger Tage völlig vergessen. Es ist unverzeihlich.«

»Ich habe nie einen Garten gesehen, der so verwildert war«, sagte Malcolm. Er richtete die Bemerkung an Sean, aber Sean antwortete nicht. Er war damit beschäftigt, die jungen Amerikanerinnen anzusehen, die mit einer identischen Bewegung ihre Hände in die Hüften gestemmt hatten. Die Präzision ihrer Bewegungen, so vollendet synchron und dabei doch völlig unbeabsichtigt, entmutigte ihn. Es war ein schlechtes Omen. Ihre Bewegungen schienen zu sagen: Wir sind unzertrennlich.

Das war bedauerlich, da eines der Mädchen schön war und das andere nicht. Weniger als eine Stunde zuvor, auf der Fahrt vom Flughafen nach Hause (er war gerade aus Rom zurückgekehrt), hatte Sean Amy am Straßenrand stehen sehen, allein. Das Haus, in das er heimkehrte, war einen Monat lang unbewohnt gewesen, seit dem Tag, an dem seine Frau Meg nach Frankreich abgereist war oder nach Peru. Sie lebten seit Jahren getrennt, bewohnten das Haus jeweils nur, wenn der andere verreist war, und Sean graute jedesmal vor der Rückkehr nach langen Abwesenheiten. Der Geruch seiner Frau war überall, stieg aus den Sesseln auf, wenn er sich in ihnen niedersetzte, erinnerte ihn an Tage knalliger Halstücher und makelloser Laken.

Doch als er Amy sah, wußte er sofort, wie er sich die Heimkehr versüßen konnte. Sie war keine Tramperin, doch sie trug einen Rucksack. Sie war eine hübsche Reisende mit ungewaschenem Haar, und er vermutete, sein Angebot eines Gästezimmers würde den Straßengraben oder das muffige *Bed & Breakfast,* die sie sich wohl für die Nacht suchen würde, übertreffen. Sofort hielt er seinen Wagen neben ihr an und beugte sich über den Sitz, um auf der Mitfahrerseite das Fenster herunterzukurbeln. Beim Hinüberlehnen ließ er sie aus den Augen, doch als er wieder aufsah und schon seine kapriziöse Einladung vorbrachte, erblickte er nicht nur Amy, sondern ein zweites Mädchen, das neben ihr stand und sie am Arm hielt.

Die neu Hinzugekommene war nicht im mindesten attraktiv. Ihr Haar war kurz, so daß es die kantige Form ihres Schädels enthüllte, und die dicken Gläser ihrer Brille blitzten so sehr, daß er ihre Augen nicht sehen konnte.

Am Ende mußte Sean die bedauerliche Maria auch einladen. Die Mädchen stiegen wie zärtliche Schwestern in seinen Wagen, verstauten ihre Rucksäcke auf dem Rücksitz, und Sean brauste davon, seinem Haus entgegen. Doch als sie vor seinem Haus ankamen, stieß er auf eine weitere unerwartete Überraschung. Auf der Vortreppe saß, den Kopf in die Hände gestützt, sein alter Freund Malcolm.

Malcolm stand am Rand des Gartens und sah sich dessen Verwahrlosung an. Der Garten bestand größtenteils aus Erde. Gestrüpp überzog den hinteren Teil, und vorn war nichts als eine Reihe brauner Blumen, vom Regen niedergedrückt. Sean machte all dies seiner Frau zum Vorwurf. »Sie bildet sich ein, sie hätte eine grüne Hand«, scherzte er, aber Malcolm lachte nicht. Bei dem Garten mußte er an die Natur der Ehe denken, in Hast gesät und dann dem Verfall überlassen. Nur fünf Wochen zuvor hatte seine Frau Gwendolyn ihn wegen eines anderen Mannes verlassen. Als Reaktion darauf hatte Malcolm von einer Klippe springen wollen. Als Reaktion auf seine Unfähigkeit, von einer Klippe zu springen, war er auf Reisen gegangen, weil er hoffte, in der Freiheit der Bewegung Freiheit vom Schmerz zu finden. Ganz durch Zufall hatte er sich an dem Ort wiedergefunden, an dem, wie er sich erinnerte, sein alter Freund Sean lebte. In einem Hemd voller Kaffeeflecken war er durch die Straßen gestreift, um sich zu Seans Haus zu begeben, hatte angeklopft und niemanden angetroffen.

Er blieb nicht lang allein. Plötzlich sah er auf, und da kam Sean den Weg vor dem Haus herauf, auf jeder Seite ein junges Mädchen. Der Anblick erfüllte Malcolm mit Neid. Dort war sein Freund, umgeben von Jugend und Vitalität (die Mädchen lachten melodiös), und hier war er und hockte, von nichts als den Gespenstern des Alters, der Einsamkeit und der Verzweiflung umgeben, auf der Türschwelle.

Von da an verschlechterte sich die Situation. Sean begrüßte ihn schnell, so als hätten sie einander erst letzte Woche gesehen, und Malcolm begann zu spüren, daß er im Weg war. Mit schwungvoller Geste öffnete Sean das Haus und führte die Mädchen in die Küche. Malcolm folgte ihnen und sah zu, während sie die Küchenschränke durchsuchten. Sie fanden lediglich einen Plastikbeutel mit schwarzen Bohnen und im Kühlschrank ein Stück Butter, eine verschrumpelte Zitrone und eine vertrocknete Knoblauchzehe. An dieser Stelle schlug Sean vor, sie sollten in den Garten gehen.

Malcolm folgte ihnen nach draußen. Und nun stand er abseits und wünschte, er könnte das Scheitern seiner eigenen Ehe so leicht nehmen wie Sean das Scheitern der seinen. Er wünschte, er könnte Gwendolyn hinter sich lassen, die Erinnerung an sie in einen Kasten sperren und tief in der Erde vergraben, weit unter dem Humus, den er jetzt mit seiner linken Schuhspitze aufstieß.

Mit den Füßen nach dem Gestrüpp tretend ging Sean in den Garten. Er hatte nicht daran gedacht, daß die Schränke leer sein würden. Nun hatte er seinen Gästen nichts anzubieten, und er hatte zwei Gäste mehr als erwünscht. Verdrossen trat er ein letztes Mal zu, diesmal jedoch verfing sich sein Fuß in einem Netz dorniger Ranken und riß sie in die Höhe. Sie hoben sich, wie sich ein Deckel von einer Dose hebt, und darunter, an einer Mauer verborgen, war ein Beet Artischocken. »Moment mal«, sagte er, als er sie sah. »Augenblick.« Er ging ein paar Schritte näher. Er bückte sich und berührte eine. Dann drehte er sich herum und sah zu Amy. »Wissen Sie, was das ist?« fragte er sie. »Das ist göttliche Vorsehung. Der Herr hat meine Frau diese armen Artischocken anpflanzen und sie dann vergessen lassen, damit wir, in unserer Not, sie finden würden. Und essen.«

Einige Artischocken blühten. Amy hatte nicht gewußt, daß Artischocken blühten, aber sie blühten tatsächlich, so purpurfarben wie Disteln, nur größer. Die Vorstellung, sie zu essen, beglückte sie. Alles an diesem Abend beglückte sie, das Haus, der Garten, ihr neuer Freund Sean. Seit einem Monat reisten sie und Maria durch Irland, übernachteten in Jugendherbergen, wo sie auf Feldbetten in Sälen voller Mädchen schlafen mußten. Sie hatte genug von all den Mädchen, von sparsamen Mahlzeiten, die sie in den Küchen der Jugendherbergen zusammenkratzten, davon, daß sie ihre Unterwäsche in den Becken der Waschräume auswuschen und zum Trocknen auf dem Boden auslegten. Dank Sean konnte sie jetzt in einem großen Zimmer mit vielen Fenstern und einem Himmelbett schlafen.

»Kommen Sie, schauen Sie«, sagte Sean, ihr mit der Hand winkend, und sie trat in den Garten und näherte sich ihm. Sie beugten sich gemeinsam nach unten. Ein kleines goldenes Kreuz fiel unter ihrem T-Shirt hervor und blieb schwingend hängen. »Mein Gott, Sie sind katholisch«, sagte er. »Ja«, sagte Amy. »Irischer Herkunft?«

Sie nickte lächelnd. Er senkte die Stimme, bog ihr eine Artischocke entgegen. »Dann gehören wir ja praktisch einer Familie an, mein Kind.«

Wenn Sean wahrnahm, was die Körpersprache des Mädchens ausdrückte, so tat es Maria noch deutlicher. Denn es war nicht wahr, daß die beiden ihre Hände gleichzeitig in die Hüften gestemmt hatten, ohne es zu beabsichtigen. Amy hatte die Bewegung begonnen, und Maria hatte sie gespiegelt. Weil Maria der Welt eben die Botschaft verkünden wollte, die Sean gelesen hatte. Maria wollte Amys Wesen bewohnen, darum hatte sie in diesem Fall aus Amy und sich zwei identische Skulpturen gemacht, die Seite an Seite im Gras standen.

Maria hatte nie zuvor eine Freundin wie Amy gehabt. Nie hatte sie sich von jemandem so verstanden gefühlt. Bisher war ihr Leben so gewesen, als lebte sie in einer Stadt voller Stummer, in der niemand mit ihr sprach, sondern jeder nur starrte. Es schien Maria, daß sie nie den Klang einer anderen menschlichen Stimme vernommen hatte, bis zu jenem Sonntag im März, als Amy ohne jeden Grund »Hallo« gesagt hatte.

Hinten im Garten ließen die Artischocken an dicken Stengeln ihre Köpfe hängen. Maria betrachtete Amy, die mitten in ihnen stand und sich mit einer Hand durch ihr dickes Haar fuhr. Maria war ebenso beglückt wie Amy. Auch sie war empfänglich für die reine Schönheit von Seans Steinhaus und die Kühle der Abendluft. Aber neben dem Entzücken über ihre derzeitige Umgebung gab es noch einen Glanzpunkt, der sie beglückte, einen Glanzpunkt, zu dem sie in Gedanken immer wieder zurückkehrte. Am Tag zuvor nämlich, in einem leeren Eisenbahnabteil, hatte Amy ihre Arme um Maria gelegt und sie auf die Lippen geküßt.

Amys goldenes Kreuz schwang hin und her, und während Sean es betrachtete, dachte er, man könne doch nie voraussehen, welche Bedeutung die Umstände beliebigen Dingen verleihen würden. In diesem Moment lag in seinem Koffer ein Gegenstand, ein Gegenstand, in dem er bis jetzt keinen Nutzen gesehen hatte. Doch das kleine Kreuz schwang hin und her, sein Geist verknüpfte Bild mit Bild, und er sah vor sich in der Luft den Zeigefinger des Augustinus.

Es war sein einziges Andenken an Rom. An seinem letzten Tag dort, bei der Erforschung kleiner Seitenstraßen, war er auf einen merkwürdigen Laden voll alter Pergamente und bröckelnder Gebeine gestoßen. Der Inhaber führte ihn zu einer Glasvitrine und zeigte ihm ein dünnes, verstaubtes Stück knochenähnlichen Materials, von dem er felsenfest behauptete, es handle sich um einen Finger des Augustinus. Sean glaubte ihm nicht, aber er hatte die Reliquie dennoch gekauft, weil es ihn amüsierte.

Er führte Amy tiefer in den Garten, weg von Maria und Malcolm, der sich noch immer nicht auf die Erde hinaus gewagt hatte. Er kehrte ihnen den Rücken und fragte: »Ihre Freundin ist katholisch, ja?« »Episkopalistin«, flüsterte Amy. »Das reicht nicht«, sagte Sean. Er runzelte die Stirn. »Und Malcolm ist leider Anglikaner.« Er legte einen Finger an seine Lippen, als sei er tief in Gedanken versunken. »Warum?« fragte Amy. Seine Aufmerksamkeit kehrte an die Oberfläche zurück. Aber als er sprach, galt es allen: »Wir müssen Arbeitsgruppen organisieren. Malcolm, vielleicht bist du so nett und pflückst die Artischocken hier, während wir das Wasser aufsetzen.«

»Sie haben Dornen«, sagte Malcolm.

»Nur Stacheln«, sagte Sean, und damit verließ er den Garten und ging zum Haus zurück.

Amy nahm an, Sean meinte, daß sie alle drei das Wasser aufsetzen sollten. Sie folgte ihm in die Küche, sah zurück und lächelte Maria einmal zu, die ihnen mit schwingenden kurzen Armen nacheilte. Doch als sie ins Haus kamen, sah Sean Maria an und sagte: »Wenn ich mich recht erinnere, verwahrt meine Frau das gute Silber oben in der Kommode im Flur. In der roten Kommode. In der untersten Schublade, in ein Leintuch gewickelt. Könnten Sie es holen, Maria? Es wäre schön, wenigstens gutes Silber zu haben.« Maria zögerte, ehe sie etwas sagte. Dann wandte sie sich um und bat Amy, ihr zu helfen.

Amy wollte nicht. Sie hatte Maria gern, fand aber, in letzter

Zeit habe diese eine Neigung, sie zu ersticken. Wo immer Amy hinging, folgte ihr Maria. In der Eisenbahn saß Maria an sie gequetscht. Gestern, eingezwängt zwischen der metallenen Abteilwand und Marias steifer Schulter, war Amy schließlich wütend geworden. Sie hätte Maria am liebsten weggestoßen und geschrien: »Laß mich doch atmen!« Ihr war unangenehm heiß und sie war nahe daran, ihr einen Stoß zu versetzen, als die Wut sie plötzlich verließ und von Schuldgefühl abgelöst wurde. Wie konnte sie Maria dafür schelten, daß sie ihr nahe sein wollte? Wie konnte sie Zuneigung mit Gereiztheit vergelten? Amy schämte sich, und obwohl ihr so gegen Maria gedrückt immer noch heiß war, bemühte sie sich, ihr Unbehagen zu vergessen, neigte sich zu Maria und gab ihr ein freundliches Küßchen auf den Mund.

Jetzt wollte Amy unten bleiben und beim Kochen helfen. Sean interessierte sie. Er führte das ideale Leben, brauchte nicht zu arbeiten, machte Reisen nach Rom, wann immer er wollte, und kehrte stets in ein schönes Landhaus zurück. Amy war nie zuvor einem Menschen wie Sean begegnet, und was sie sich in ihrem Alter vom Leben am meisten wünschte, war eben dies: das Neue, das bisher noch nicht Erlebte. Darum war sie froh, als Sean sagte: »Sie werden leider allein hinaufgehen müssen, Maria. Ich brauche Amys Hilfe hier in der Küche.«

Behutsam, blind, pflückte Malcolm die Artischocken. Es war dunkel geworden im Garten, die Sonne war hinter der Steinmauer untergegangen, und das einzige Licht kam jetzt vom Haus und erleuchtete ein Stück Rasen nicht weit von der Stelle, an der Malcolm kniete. Es hatte eine Zeit gegeben, da hätte er so etwas niemals getan, sich niederknien und sein eigenes Abendessen ernten und sich dabei die Hose schmutzig machen, aber solche Überlegungen erschienen ihm jetzt fremd. Seit Wochen war er nicht mehr imstande, sich im Spiegel anzusehen, obwohl doch sonst seine kultivierte Erscheinung ihn mit Stolz erfüllte.

Er strich mit den Händen an den dicken Stengeln der Artischocken aufwärts und brach die Köpfe ab. Auf diese Weise mied er die Stacheln. Er arbeitete langsam. Der Geruch der Erde stieg ihm in die Nase, ein Gemisch aus feuchtem Humus und Würmern. Es war seit Wochen der erste Geruch, den er wahrnahm, und er hatte etwas Berauschendes an sich. Er fühlte die Kälte des Bodens an seinen Kniescheiben.

In der Dunkelheit schienen die Artischocken kein Ende zu nehmen. Während er sie pflückte und tiefer ins Beet hineinging, traf er auf immer neue Stengel. Er begann ein wenig schneller zu arbeiten, und wurde sich nach einer Weile bewußt, daß er ganz von seiner Arbeit gefesselt war. Es gefiel ihm, die Artischocken zu pflücken. Er machte langsamer. Er wollte nicht, daß das Pflücken ein Ende nahm.

Die Vordertreppe war lang und eindrucksvoll, und sobald Maria sie hinaufzusteigen begann, hatte sie gegen ihren einsamen Auftrag nichts mehr einzuwenden. Sie fühlte sich frei, fern von zu Hause und all den Enttäuschungen des Zuhauses. Ihr gefielen ihre Kleider, die dick und voluminös waren; ihr gefiel ihr kurzes Haar; ihr gefiel, daß sie und Amy an einem Ort waren, an dem sie nicht gefunden werden konnten, an einem Ort, wo sie miteinander umgehen konnten, wie sie es wünschten, und nicht, wie die Gesellschaft es vorschrieb. Ein alter Gobelin hing an der Wand, ein Hirsch, der von zwei schäbigen Hunden zerrissen wurde.

Sie erreichte das Ende der Treppe und ging auf der Suche nach der roten Kommode den Flur hinunter. Den ganzen Flur entlang standen Kommoden, die meisten dunkles Mahagoni. Schließlich entdeckte sie eine, die etwas rötlicher war als die anderen und kniete vor ihr nieder. Sie zog die unterste Schublade auf. Ein zusammengerolltes Leintuch lag darin, und es überraschte sie, als sie es herausnahm, wie schwer es war. Sie legte das Leintuch auf den Boden und begann es aufzurollen. Sie wendete und wendete es immer wieder, und dabei klapperte innen das Metall. Dann fiel endlich die letzte Hülle herunter, und da waren sie – Messer, Gabeln, Löffel –, alle in einer Richtung ausgelegt und glänzend.

Als Sean mit Amy allein war, ließ er sich Zeit, um das Wasser aufzusetzen. Er nahm einen Metalltopf vom Haken an der Wand. Er trug ihn zum Spülbecken. Er füllte ihn mit Wasser.

Bei alldem war er sich seiner Handlungen und der Tatsache, daß Amy ihm zusah, aufs Äußerste bewußt. Als er hinaufgriff, um den Topf von der Wand zu nehmen, bemühte er sich, seine Bewegung so geschmeidig wie möglich zu machen. Er stellte den Topf auf den Herd (anmutig) und wandte sich ihr zu.

Sie stand zurückgelehnt am Spülbecken, die Hände seitlich aufgestützt, den Körper in einem zarten Bogen gedehnt. Sie sah noch verlockender aus als zuvor am Straßenrand. »Da wir jetzt allein sind, Amy«, sagte er, »kann ich Ihnen ein Geheimnis verraten.«

»Ich höre«, sagte sie.

»Versprechen Sie mir, es für sich zu behalten?«

»Ich verspreche es.«

Er sah ihr in die Augen. »Wie weit kennen Sie sich in Kirchengeschichte aus?«

»Ich hatte bis dreizehn Religionsunterricht.«

»Dann ist Ihnen Augustinus ein Begriff?«

Sie nickte enthusiastisch. Sean blickte sich im Raum um, als wollte er sehen, ob jemand horchte. Dann machte er eine lange Pause, zwinkerte und sagte: »Ich habe seinen Finger.«

Amy war weniger an Augustinus' Finger interessiert als an der Tatsache, daß Sean bereit war, ihr ein Geheimnis anzuvertrauen. Sie hörte ihm so andächtig zu, als offenbarte er ihr ein göttliches Mysterium.

Wenn Amy flirtete, gestand sie sich selbst nicht immer ein, daß sie flirtete. Manchmal zog sie es vor, ihre geistigen Kräfte vorübergehend außer Betrieb zu setzen, damit sie flirten konnte, gleichsam ohne daß ihr Geist sie dabei beobachtete. Es war, als spalteten sich ihr Körper und ihr Geist, und ihr Körper träte hinter einen Wandschirm, um sich seiner Kleider zu entledigen, während ihr Geist auf der anderen Seite des Wandschirms saß und Tagträumen nachhing.

Mit Sean begann Amy jetzt in der Küche zu flirten, ohne es sich selbst einzugestehen. Er erzählte ihr von seiner Reliquie und sagte, in Anbetracht der Tatsache, daß sie Katholikin sei, würde er sie ihr zeigen. »Aber Sie dürfen keinem etwas davon sagen. Wir wollen doch nicht, daß diese Ketzer sich wieder in den wahren Glauben hineindrängen.«

Amy stimmte lachend zu. Sie bog ihren Körper noch weiter nach hinten. Sie wußte, daß Sean sie ansah, und plötzlich wurde ihr verschwommen bewußt, daß es ihr gefiel, seinen Blick zu spüren. Sie sah sich mit seinen Augen: Eine biegsame junge Frau, die sich auf ihre Arme gestützt zurückneigte und nachdenklich zu Boden blickte.

»Hast du einen Korb?« fragte Malcolm, als er zur Tür hereinkam. Seine Hände waren voll Erde, und er lächelte zum ersten Mal an diesem Tag.

»So viele können es doch nicht sein«, meinte Sean.

»Es sind Hunderte. Ich kann sie nicht alle tragen.«

»Geh zweimal«, sagte Sean. »Dreimal.«

Malcolm sah Amy an, die sich am Spülbecken zurücklehnte. Der Elfenbeinkamm in ihrem Haar glänzte, als sie den Kopf nach ihm drehte. Wieder dachte er an Seans Fähigkeit, sich mit Jugend und Vitalität zu umgeben. Und darum sagte er zu ihr:

»Es ist richtig angenehm draußen im Garten, Amy. Warum helfen Sie mir nicht. Lassen Sie doch den alten Sean das Wasser kochen.«

Er ließ ihr keine Gelegenheit abzulehnen. Er führte sie an der Hand die Hintertür hinaus und winkte mit der anderen Sean Lebewohl. »Ich habe sie alle auf einen Haufen gelegt«, sagte er, als er mit ihr im Garten war. »Es ist ein bißchen naß, aber daran gewöhnt man sich.« Er kniete vor dem Haufen Artischocken nieder und sah zu ihr auf. Im Lichtschein des Hauses konnte er ihre Gestalt und die schrägen Linien und Schatten ihres Gesichts erkennen.

»Bilden Sie mit Ihren Armen einen Korb, dann fülle ich ihn«, sagte er. Amy tat wie geheißen, kreuzte ihre Arme mit aufwärts gekehrten Handflächen. Malcolm, der vor ihr kniete, begann die Artischocken zu nehmen und ihr eine nach der anderen in die Arme zu legen, wobei er sie sachte an ihren Magen drückte. Erst waren es fünf, dann zehn, dann fünfzehn. Als die Zahl wuchs, wählte Malcolm die Plätze für die Artischocken genauer. Mit gekrauster Stirn paßte er jede Artischocke so sorgsam ein, als füge er die Stücke eines Puzzles ineinander. »Nun sehen Sie sich das an«, sagte er. »Sie sind zur Erntegöttin geworden.« Und für ihn war sie das. Schlank und jung stand sie vor ihm, beladen mit einer Fülle von Artischocken, die aus ihrem Bauch wuchsen. Er legte eine letzte Artischocke hoch oben an ihre Brust und stach sie versehentlich.

»Oh, entschuldigen Sie.«

»Ich bringe sie besser hinein.«

»Ja, unbedingt, bringen Sie sie hinein. Das wird ein Festmahl.«

Als Maria in die Küche kam und Sean am Herd stehen und in den Wassertopf spähen sah, wurde ihr unbehaglich. Sie wußte natürlich sehr wohl, was Sean vorhatte. Sie sah die Blicke, mit denen er Amy bedachte, vermerkte den affektierten Ton seiner Stimme, wenn er mit ihr sprach. »Ihr Zimmer ist oben rechts von der Treppe«, hatte er gesagt und versucht, seiner Stimme einen großartigen und generösen Ton zu geben.

Sie machte Anstalten, das Silber niederzulegen, unterließ es dann aber. Es würde zuviel Lärm machen. Statt dessen blieb sie, es im Arm haltend, stehen, beobachtete Sean von hinten und freute sich darüber, daß sie ihn beobachtete, ohne daß er es merkte.

In dem Zimmer, in dem sie und Amy wohnten, gab es nur ein Bett. Maria war das sofort aufgefallen. Als sie, ihre Rucksäcke vor sich hertragend, das erste Mal hineingegangen waren, hatte Maria zum Bett hingesehen und aus dem Augenwinkel bemerkt, daß auch Amy zu ihm hinsah. Es war ein Moment stillschweigenden Einverständnisses gewesen. Das Einverständnis lautete: ›Wir schlafen heute nacht im selben Bett.‹ Doch in diesem Moment hatte Maria das Gefühl, daß es den Bann brechen würde, wenn sie auch nur ein Wort sagten. Jede wußte, was die andere dachte, aber sie sagten nur: »Das ist ja toll« und »Ich kann's nicht glauben«.

Malcolm kniete im Garten und weidete sich am Bild Amys als Erntegöttin. Er hatte vergessen, daß er fähig war, solche Schönheit wahrzunehmen. Und das ließ ihn zum erstenmal erkennen, daß seine Ehe mit Gwendolyn langsam, Tag für Tag, seinen Sinn für die Schönheit der Welt betäubt hatte. Was für Schönheiten hatte er mit ihr gesehen? Er erinnerte sich keiner. Erinnern konnte er sich einzig an Gwen in dem kurzen Höschen, das sie im Haus unbedingt hatte tragen müssen, ohne Oberteil, so daß er den ganzen Tag die Jalousien geschlossen lassen mußte. »Die Nachbarn können dich sehen!« hatte er sich beschwert, aber ihr war das gleichgültig gewesen. Und so hatte er Tag für Tag zusammengesunken in einem verschossenen

Sessel gehockt, während Gwendolyn in ihrem kurzen Höschen in dem dämmrigen Zimmer umherstolzierte. Damals hatte er das Liebe genannt.

Aber es war nicht Liebe. Das erkannte er jetzt, während er die letzten Artischocken aufhob, die Amy nicht mehr hatte tragen können. Er schnupperte an den Artischocken, drückte sie an seine Wange, um zu fühlen, wie kühl sie waren. Und sein Sinn für das Schöne kehrte zu ihm zurück, als spähte er unter der geschlossenen Sonnenjalousie hinaus, um die von Bäumen gesäumte Straße zu sehen, die er wegen Gwens Schamlosigkeit aus seinem Leben hatte verbannen müssen – Gwen, die ihn an den Rand einer Klippe getrieben, die mit dem Mann von unten Ehebruch begangen hatte (wobei sie lediglich ihre Shorts hatte ablegen müssen), die nur Monate zuvor noch die gesamte Form und den Ablauf seines Lebens zu bestimmen schien.

Sean legte die Artischocken eine nach der anderen ins kochende Wasser. Amy stand neben ihm. Ihre Schultern berührten sich. Er konnte ihre Haut riechen, ihr Haar.

Am Tisch putzte Maria das Silber. Vornübergebeugt schaute sie blinzelnd auf die Flecken und rieb sich von Zeit zu Zeit die Nase mit dem Handrücken. Es lagen auch einige Artischocken auf dem Tisch. Hin und wieder beförderte Amy einen neuen Schwung vom Tisch zum Herd und reichte sie mit Achtsamkeit Sean, der sie mit dem gierigen Eifer eines Mannes, der Münzen in einen Wunschbrunnen wirft, in dem riesigen Topf versenkte.

Es war zweifellos ein erfreulicher Anblick, dachte Malcolm, als er mit einer kleinen Ladung Artischocken im Arm zur Tür hereinkam. Der Topf auf dem Herd dampfte. Amy und Sean spülten den Staub von den Tellern, die sie aus den Tiefen der Schränke geholt hatten. Auf der anderen Seite der Küche legte

Maria silbernes Besteck zu säuberlichen Stapeln aufeinander. Es war eine Szene rustikaler Einfachheit – die im Garten geernteten Früchte, der riesige zischende Herd, die beiden Amerikanerinnen, die Malcolm an alle Bauernmädchen erinnerten, die er je von Eisenbahnfenstern aus gesehen hatte: flüchtige Gestalten, die auf ihren Fahrrädern anhielten und von der Landstraße aus winkten. Alles drückte Einfachheit, Qualität und Gesundheit aus. Malcolm war so hingerissen von der Szene, daß er es nicht über sich brachte, sie zu stören. Er konnte nur im Schatten der Tür stehenbleiben und hineinschauen.

Ihm kam der Gedanke, daß sie im Begriff waren, ein wunderbares Mahl zu sich zu nehmen. Vor weniger als einer Stunde hatten sie voller Enttäuschung in die offenen, leeren Schränke gestarrt, und er hatte geglaubt, sie würden in einem Pub landen, um inmitten von Lärm und Qualm Leber-und-Zwiebel-Sandwiches zu essen. Jetzt war die Küche voller Nahrung.

An der Tür stehend, unsichtbar, beobachtete er sie. Und je länger er hinsah, ohne daß sie es merkten, desto seltsamer wurde ihm zumute. Ihm war plötzlich, als sei er aus der Realität der Küche auf eine andere Daseinsebene umgestiegen, als sähe er dem Leben nicht zu, sondern in es hinein. War er nicht in mancher Hinsicht tot? War er nicht soweit gekommen, das Leben zu verachten und wegzuwerfen? Am Spülbecken drückte Sean ein gelbes Geschirrtuch aus, Amy schmolz über dem Herd das Stück Butter und am Tisch hielt Maria einen silbernen Löffel ans Licht. Aber keiner von ihnen, nicht einer, erkannte die Bedeutsamkeit des Mahls, das zu teilen sie im Begriff waren.

Es erfüllte Malcolm daher mit höchster Freude, als er fühlte, daß seine Körpermasse sich endlich vorwärtsbewegte (heraus aus der Unterwelt und zurück in die liebe, träge Atmosphäre der Erde). Sein Gesicht gelangte ins Licht. Er lächelte voller

Glückseligkeit über die Gnadenfrist. Es blieb ihm noch Zeit zu sprechen.

Sean sah Malcolm nicht in die Küche kommen, weil er gerade die Schale mit den Artischocken zum Tisch trug. Die Artischocken dampften. Der Dampf stieg ihm ins Gesicht und machte ihn blind.

Amy sah Malcolm nicht in die Küche kommen, weil sie gerade daran dachte, was sie in ihrem nächsten Brief nach Hause schreiben würde. Sie würde alles genau schildern: die Artischocken! den Dampf! die glänzenden Teller!

Maria sah Malcolm nicht in die Küche kommen, weil sie wünschte, sie und Amy könnten auf dem Land zusammenleben, in einem Haus mit einem Garten, in dem sie jeden Abend etwas für ihren Tisch ernten konnten.

Malcolm trat ein, nahm seinen Platz am Tisch ein, legte seine Artischocken auf den Boden neben seine Füße. In diesem Moment waren die Gesichter der Mädchen unbeschreiblich schön. Auch das Gesicht seines alten Freundes Sean war schön.

Amy schenkte Malcolm keine Beachtung, als er zu sprechen begann. Sie hörte seine Stimme, aber seine Worte besaßen keine Bedeutung für sie, waren nur Laute aus der Ferne. Sie war immer noch damit beschäftigt, die Gesamtwirkung eines Briefs nach Hause zu ermessen, stellte sich vor, wie ihre ganze Familie um den Tisch saß, ihre Mutter mit Brille las, ihre kleinen Schwestern sich gegenseitig mit ihren Gabeln piekšten. Andere Erinnerungen an zu Hause überfielen sie: an den Garten mit Holzäpfeln im Gras, an den Kücheneingang im Winter, voll abgestellter nasser Stiefel. Während diese Erinnerungen an ihr vorbeizogen, behielt Malcolms Stimme stets ihren gemächlichen, gleichbleibenden Rhythmus bei, und allmählich begann Amy, Fetzen dessen, was er sagte, aufzunehmen. Er hatte eine Reise unternommen. Er war auf einen Berg gestiegen. Er hatte zum Meer hinuntergeblickt.

In der Mitte des Tisches dampften die Artischocken in ihrer Schale. Amy streckte den Arm aus und berührte eine, aber sie war zum Essen noch zu heiß. Als nächstes sah sie erst Sean und dann Maria von der Seite an und merkte, daß ihnen irgend etwas Unbehagen verursachte. Erst da wurde ihr die ganze Bedeutung von Malcolms Worten klar. Er sprach von Selbstmord. Von seinem.

Die Vorstellung, daß dieser gesetzte, korpulente Mann sich von einer Klippe stürzen sollte, berührte Maria komisch. Malcolms Augen waren feucht, das sah sie, aber die Tatsache, daß sein Gefühl echt war, trennte sie nur weiter von ihm. Vielleicht war es wahr, daß er versucht hatte, sich das Leben zu nehmen, vielleicht war es wahr, daß nun (wie er steif und fest behauptete) diese Mahlzeit ihn ins Leben zurückgerufen hatte, aber es war ein Irrtum zu glauben, daß sie, die ihn kaum kannte, seinen Schmerz oder auch seine Freude teilen konnte. Einen Moment lang nahm Maria es sich übel, daß sie nicht mit Malcolm fühlen konnte (der mit emotionsgeladener Stimme die ›finstersten Tage‹, unmittelbar nachdem seine Frau ihn verlassen hatte, beschrieb), aber der Moment verflog rasch. Maria gestand sich ein, daß sie nichts empfand. Sie stieß Amy unter dem Tisch mit dem Fuß an. Amy begann zu lächeln, bedeckte dann aber ihren Mund mit ihrer Serviette. Maria rieb ihren Fuß an Amys Wade. Amy zog ihr Bein weg, und Maria konnte es nicht wiederfinden. Sie suchte mit ihrem Fuß nach allen Seiten und wartete darauf, daß Amy sie wieder ansehen würde, damit sie ihr zuzwinkern konnte, aber Amy blickte beharrlich auf ihren Teller.

Sean sah zu, wie Malcolm sich mit Artischocken vollzustopfen begann. Er hatte jetzt alle Aufmerksamkeit und fing daher gleichzeitig zu sprechen und zu essen an. Und ausgerechnet diesen Zeitpunkt mußte er wählen! Nichts konnte sich auf eine romantische Stimmung (und das war die Stimmung, die Sean zu beschwören hoffte) so vernichtend auswirken, wie vom Tode zu reden. Schon sah er Amy kaum merklich zurückschrecken, ihre Schultern hochziehen und (zweifellos) ihre hübschen Beine zusammenpressen. Warum mußte Malcolm gerade jetzt vom Tod und vom Sprung in den Abgrund sprechen? Als besäße das für sie irgendeine Bedeutung! Eben ein dramatischer Moment, den Malcolm sich geleistet hatte, um sich selbst davon zu überzeugen, daß er Liebe empfinden konnte. Und wieviel Liebe hatte er denn empfunden? Hatte er sich nicht ziemlich schnell erholt? Fünf Wochen! »Ich hätte nie geglaubt, daß ich je wieder ein einfaches Mahl unter Freunden genießen würde«, sagte er gerade, und Sean sah – es war unglaublich –, wie eine Träne auf gewundenem Weg Malcolms Wange hinunterrollte. Er weinte, während er einer riesigen Artischocke (selbst im Crescendo der Gefühle hatte er es geschafft, sich die größte zu nehmen) die Blättchen ausriß und sie in die Butter tunkte, ehe er sie in den Mund schob.

»Wir ziehen nur allzu schnell über den Wert unseres Lebens Bilanz«, verkündete Malcolm ihnen, und es schien ihm, daß er niemals in seinem ganzen Leben einer Gruppe Menschen so nahe gewesen sei. Sie schwiegen alle, hingen an jedem seiner Worte, und seine Emotionen weckten in ihm eine Eloquenz, die er nie gekannt hatte. Wie oft im Leben man doch Belangloses sagt, dachte er. Triviales, nur um die Zeit totzuschlagen.

Nur selten erhält man die Chance, sein Herz auszuschütten, von der Schönheit und dem Sinn des Lebens zu sprechen, von seiner Kostbarkeit, und dabei Menschen um sich zu haben, die einem zuhören. Augenblicke zuvor erst hatte er die Qual der Toten erfahren, die vom Leben ausgeschlossen sind, jetzt aber durfte er die Freude von Sprache erleben, die Freude am Mitteilen innerster Gedanken, und sein Körper vibrierte angenehm zum Klang seiner eigenen Stimme.

Bei der ersten Gelegenheit unterbrach Sean Malcolms düsteres, alles hemmende Gerede, indem er eine Artischocke aus der Schale nahm und sagte: »Hier ist eine für Sie, Amy. Sie ist jetzt nicht mehr zu heiß.«

»Sie sind köstlich«, sagte Malcolm, sich die Augen tupfend.

»Sie wissen doch, wie man sie ißt, Amy?« fragte Sean. »Man zupft einfach die Blättchen ab, taucht sie in die Butter und preßt dann das Fleisch mit zusammengebissenen Zähnen heraus.« Während er erklärte, demonstrierte er es, tauchte ein Blättchen in die Butter und hielt es ihr an den Mund. »Kommen Sie, versuchen Sie es«, sagte er. Amy öffnete den Mund, umschloß das Blättchen mit ihren Lippen und zog.

»Wir haben in Amerika auch Artischocken, Sean«, bemerkte Maria und nahm sich ebenfalls eine. »Wir haben schon mal welche gegessen.«

»Ich nicht«, sagte Amy kauend und lächelte Sean an.

»Eben schon«, sagte Maria. »Ich hab's doch gesehen. Oft.«

»Vielleicht war das Spargel«, sagte Sean, und er und Amy lachten zusammen.

Das Abendessen nahm seinen Fortgang. Nach einem Weilchen bemerkte Sean, daß Amy nicht mehr mit gekrümmten Schultern in Abwehrhaltung saß. Malcolm aß schweigend, und seine nassen Wangen glänzten wie die buttrige Artischocke, die er in der Hand hielt. Eine nach der anderen wurden die Artischocken aus der Schale genommen, eine nach der anderen ihrer Blätter beraubt. Sean reichte Amy immer wieder kleine Häppchen, schmeichelte ihr mit einfachen besonderen Aufmerksamkeiten: »Noch eine? etwas Butter? ... Wasser?« Zwischen einzelnen Bissen drehte er sein Gesicht in ihre Richtung und schwängerte die Luft zwischen ihnen mit dem warmen Geruch dessen, was er gegessen hatte.

Er dachte an ihr bevorstehendes heimliches Stelldichein. Der Plan, den er mit ihr vereinbart hatte, war folgender: Nach dem Abendessen würde er eine Partie Backgammon vorschlagen; sie würde sofort zustimmen, und sie würden zusammen ins Spielzimmer hinuntergehen; sie würden spielen, bis die anderen schliefen, und dann hinaufgehen, um sich allein die Reliquie anzusehen.

Aber gerade da sagte Malcolm: »Meine Damen, sehen Sie sich diese beiden alten Männer an, die vor Ihnen sitzen. Wir sind gute alte Freunde, Sean und ich. In Oxford waren wir unzertrennlich.«

Sean blickte auf und sah, daß Malcolm ihm über den Tisch hinweg herzlich zulächelte. Seine Augen waren immer noch feucht. Er sah verletzlich und töricht aus. Doch Malcolm fuhr fort: »Ich hoffe von Herzen, daß Ihre Freundschaft, jung wie sie ist, ebenso lange Bestand haben möge.« Er blickte jetzt von einem jungen Mädchen zum anderen. »Alte Freunde«, murmelte er, »sind doch die besten.«

»Hat jemand Lust, zu einer Partie Backgammon mit ins Spielzimmer zu kommen?« fragte Sean laut die am Tisch Sitzenden, insbesondere aber Amy, wie diese wußte. Sie wollte gerade ja sagen, als sie aus dem Augenwinkel bemerkte, daß Maria sie beobachtete. Amy wußte, daß Maria auf ihre Antwort wartete. Wenn sie ja sagte, würde Maria auch ja sagen. Plötzlich wußte sie, daß der Plan nicht gelingen würde, Maria würde niemals allein nach oben zu Bett gehen. Und darum breitete Amy ihre Hände auf dem Tisch aus, blickte auf ihre Nägel und fragte: »Wozu hast du Lust, Maria?«

»Ach, ich weiß nicht«, sagte Maria.

»Wir können nicht alle spielen«, sagte Sean. »Nur zwei von uns, leider.«

»Backgammon klingt verlockend«, sagte Malcolm. Amy rutschte auf ihrem Stuhl hin und her. Sie hatte zu lange gezaudert. Sie hatte alles verpfuscht.

»Wir müssen sowieso früh raus«, sagte Maria.

»Tja, dann werden wir die zwei Reisenden also entschuldigen«, sagte Malcolm. »Mit tiefem Bedauern.«

»Vielleicht ist es wirklich ein bißchen spät«, sagte Sean.

»Unsinn!« sagte Malcolm. »Der Abend fängt gerade erst an.« Und damit rückte er seinen Stuhl vom Tisch weg und stand entschlossen auf.

Sean konnte nichts tun. Er hatte keine Ahnung, weshalb Amy sich nicht an ihren Plan gehalten hatte. Er vermutete, beim Abendessen allzu direkt gewesen zu sein, seine wahren Motive verraten und sie abgeschreckt zu haben. Was auch immer der Grund war, jetzt blieb ihm nichts anderes übrig als aufzustehen, die Signale seines Herzens (die Verzweiflung anzeigten) lächelnd zu verleugnen und Kurs auf die Kellertür zu nehmen. Als er von Malcolm gefolgt die Treppe hinunterstieg, versuchte er erfolglos zu hören, was die Mädchen in der Küche sprachen.

Das Spielzimmer war ein langer, schmaler holzgetäfelter Raum mit einem Billardtisch in der Mitte und an einem Ende einem roten Ledersofa vor einem Fernsehapparat. Sean ging schnurstracks zu dem Gerät und schaltete es ein.

»Was ist mit Backgammon?« fragte Malcolm.

»Ich bin nicht mehr in Stimmung«, sagte Sean. Malcolm setzte sich aufs Sofa. »Setz dich doch, Sean«, drängte er. »Ist schon gut«, sagte Sean. »Ich habe das ganze Abendessen durch gesessen.«

»Ich hoffe meine kleine Ansprache hat dich nicht gestört«, sagte Malcolm. »Ich fürchte, ich habe das Gespräch an mich gerissen.«

Sean hielt den Blick auf den Fernsehapparat gerichtet. »Das ist mir kaum aufgefallen«, sagte er.

»Sean mag dich«, sagte Maria zu Amy, als sie allein waren.

»Gar nicht wahr.«

»Doch. Das seh ich.«

»Er ist nur freundlich.«

Ellbogen an Ellbogen standen sie an der Spüle und trockneten die letzten Teller. »Was hat er im Garten zu dir gesagt?«

»Wann?«

»Im Garten. Als er dich mit nach hinten genommen hat.«

»Er hat gesagt, ich sei die schönste Frau, die er je gesehen habe, und dann hat er mir einen Heiratsantrag gemacht.« Maria spülte gerade einen Teller. Sie hielt ihn unter das Wasser und sagte nichts. »Ich mach nur Spaß«, sagte Amy. »Er hat nur vom Boden geredet, wie schwierig es ist, hier was anzubauen.« Maria begann den Teller zu schrubben, obwohl er absolut sauber war. »Ich mach nur Spaß«, sagte Amy wieder.

Amy wollte das Geschirrspülen möglichst in die Länge ziehen. Wenn Sean zurückkam, konnte sie ihm ein Zeichen geben, sie später zu treffen. Aber die Teller waren nicht sehr schmutzig, und es waren nur vier, dazu ein paar Gläser. Bald war alles getan. »Ich bin erledigt«, sagte Maria. »Bist du nicht erledigt?«

»Nein.«

»Du siehst erledigt aus.«

»Ich bin's aber nicht.«

»Was tun wir jetzt?«

Amy fiel kein Grund ein, in der Küche zu bleiben. Sie konnte nach unten gehen, aber da war Malcolm. Der würde in dieser Nacht überall sein, die ganze Nacht. Er würde überhaupt nie wieder schlafen, so glücklich war er, am Leben zu sein. Darum sagte sie schließlich: »Ich gehe schlafen«, und Maria verkündete, daß sie das auch tun werde.

»Sehen wir doch jetzt nicht fern, Sean«, sagte Malcolm. »Wir haben den ganzen Abend keine Gelegenheit gehabt, miteinander zu sprechen. Wir haben seit zwanzig Jahren nicht mehr miteinander gesprochen.«

»Ich habe zwei Wochen nicht ferngesehen«, sagte Sean.

Malcolm lachte gutmütig. »Sean«, sagte er, »es hat keinen Sinn. Du kannst dich nicht vor mir verstecken. Besonders nicht heute abend.« Er wartete auf eine Antwort, erhielt aber keine. Er war ungeheuer ruhig. Er konnte ohne Verlegenheit alles sagen, was er zu sagen hatte, und er sah seinen Freund an und fragte sich, warum Sean, ganz im Gegensatz zu ihm, so verschlossen war. Doch im nächsten Moment schon wurde es ihm klar. Seans Unberührbarkeit war viel zu perfekt. Sie war Schwindel. Hinter seinem Panzer war auch Sean einsam und trauerte um seine gescheiterte Ehe wie Malcolm. Das war der Grund, weshalb er Scherze machte und sich mit jungen Frauen umgab.

Es überraschte Malcolm, daß er das nicht früher erkannt hatte. Sein Blick war jetzt in jeder Hinsicht geschärft. Er sah seinen Freund an und empfand tiefe Anteilnahme. Und dann sagte er: »Erzähl mir von Meg, Sean. Es gibt keinen Grund, sich zu schämen. Wir sitzen beide im selben Boot.«

Diesmal drehte sich Sean doch herum und begegnete seinem Blick. Sein Gebaren war immer noch steif, es fiel ihm schwer, aber endlich begann er zu sprechen: »Nicht im selben Boot, Malcolm. Durchaus nicht. Ich habe Meg verlassen. Nicht Meg mich.«

Malcolm sah weg, zum Boden.

»Und sie hat es leider schwer genommen«, fuhr Sean fort. »Sie hat sich vor einen Zug geworfen.«

»Sie wollte sich das Leben nehmen?« fragte Malcolm. Sean nickte. »Aber jetzt ist sie darüber hinweg«, sagte er. »Jetzt ist sie ganz glücklich. Sie ist von Glück überwältigt.«

Diese Rache befriedigte Sean. Malcolm hatte ihm den Abend verdorben, aber jetzt hatte Sean die Kontrolle über ihn und konnte ihm einreden, was er wollte. Malcolm legte seinen Kopf nach hinten an das Sofa, und Sean sagte: »Wirklich ein merkwürdiges Zusammentreffen, daß du gerade heute abend hierher gekommen bist. Beinahe so, als hätte dich etwas hergeschickt, damit du das erfährst.«

»Ich hatte ja keine Ahnung«, sagte Malcolm leise. Sean fuhr fort, seinen Freund anzustarren, ganz erfüllt von dem Gefühl seiner Macht, für Malcolm eine Lebenswelt schaffen zu können, in der nichts zufällig geschah und sogar Selbstmorde aufeinander abgestimmt waren.

Er ließ Malcolm auf der Couch sitzen und ging zur Treppe.

Als Maria ins Bad ging, um sich die Zähne zu putzen, schlich sich Amy zur Schlafzimmertür. Sie hörte nichts. Das Haus war still. Sie konnte nur Maria hören, die ihren Mund mit Wasser spülte und es ins Waschbecken spie. Sie trat in den Flur. Wieder hörte sie nichts. Dann kam Maria aus dem Bad. Sie hatte ihre Brille abgenommen und sah blinzelnd zum Bett.

Als Sean in die Küche kam, sah er, daß sie leer war. Er verfluchte sich dafür, daß er je den Vorschlag zum Backgammon gemacht hatte; er verfluchte Malcolm dafür, daß er ihm in die Quere gekommen war; er verfluchte Amy dafür, daß sie ihren gemeinsamen Plan verraten hatte. Es sollte nicht sein, ganz gleich, was er tat. Das Haus, die Artischocken, die Reliquie, das alles hatte nicht ausgereicht. Er dachte an seine Frau, die in irgendwelchen tropischen Gegenden tanzte, und dann sah er sich selbst, wie er war, allein in einem kalten Haus, sein Begehren vereitelt.

Er ging zur Kellertür zurück und lauschte. Der Fernsehapparat lief noch. Malcolm saß immer noch davor, wie vom Donner gerührt. Entschlossen, Malcolm die ganze Nacht dort sitzen zu lassen, wandte Sean sich ab, doch sofort hielt er inne. Vor ihm nämlich, nur mit einem langen Männer-T-Shirt bekleidet, stand Amy.

Oben wartete Maria mit gespitzten Ohren auf Amys Rückkehr ins Bett. Amy war gerade erst ins Bett gestiegen, als sie plötzlich wieder hinausgekrochen war und gesagt hatte, sie wolle nach unten gehen, um ein Glas Wasser zu trinken. »Trink doch aus dem Hahn im Bad«, schlug Maria vor, aber Amy sagte: »Ich möchte ein Glas.«

Nach so langer Zeit, selbst nach dem Kuß im Zug, war Amy immer noch schüchtern. Sie war so nervös, daß sie, kaum ins Bett geklettert, gleich wieder herausgesprungen war. Maria wußte genau, was in ihrer Freundin vorging. Sie kreuzte die Arme hinter dem Kopf. Sie starrte zu der ornamentalen Stuckdecke hinauf und fühlte, wie das Gewicht ihres Körpers in die Matratze, in die Kissen sank. Eine große Ruhe kam über sie, eine Festigkeit, ein Gefühl, daß sie eine der Glücklichen dieser Erde war, eine von denen, die wußten, was es heißt, wahrhaft vertraut mit einem anderen zu sein.

Malcolm stand auf und schaltete den Fernsehapparat aus. Er fragte sich, was aus Sean geworden war. Er ging durch den Raum zum Billardtisch. Er nahm eine Kugel heraus, rollte sie über den Filz und sah zu, wie sie von den Seiten des Tischs abprallte. Er fing sie wieder ein und fing von vorne an. Mit leisen dumpfen Stößen prallte die Kugel an die Polster.

Um fort zu sein, bevor Malcolm heraufkam, führte Sean Amy durch den Flur in sein Arbeitszimmer. Drinnen schloß er die Tür, flüsterte, sie solle ganz still sein, und begann mit feierlicher Miene in seinem Koffer, den er neben dem Schreibtisch liegengelassen hatte, nach der Reliquie zu suchen. Als er sich hinunterbeugte, gewahrte er, daß Amys nackte Schenkel nur Zentimeter von seinem Gesicht entfernt waren. Am liebsten hätte er die Arme ausgestreckt und ihre Beine gepackt, um sie an sich zu ziehen und sein Gesicht in der Mulde ihrer Hüften zu versenken.

Aber das tat er nicht. Er zog nur einen grauen Wollsocken heraus und entnahm ihm einen dünnen gelben Knochen, der keine sieben Zentimeter lang war.

»Der Zeigefinger des Augustinus«, sagte er und zeigte ihn ihr.

»Wann hat der gleich wieder gelebt?«

»Vor fünfzehnhundert Jahren.«

Amy hob ihre Hand und berührte den Knochensplitter, während Sean ihre Lippen, Wangen, Augen und Haar betrachtete.

Amy wußte, daß er sie gleich küssen würde. Sie wußte es immer, wenn Männer sie gleich küssen würden. Manchmal machte sie es ihnen schwer, trat von ihnen weg oder stellte ihnen Fragen. Manchmal tat sie auch nur so, als bemerke sie es nicht, so wie jetzt, als sie den Finger des Heiligen begutachtete.

Dann sagte Sean: »Ich fürchtete schon, es würde gar nicht mehr zu unserem kleinen Treffen kommen.«

»Es war schwierig, den Ketzern zu entwischen«, sagte Amy.

Auf der Suche nach Sean trat Malcolm in die Küche. Er fand nur die Teller, die die Mädchen gewaschen neben der Spüle gestapelt hatten. Er wanderte in der Küche umher, wärmte sich die Hände am schwelenden Feuer, und als er sah, daß die Artischocken, die er auf dem Boden zurückgelassen hatte, immer noch dort waren, legte er sie auf den Tisch. Erst nachdem er all diese Dinge getan hatte, ging er zum Küchenfenster und sah in den Garten hinaus.

Als Maria sie sah, standen sie über etwas gebeugt, und ihre Köpfe berührten einander beinahe. Augenblicklich begriff sie, was geschehen war. Amy war heruntergekommen, um sich ein Glas Wasser zu holen, und Sean hatte ihr aufgelauert. Sie war gerade noch rechtzeitig gekommen, um ihre Freundin aus einer unangenehmen Situation zu befreien.

»Was ist das?« fragte sie und trat kühn, triumphierend ins Zimmer.

Marias Stimme war die Stimme des Schicksals, dem er nicht entrinnen konnte. Genau im Moment des Sieges, als seine knospenden Wünsche zu erblühen im Begriff waren (Amy und er standen Wange an Wange), hörte Sean Marias Stimme, und seine Hoffnungen schrumpften unter ihr zusammen. Er sagte nichts. Er stand nur stumm da, während Maria sich ihm näherte und die Reliquie in ihre kalte Hand nahm.

»Es ist der Finger des Augustinus«, erklärte Amy.

Maria betrachtete den Knochen eine Moment, dann reichte sie ihn Sean zurück und sagte schlicht: »Nie im Leben.« Die Mädchen machten (gemeinsam) kehrt und gingen zur Tür. »Gute Nacht«, sagten sie, und reglos hörte Sean, wie ihre Stimmen sich in qualvollem Einklang vereinten.

»Du hast ihm doch nicht geglaubt?« fragte Maria, als sie allein in ihrem Zimmer waren. Amy antwortete nicht, kroch nur ins Bett und schloß die Augen. Maria knipste das Licht aus und tappte durch die Dunkelheit. »Ich kann nicht glauben, daß du auf so was reinfallen konntest. Der Finger des Augustinus!« Sie lachte. »Was die sich alles einfallen lassen!« Sie kroch ins Bett und zog die Decke hoch, starrte in die Dunkelheit und dachte über die Tricks der Männer nach.

»Amy«, flüsterte sie, aber die Freundin antwortete nicht. Maria rückte näher. »Amy«, sagte sie ein wenig lauter. Sie schob sich noch ein Stück über das Laken und berührte mit ihrer Hüfte Amys Hüfte. Wieder rief sie: »Amy«.

Doch ihre Freundin erwiderte ihren Gruß nicht, verstärkte auch nicht den Druck von Hüfte zu Hüfte. »Schlaf!« sagte sie und drehte sich weg.

Sean blieb mit dem unechten Finger eines berühmten Heiligen in der Hand zurück. Im Flur glaubte er die Mädchen kichern zu hören, dann folgten der Klang ihrer Schritte auf der Treppe, das Quietschen und Klappern der Schlafzimmertür, die geschlossen wurde, und danach – Stille.

Der Knochen war mit einem Film weißen Pulvers überzogen, das in seine geöffnete Hand rieselte. Am liebsten hätte er ihn quer durch das Zimmer geschleudert oder zu Boden geworfen und unter seinem Absatz zermalmt, aber etwas hielt ihn davon ab. Noch während er den Knochen anstarrte, überkam ihn ein Gefühl, als beobachte ihn jemand. Er sah sich im Zimmer um, aber es war niemand da. Er richtete den Blick wieder auf den Knochen und sah jetzt, daß die Spitze des Fingers auf ihn zeigte. Plötzlich spürte er, obwohl das unmöglich war, er spürte, daß der Finger noch lebte. Er war mit Intelligenz begabt. Er zeigte auf ihn, klagte ihn an, verurteilte ihn.

Zum Glück hielt das Gefühl nur einen Augenblick an. Im nächsten Moment zeigte der Finger nichts mehr. Er wurde wieder zu einem bloßen Knochen.

Der Mond war aufgegangen, und in seinem Licht konnte Malcolm den Garten erkennen, einen blaßblauen Kreis am Ende des Rasens. Er blickte zurück auf die übriggebliebenen Artischocken auf dem Tisch. Dann ging er zur Hintertür, öffnete sie und trat hinaus.

Der Garten war in noch schlechterem Zustand als zuvor. Die welken Blumen, die vorher wenigstens in einer Reihe gestanden hatten, waren jetzt niedergetrampelt, aus der Erde gerissen, verstreut. Überall waren Fußspuren. Zeichen der Gewalt hatten die stille Heiterkeit der Vernachlässigung verdrängt.

Er sah die Spuren seiner eigenen Schuhe, groß und tief. Dann bemerkte er die kleinen Abdrücke von Amys Tennisschuhen. Er ging in den Garten und stellte seinen Fuß auf ihre Abdrücke, freute sich darüber, wie vollkommen seine Schuhe sie zudeckten. Mittlerweile hatte er aufgehört, sich Gedanken darüber zu machen, was aus Sean geworden war. Er wußte nichts vom Verbleib der anderen im Haus, nichts von Maria auf der einen Seite des Betts und Amy auf der anderen, nichts von Sean, der, den Blick auf das Knöchelchen gerichtet, in seinem Arbeitszimmer war. Malcolm vergaß seine Freunde einen Moment, während er in dem Garten stand, den Meg, sein Zwilling, angepflanzt hatte. Er dachte, das, was er brauche, sei ein eigenes Haus mit Garten. Er stellte sich vor, wie er Rosenbüsche beschnitt und Bohnen pflückte. Ihm schien, daß mit einer so einfachen Veränderung endlich das Glück kommen werde.

Deutsch von Mechtild Sandberg

Pam Houston

Bei Cowboys werd ich schwach

Ich habe ein Bild vor Augen, das Bild einer kleinen Ranch am Rand eines Kiefernwäldchens und mit ein paar Pferden auf der Koppel. Eine Frau steht im Türrahmen, sie trägt abgeschnittene Jeans und eine Arbeitsbluse aus fester blauer Baumwolle, und gerade hat sie ihren hochgewachsenen Mann, der einen Bart und eine sanfte Stimme hat, zum Abschied geküßt. Draußen trocknet Wäsche an der Leine, und die Morgensonne hängt im Geäst der Bäume wie Spinnweben. Es ist der Morgen nach einer Vollmondnacht, und im Garten hinter dem Haus haben die Hirsche alles weggefressen, was noch übrig war.

Wäre ich Malerin, würde ich das Bild malen, nur um rauszufinden, ob die junge Frau in der Tür womöglich ich selbst bin. Ich lebe jetzt seit zehn Jahren im Westen, lange genug, um mich hier zu Hause zu fühlen, lange genug, um zu wissen, daß ich für immer hierbleiben werde, aber ich weiß noch immer nicht, wo diese Ranch liegt. Obwohl ich hier jede Menge Männer gehabt habe, manche von ihnen hochgewachsen und fast alle bärtig, habe ich noch nicht den Mann getroffen, der gerade aus dem Bild herausgetreten ist und den Motor des Pick-up-Trucks angelassen hat, dessen Reifenspuren ich noch auf dem sandigen Boden der Auffahrt sehen kann.

Der Westen erschließt sich einem nicht ohne weiteres. Neulinge müssen sich ganz langsam in ihn hineinfallen lassen, sich durch seine verschiedenen Schichten nach unten durcharbeiten, und ich arbeite mich noch immer durch. Wie die meisten Menschen aus dem Osten habe ich in den Übergangszonen angefangen, in den großen Städten und Wintersportzentren, die sich Außenseiter zu ihrer eigenen Bequemlichkeit geschaffen haben, also in Gegenden, die so oft die »besseren beider Welten« genannt werden. Doch ich hatte mir vorgenommen, mich noch weiter nach hinten durchzuarbeiten, quer durchs Land zu den Kleinstädten und darüber hinaus. Das ist der eine Grund, warum ich auf einer Ranch in der Nähe von Grass Range in Montana gelandet bin. Der andere Grund heißt Homer.

Ich hatte schon immer diesen Hang zu Cowboys, vielleicht weil ich in New Jersey geboren bin. Aber heutzutage ist es schwer, einen richtigen Cowboy zu finden, sogar im Westen. Manchmal dachte ich, ich hätte einen gefunden, und anfangs glaubte ich sogar, Homer wäre ein Cowboy, und obwohl ich ihn eine Zeitlang wie verrückt liebte und ihn in irgendeiner Weise immer lieben werde, mußte ich mich über kurz oder lang mit der Tatsache abfinden, daß Homer zwar wie ein Cowboy aussah, in Wirklichkeit aber nichts weiter als ein Kapitalist mit texanischem Akzent war, der ein Pferd besaß.

Homer ist auf Tiere in freier Wildbahn spezialisiert und auf der Ranch mit einem Projekt zum Schutz der Weißwedelhirsche betraut. Er kommt jedes Jahr hierher, um diese Hirschart vom Beginn der Brunftzeit Ende Oktober bis zu deren Höhepunkt Mitte November zu beobachten. In dieser Zeit zeigen sich die Hirsche häufiger als sonst. Die Hirsche werden so brünstig, daß sie die übliche Vorsicht vergessen, und die Hirschkühe laufen am hellichten Tag mit aufgerichtetem weißen Wedel durch die Gegend. Als Homer mich überredete, mit ihm zu kommen, meinte er, die Ranch würde mir bestimmt gefallen, und das tat sie auch. Sie lag sechzig Meilen von der nächsten asphaltierten Straße entfernt. Alle Gebäude waren weißgetüncht und schlicht. Eines von ihnen war 1916 aus dem Sears-Katalog bestellt worden. Die Arbeiter auf der Ranch ritten noch wie früher auf Pferden, und wenn die Kornfelder hinter den Wirtschaftsgebäuden in das Licht des Spätnachmittags getaucht waren, schaute ich den Männern dabei zu, wie sie die Rinder in Reihen, die wie Wellen aussahen, vor sich her trieben. Auf der Ranch herrschte ein Frieden, der etwas Unheimliches hatte und vollkommen gewesen wäre, hätte es da nicht die acht oder neun hungrigen, in der Scheune hausenden Katzen gegeben, die einem um die Beine strichen, wenn man nach Essen roch, und die exotischen, buntgefiederten Hühner, die sich in ihrem Stall den ganzen Tag zankten.

Homer ist in den letzten sechs Jahren jedes Jahr auf die Ranch gefahren, und er hat dort schon für jede Menge Ärger gesorgt. Die Arbeiter sehen ihn am Hang des Hügels sitzen und hassen ihn, weil er soviel Geld verdient. Er hat mit ihren Frauen und Freundinnen geschlafen, und nicht nur mit einer oder zweien. Es ging sogar das Gerücht um, er sei daran schuld, daß der Besitzer der Ranch sich hat scheiden lassen.

Als er mich fragte, ob ich mitkomme, war mir klar: ich oder eine andere, und da ich über Montana nur Gutes gehört hatte, sagte ich ja. Eine Zeitlang stand für mich fest, daß Homer der Mann aus meinem Bild war, und ich hätte meine Seele verkauft, um seine Frau zu werden oder zumindest seine einzige Freundin. Im Frühjahr hätte ich seinetwegen sogar fast den Verstand verloren, doch irgendwann begriff ich, daß Homer immer unerreichbar sein würde, sogar für ihn selbst, und als wir dann zusammen nach Montana gingen, war ich schon fast immun gegen ihn.

Homer und ich leben die meiste Zeit des Jahres in Fort Collins, Colorado, in Häusern, die genau eine Meile auseinanderliegen. Er ist mindestens soviel weg wie da, weil er fünfzehn Herden von Weißwedelhirschen durch den ganzen Westen folgt. Ich begleite ihn, wenn er es mir erlaubt, und das geschieht in letzter Zeit immer häufiger. Die Herden, über die Homer eine Studie macht, sind aufgrund geographischer Gegebenheiten voneinander getrennt. Sie werden vor Jägern und Wölfen geschützt und in strengen Wintern mit reichlich Nahrung versorgt. Homer befaßt sich mit Fortpflanzung und Genetik, und er will in freier Wildbahn Superböcke züchten, die größer und kräftiger sind als Elche. Mit der Herde in Montana war er am erfolgreichsten, deshalb verbringt er die lange Brunftzeit hier. Unter seiner Obhut haben die Hirsche unglaublich zugelegt, was Geweihmasse, Körpergewicht und Fruchtbarkeit angeht.

Die anderen Wissenschaftler der Universität, die Homer sponsert, haben Respekt vor ihm, nicht nur, weil er mit den Hirschen so großen Erfolg hat, sondern weil er sich so sehr für das Projekt einsetzt und mit hingebungsvoller Beharrlichkeit Stunde um Stunde in der Natur verbringt. Sie halten ihn aber auch für exzentrisch und ein bißchen übereifrig.

Zuerst dachte ich, er wäre einfach gerne im Freien, aber als wir dann auf der Ranch waren, wurde er mir wegen seiner Fixierung auf die Hirsche immer fremder. Er machte sich jeden Morgen lange vor Sonnenaufgang auf den Weg und blieb bis lange nach Einbruch der Dunkelheit weg. Alles, was er trug, hatte Tarnfarbe, sogar Handschuhe und Socken. Er setzte sich oberhalb der Stelle, wo die Hirsche weideten, an den Hang eines Hügels und beobachtete sie, machte mehrmals in der Stunde ein paar Notizen, wechselte alle ein bis zwei Stunden den Standort. Wenn ich ihn begleitete, durfte ich mich nur bewegen, wenn er sich bewegte, und ich durfte nicht sprechen. Also versuchte ich, mir all die Dinge, die mir tagsüber durch den Kopf gingen, für später aufzuheben, aber wenn wir dann endlich zu unserer Blockhütte zurückkehrten, kamen sie mir belanglos vor, und außerdem wollte Homer vor dem Fernseher zu Abend essen. Hatten wir das Geschirr abgespült, war es für Homer höchste Zeit, ins Bett zu gehen. Wir liebten uns immer seltener, und wenn, dann nahm er mich von hinten.

Der Besitzer der Ranch hieß David, und er war keineswegs so, wie man sich einen Rancher aus Montana vorstellt. David war Dichter und Vegetarier. Er hörte Musik von Andreas Vollenweider und trank heiße Getränke mit Namen wie »Suma« oder »Morgenregen«. Er verbot den Arbeitern, auf der Ranch Pestizide oder andere Chemikalien zu verwenden, und Raucher stellte er gar nicht erst ein. Rund die Hälfte der Ranch war unterbeweidet, und das biologisch angebaute Getreide stand fast überall so hoch, daß es einem Pferd bis zum Bauch reichte.

David hatte sich in den Kopf gesetzt, auf seinen vierzigtausend Morgen die Great Plains wiedererstehen zu lassen, die nur die Indianer und die ersten Siedler gekannt hatten. Er verdiente mit seiner Ranch zwar nicht viel Geld, aber dafür züchtete er die fettesten, gesündesten und saubersten schwarzen Angusrinder von ganz Nordamerika. Er war sensibel, nachdenklich und freundlich. Er war einer von den Männern, in die ich mich eigentlich hätte verlieben sollen, was ich jedoch nie tat.

Homer und David aßen einmal in der Woche miteinander zu Abend, und ich hatte mich bereiterklärt, für sie zu kochen. Homer war immer höflich, hatte jederzeit ein Gesprächsthema parat und lachte allzu schnell. David hingegen war wortkarg und mürrisch und so zurückhaltend, daß man aus ihm nicht richtig schlau wurde.

Die unüberbrückbaren Gegensätze zwischen Homer und mir waren seit dem Spätsommer einer nach dem anderen zutage getreten. Anfang November fragte ich ihn, was er an Thanksgiving machen wollte, und er antwortete, am liebsten würde er auf der Ranch bleiben und die läufigen Hirschkühe beobachten.

Dabei hatte sich Homer nur verpflichtet, bis zum Sonntag vor Thanksgiving auf der Ranch zu arbeiten, und als er mich gefragt hatte, ob ich nicht mitkommen wollte, hatte er mir versprochen, rechtzeitig wieder abzureisen, um die Feiertage zu Hause zu verbringen.

Ich bin Einzelkind, und in meiner Familie wurde nie groß gefeiert, weil meine Eltern nicht vorausplanen konnten. Da sie beide Sonnenanbeter waren, verbrachten wir Thanksgiving jedes Jahr in einem Flugzeug nach Puerto Rico und Weihnachten im Auto auf dem Highway Nr. 95 Richtung Florida. Wenn ich an jene Tage zurückdenke, fällt mir als allererstes Casey Casoms Weihnachtsshow ein, in der etwa ein Bobby D. aus Spokane einer Linda S. in Decatur über die große Entfernung hinweg mitteilte: »Weihnachten bin ich zu Hause«. Wir buchten nie ein Hotel im voraus, und in den Absteigen, in denen wir dann unweigerlich landeten, gab es kein Telefon, dafür Bettlaken aus Plastik und drei Schlösser an der Tür. Einmal übernachteten wir an Heiligabend sogar im Auto, das wir unter einer grellen Straßenlaterne geparkt hatten.

Jetzt, wo ich erwachsen bin, müssen die meisten Feiertage dazu herhalten, mich für diese Touren auf Amerikas Straßen zu entschädigen. Ich gebe Unsummen für handbemalten Festtagsschmuck aus. Ich mache jedesmal einen Braten, der so schwer ist, daß mindestens zehn Pfund übrigbleiben.

Homer findet meine Begeisterung für Feiertage kindisch und eigennützig. Um mir eins auszuwischen, hat er letztes Jahr an Weihnachten den Wecker auf halb sieben Uhr gestellt und ist zu sich nach Hause gegangen, um eine Tür abzubeizen. Dieses Jahr wollte ich Thanksgiving in meinen eigenen vier Wänden feiern. Ich wollte einen Truthahn braten, an dem wir wochenlang essen würden.

Ich sagte: »Homer, du beobachtest die Hirsche schon seit fünf Wochen. Glaubst du etwa, es passiert was Neues?«

»Davon verstehst du nichts«, erwiderte er. »An Thanksgiving werde ich für alles belohnt. Thanksgiving« – er hob einen Finger und schüttelte ihn – »ist der Höhepunkt der Brunft.«

David und ich tranken jeden Tag zusammen Tee und machten dann einen Spaziergang zum Canyon hinter den Wirtschaftsgebäuden der Ranch. Er erzählte mir von seiner Ex-Frau Carmen, von den roten Blüten, die im Juni die Felswände des Canyons bedeckten, und davon, daß er sich manchmal eine Welt ohne Atomwaffen ausmalte. Er erzählte mir von der Frau, mit der Homer letztes Jahr auf der Ranch geschlafen hatte, als ich schon zurück in Colorado war und die Tage zählte, bis er nach Hause kam. Es war die Frau, die sich um die Hühner kümmerte, und David sagte, sie habe nach Homers Abreise an die hundert Liebeslieder geschrieben und sie ihm, David, alle vorgesungen.

»Sie hat sie auf Kassette aufgenommen und Homer geschickt«, sagte David, »und als er weder anrief noch schrieb, ist sie fast durchgedreht. Irgendwann habe ich ihr dann geraten, von hier wegzugehen. Ich bin kein Arzt, und wir sind hier draußen von allem abgeschnitten.«

Vom Rand des Canyons aus konnten wir Homer sehen, der sich kaum von den Bäumen oben auf dem Kamm der Hügelkette abhob, während unten im Garten die Hirsche ein paar hundert Pfund biologisch angebauter Kartoffeln wegfraßen.

»Ich kann verstehen, daß er kein Interesse mehr an ihr hatte«, sagte David, »aber ich begreife nicht, wie er eine so überschwengliche Geste einfach ignorieren konnte.«

Wir beobachteten, wie Homer auf der Kuppe von Baum zu

Baum kroch. Ich konnte nicht erkennen, ob er es war, der die hohen Gräser bewegte, oder der Wind. Keiner der Hirsche unter ihm drehte den Kopf zu ihm hin.

»Was ist an ihm so besonders?« fragte David, und ich wußte, daß er eine Erklärung suchte, warum Carmen ihn verlassen hatte, aber ich hatte sie nie kennengelernt und hatte keine Lust, über mich selbst zu reden.

»Homer trägt immer Tarnung«, sagte ich, »selbst, wenn er keine trägt.«

Plötzlich setzte der Wind aus, und von der Ranch her hörten wir die Schreie zankender Katzen, das schauerliche Kreischen einer Henne und dann wieder die Katzen.

David legte den Arm um mich. »Wir beide sind so gute Menschen«, sagte er. »Warum sind wir nicht glücklich?«

Eines Tages, als ich gerade von einem Spaziergang mit David zurückkam, traf ich Homer mitten am Tag im Blockhaus an. Er trug ganz normale Sachen, und mir fiel auf, daß er geduscht und sich rasiert hatte. Er zog mich hinter sich her ins Schlafzimmer und bestieg mich von vorne, wie er es getan hatte, als wir uns gerade erst kennengelernt hatten und ich noch nicht mal wußte, womit er sein Geld verdiente.

Danach fragte er: »Hätte ich ein Kondom nehmen sollen?« Ich zählte die Tage ab, nach vorn, zurück und wieder nach vorn. Homer wußte sonst über alles Bescheid: wann wir aufpassen mußten, welche Lebensmittel fehlten, wieviel Benzin noch im Tank war – und über all die anderen Dinge, die ich mir einfach nicht merken konnte. Es stellte sich heraus, daß es noch genau zehn Tage bis zu meiner nächsten Periode waren.

»Ja«, sagte ich, »ich glaube, das hättest du.«

Homer hatte in seinem ganzen Leben noch nie etwas Unüberlegtes getan, und einen Augenblick lang rechnete ich mit der Möglichkeit, dieser Ausrutscher könnte bedeuten, daß er zuinnerst ein Kind von mir wollte, daß er sich eine Familie und Liebe und Geborgenheit und all das wünschte, von dem ich bis zu meiner Begegnung mit Homer geglaubt hatte, daß jeder Mensch es sich wünscht. Andererseits wußte ich, daß einer der Gründe, warum ich Schwierigkeiten mit Homer und einigen von seinen Vorgängern bekommen hatte, darin lag, daß ich ihnen Absichten unterstellte, die sie gar nicht hatten.

»Tja«, sagte er, »dann sollten wir lieber nach Colorado zurück, bevor das Abtreibungsgesetz geändert wird.«

Manchmal begreift man die wichtigsten Ereignisse des Lebens in dem Moment, in dem man sie erlebt, und ich wußte in diesem Augenblick, daß ich Homer nie wieder so lieben würde wie bisher. Es lag nicht so sehr daran, daß er, als ich ihn vor nicht mal sechs Monaten gefragt hatte, was wir tun würden, wenn ich schwanger würde, geantwortet hatte, wir würden heiraten und eine Familie gründen. Es lag auch nicht daran, daß ich unbedingt ein Baby wollte. Oder daran, daß ich mir sicher war, schwanger zu sein, und daß ich das Baby haben wollte.

Es hing alles mit dem Mädchen im Blockhaus zusammen und damit, wie der Mann mit der sanften Stimme reagieren würde, wenn sie ihm sagte, daß sie ein Kind erwartete. Es wäre jetzt Winter, und draußen, vor den mit warmem gelben Licht erfüllten Fenstern würde es schneien. Er würde vielleicht im Wohnzimmer mit dem Hütehund herumtanzen, die Titelmelodie von *Father Knows Best* singen, nach draußen gehen und einen Hechtsprung in den Schnee machen.

Ich bin lange zur Schule gegangen und habe viele dicke Bücher gelesen, aber im Kern meines Wesens steckt eine Das-Leben-ist-wie-ein-Film-Mentalität, und die werde ich wohl nie abschütteln. Ich habe allerdings große Zweifel, ob ein so simples Happy-End, wie ich es mir wünsche, auf dieser Welt überhaupt noch möglich ist, und an jenem Nachmittag wurde mir klar, daß es mit Homer nicht möglich war.

Am nächsten Morgen um fünf Uhr sah ich ihn, den richtigen Cowboy, zum erstenmal. Er saß in der Kantine und aß Hafergrütze, und weil ich an Homers Seite nicht schlafen konnte, war ich die ganze Nacht auf den Beinen gewesen.

Er war hochgewachsen und schlank und bärtig. Er hatte einen schäbigen weißen Hut auf, dessen Kinnriemen man ansah, daß er ihn nach einigen Jack Daniel's am Lagerfeuer gemacht hatte. Ich hatte mir während der vergangenen zwölf Stunden das Haar zerwühlt, und mein Gesicht war voller Pickel, weil ich zuviel Streß und zu wenig Schlaf gehabt hatte. Ich fühlte mich wie eine Speckschwarte, und deshalb grüßte ich ihn nicht. Ich goß mir einen Orangensaft ein, trank das Glas leer, spülte es und stellte es zum Abtropfen auf den Geschirrständer. Nachdem ich noch einen Blick auf den Cowboy geworfen hatte, ging ich raus und machte mich auf die Suche nach Homer.

Homers Pick-up war auf der South Fork Road neben einem Abflußgraben geparkt, was bedeutete, daß er den mit Gebüsch bewachsenen Geländestreifen unterhalb der Steilhänge abging, die früher den Schwarzfußindianern sozusagen als Sprungschanze für die Bisons gedient hatten. Hier unten befand sich der reinste Schindanger. Hunderte von Bisons waren, von den Indianern gehetzt, fünfhundert Fuß tief in den Tod gestürzt. Der Boden war äußerst fruchtbar. Das Gras wuchs dichter und saftiger als sonstwo auf der Ranch, und Homer meinte, die Hirsche würden das Kalzium aus den Bisonknochen saugen. Ich sah ihn am Rand einer Wiese hocken, und weil ich nicht unbemerkt zu ihm rübergehen konnte, machte ich kehrt, legte mich in seinem Pick-up in die Koje und schlief ein.

Es war Jagdzeit. Am Spätvormittag entdeckten Homer und ich am Straßenrand einen Hirsch, der von einem Wilderer erlegt, aber nicht mitgenommen worden war. Wahrscheinlich hatte der Wilderer die Scheinwerfer eines Autos gesehen oder den Motor eines Lastwagens gehört und Angst gekriegt.

Ich packte das Tier an den Hinterläufen, um es auf den Wagen zu hieven, und Homer hob es am Geweih hoch. Es war ein junger Hirsch, höchstens zweieinhalb Jahre alt, aber in ein paar Jahren wäre er ein richtiger Brocken geworden, und ich wußte, daß der Verlust Homer ziemlich hart traf.

Wir brachten das Tier in die Halle, wo die biologisch gezüchteten Kälber gewogen werden. Homer hängte den Hirsch mit dem Geweih an einen Fleischerhaken und zog ihn in die Höhe, bis er über dem Lastwagen hing.

»Halt ihn fest, damit er nicht hin und her schwingt«, sagte er. Ich tat mein möglichstes, aber ich bin nicht sonderlich groß, und deshalb konnte ich das Tier nicht richtig fassen. Blut quoll aus dem Einschußloch und tropfte auf mich runter.

In diesem Moment kam der hochgewachsene Cowboy, der von heute früh, hinter mir aus dem Lagerhaus, sah mir lange und gelassen zu, wie ich versuchte, das Hinterteil des toten Hirschs ruhig zu halten und lehnte sich dann an den Zaun auf der anderen Seite der Einfahrt. Ich machte einen Schritt rückwärts und strich mir das Haar aus den Augen. Da hob er einen Finger und winkte mich zu sich. Langsam ging ich zu ihm, ohne mich nach Homer umzudrehen.

»Ein schöner Hirsch«, sagte er. »Haben Sie den geschossen?«

»Es ist ein Jungtier«, antwortete ich. »Ich jage nicht. Ein Wilderer hat ihn gestern nacht erlegt.«

»Wer ist der Wilderer?« fragte er, blickte über meine Schulter hinweg zu Homer und tippte an seinen Hut.

»Nein, da täuschen Sie sich«, sagte ich. »Die Leute sagen

ihm zwar sonst was nach, aber er würde nie ohne Genehmigung einen Hirsch schießen.«

»Ich heiße Montrose T. Coty«, stellte er sich vor, »aber alle nennen mich Monte.«

Ich schüttelte seine Hand.

»Sie werden überall nur ›Homers Freundin‹ genannt«, sagte er. »Ich möchte wetten, daß Sie auch einen richtigen Namen haben.«

»Da haben Sie recht«, antwortete ich.

Ich drehte mich um und schaute zu Homer rüber. Er vermaß gerade den am Haken hängenden Hirsch: Geweihlänge, Körperlänge, Körperumfang.

»Heute abend ist in Grass Range der Viehzüchter-Ball«, sagte Monte. »Vielleicht hätten Sie Lust, mit mir hinzugehen.«

Homer sah sich die erstarrten Augäpfel des Hirschs an. Dann öffnete er das Maul des Tiers und zog an der Zunge.

»Ich muß für Homer und David das Abendessen kochen«, sagte ich. »Schade. Es wird bestimmt lustig.«

Als wir zu unserem Blockhaus zurückfuhren, fragte mich Homer: »Was wollte der von dir?«

»Nichts«, antwortete ich, und nach kurzem Zögern fügte ich hinzu: »Monte hat mich gefragt, ob ich mit ihm zum Viehzüchter-Ball gehe.«

»Zum Viehzüchter-Ball?« fragte er. »Hört sich ja toll an! Was haben Viehzüchter auf einem Ball verloren? Können die überhaupt tanzen?«

Fast hätte ich mich von seinem Lachen anstecken lassen, doch dann fiel mir ein, wie gern ich selbst tanzte. Ich beobachtete mit Homer schon seit so langer Zeit Weißwedelhirsche, daß ich ganz vergessen hatte, wieviel ich für Tanzen übrig hatte. Und dann fing ich an zu überlegen, was ich sonst noch alles vernachlässigt hatte, seit ich mit Homer zusammen war.

Hatte ich nicht manchmal tagelang Musik gehört? Hatte ich mir nicht eine Zeitlang unbedingt ein Segelboot kaufen wollen? Brauchte ich nicht das Gefühl, aus dem Haus gehen und überall hin zu können, wohin ich wollte, oder alle möglichen Geräusche machen zu dürfen, wenn mir danach war?

Zuerst wollte ich Homer die Schuld geben, doch dann ging mir auf, daß es eher mein Fehler war als seiner. Ich hatte mir zwar die junge Frau in der Arbeitsbluse aus fester Baumwolle nicht aus dem Kopf geschlagen, aber in den letzten Jahren zugelassen, daß sie sich in eine andere verwandelte, und die lebte jetzt nicht mehr in meinem Bild. Das Bild, in dem sie lebte, gehörte, wie ich nun sah, jemand anderem.

»Und was hast du ihm geantwortet?« wollte Homer wissen.

»Daß ich dich fragen würde, ob du dir dein Abendessen nicht selbst machen kannst«, erwiderte ich.

Ich versuchte, mit Homer zu sprechen, bevor ich ging. Zuerst sagte ich ihm, es sei keine richtige Verabredung. Ich kannte Monte ja gar nicht und ich wollte nur hingehen, weil ich nicht wußte, ob ich jemals wieder Gelegenheit hätte, auf einen Viehzüchter-Ball zu gehen. Als er einfach nicht antworten wollte, gab ich mir einen Ruck und sagte, daß es vielleicht gar keine so schlechte Idee war, wenn ich mich in Zukunft öfters mit anderen Leuten traf. Daß wir vielleicht völlig verschiedene Vorstellungen hatten und beide einen Menschen finden mußten, der unseren Bedürfnissen besser gerecht wurde. Ich forderte ihn auf, mir seine Einstellung zu diesem Thema zu sagen, und nach längerem Nachdenken meinte er: »Tja, ich glaube, den ganzen Ärger in Panama haben wir Jimmy Carter zu verdanken.«

Den Rest des Tages verbrachte ich damit, mich für den Viehzüchter-Ball herzurichten. Ich hatte nichts mitgenommen außer Homers Tarnkleidung und Bluejeans, also blieb mir nichts anderes übrig, als mir bei David einen Rock zu leihen, den seine Ex-Frau zurückgelassen hatte, ein Paar Ausgehschuhe von der Hühnerfrau, die lächerlich aussahen und meine Füße riesengroß machten, und eine Weste, die Davids Großvater gehört hatte und in die Plains-Indianer ein Loch geschossen hatten.

Monte mußte schon früher in die Stadt, um Lebensmittel für die Ranch abzuholen, also fuhr ich mit seinen Freunden Buck und Dawn, die mir die ganze Fahrt über erzählten, was für ein Pfundskerl Monte war, daß er aus dem Rodeo-Geschäft ausgestiegen war, um auf solidere Weise ein Auskommen für sich und seine Frau zu finden, und daß sie ihn vor nicht mal sechs Monaten verlassen hatte, ohne sich von ihm zu verabschieden.

Sie erzählten mir auch, daß er mit einem Werbespot für Wrangler an einem Nachmittag zweitausend Dollar verdient hatte. Er war an seinem freien Tag in den Waschsalon gegangen, der Regisseur hatte ihn durchs Fenster gesehen, war zu ihm reingegangen und hatte gesagt: »He, Cowboy, hast du 'ne Stunde Zeit? Willst du dir mal eben zweitausend Dollar verdienen?«

»Unser Monte«, sagte Buck. «Das ist 'n ganzer Kerl.«

Nach anderthalb Stunden Fahrt auf einer Straße, die so holperig wie ein Waschbrett war, hielten wir vor dem Tanzsaal, der gleich am Stadtrand lag. Ich hatte mit dem Gedanken gespielt, den Cowboyhut aufzusetzen, den ich mir extra für meine Reise nach Montana gekauft hatte, aber jetzt war ich froh, daß ich mich dagegen entschieden hatte. Kaum waren wir drin, sah ich nämlich, daß nur die Männer Hüte, und zwar nur feine Ausgehhüte aufhatten. Die Frauen trugen hochhackige Schuhe und Strümpfe und hatten sich fast alle das Haar in großen, luftigen Locken aus dem Gesicht frisiert.

Wir entdeckten Monte an einem Tisch in der Ecke. Das erste, was er tat, war, mir ein rosa Ansteckbouquet zu schenken. Es bestand fast nur aus Rosen und hätte sich mit meiner rostfarbenen Bluse kaum stärker beißen können. Dawn steckte es mir an, und ich wurde rot, wahrscheinlich weil es mein erstes Ansteckbouquet seit zehn Jahren war. Eine kleine alte Frau mit Pfennigabsätzen beugte sich zu mir hin und sagte: »Da ist wohl jemand in Sie verliebt!« Sie sagte es so laut, daß Monte, Buck und Dawn es hören konnten.

Beim Abendessen wurde ein Film über Viehtreiber gezeigt. Nach dem Essen tanzte ein junges Paar mit viel Schwung herum und sang uns eine gute Stunde lang was über Rinder, das Leben auf der Ranch und den »hohen Himmel von Montana« vor, eine Phrase, die anscheinend jedem in Montana jederzeit auf der Zunge lag.

Nach dem Essen begann die Tanzerei, und Monte fragte mich, ob ich den Montana Twostep könnte. Er war gut dreißig Zentimeter größer als ich, und außerdem hatte er den Hut aufbehalten. Als wir uns auf der Tanzfläche gegenüberstanden, sahen meine Augen genau auf die Stelle, wo die Spitzen seines Seidentuchs zwischen den Hemdknöpfen auf seiner Brust verschwanden. Seine großen Hände wogen seltsam leicht auf mir, und meine Füße bewegten sich immer in die richtige Richtung, obwohl ich mich nicht einmal mehr an den Grundschritt des Twostep erinnern konnte.

»So ist's richtig«, sagte er in mein gescheiteltes Haar hinein. »Nicht nachdenken. Gehen Sie einfach mit meinen Bewegungen mit.«

Und wir bewegten uns miteinander, und unsere Drehungen wurden mit jeder Umrundung der Tanzfläche enger und enger. Die Lieder wurden schneller und unsere Schritte auch, bis für nichts anderes mehr Zeit blieb als für das Heben und Senken der Füße, für die leuchtenden Farben von Carmens häßlichem, herumwirbelndem Rock, für Atem und Schweiß und Rhythmus.

Ich war nun tiefer im Westen drin, als ich es je für möglich gehalten hätte, und unsere seltsamen, nahezu perfekt aufeinander abgestimmten Bewegungen auf der Tanzfläche sagten mir, daß ich die Frau eines Ranchers in Montana werden und Monte zu meinem Mann machen könnte. Zehn Jahre hatte ich gebraucht und eine unglaubliche Serie von Reinfällen erlebt, doch an diesem Abend glaubte ich, endlich dort angelangt zu sein, wohin ich immer gewollt hatte.

Die Band spielte bis zwei Uhr früh, und wir tanzten bis drei Uhr zu Musik aus der Jukebox weiter. Dann blieb uns nichts anderes übrig, als uns ins Auto zu setzen und uns auf die zweistündige Heimfahrt zu machen.

Anfangs unterhielten wir uns über Pferde. Das war logisch, weil es das einzige Thema war, das uns miteinander verband, aber wir blieben nur zwanzig Minuten dabei.

Ich versuchte rauszufinden, was er über Musik und Segeln dachte, aber wie das bei Cowboys eben so ist, war er zu höflich, um sich eindeutig zu äußern.

Dann sprachen wir über das Loch, das die Indianer in die Weste geschossen hatten, was ich für bare Münze nahm und was zum Teil der Grund war, warum ich sie trug.

Die restliche Zeit über schauten wir uns die Sterne an.

Ich hatte mir an diesem Abend ziemlich lange den Kopf darüber zerbrochen, was ich antworten sollte, falls Monte mich fragte, ob ich mit ihm ins Bett gehen wollte.

Als er dann zwischen unseren beiden Blockhütten hielt, sah er mich von der Seite an und sagte: »Ich würde Ihnen jetzt gern einen langen, dicken Kuß geben, aber ich hab den Mund voll Kautabak.«

Ich konnte Homer schon schnarchen hören, bevor ich an der Küche vorbeikam.

Teils, weil ich nicht mitansehen konnte, was für Blicke Homer und Monte sich zuwarfen, doch vor allem, weil ich es nicht ertragen hätte, Thanksgiving damit zu verbringen, läufige Hirschkühe zu beobachten, packte ich meine Siebensachen ins Auto und machte mich für die Rückreise nach Colorado fertig.

Am Morgen meiner Abfahrt sagte Homer zu mir, er hätte beschlossen, daß ich die Frau sei, mit der er den Rest seines Lebens verbringen wolle, und er hätte vorgehabt, in die Stadt zu fahren und einen Ring zu kaufen, sobald die Brunft vorbei wäre.

Er war lieb zu mir an meinem letzten Morgen auf der Ranch, er war so großzügig und aufmerksam, wie ich ihn noch nie erlebt hatte. Er packte mir in mein Lunchpaket Hühnersalat ein, den er selbst gemacht hatte, und dann ging er raus zu meinem Auto und fegte die paar Zentimeter Schnee weg, die über Nacht gefallen waren und uns eine erste Ahnung von Winter gebracht hatten. Er bat mich, ihn anzurufen, sobald ich in Fort Collins wäre, er sagte sogar, ich solle ein R-Gespräch anmelden. Aber ich habe das Gefühl, es ist eine der größten Finten des Lebens, daß es uns genau das gibt, was wir wollen, allerdings erst ein paar Wochen, nachdem wir aufgehört haben, es zu wollen. Deshalb konnte ich Homer nicht ernst nehmen, selbst wenn ich es versucht hätte.

Als ich mich von David verabschiedete, schloß er mich fest in die Arme und sagte, ich sei auf der Ranch jederzeit willkommen. Er sagte, er habe meine Gesellschaft genossen und meine verständnisvolle Art gemocht. Dann sagte er noch, mein Parfum gefalle ihm. Ich fragte mich, woher ich meinen Geschmack hatte, was Männer anging, ich fragte mich, wer mir beigebracht hatte, in puncto Männer so dämlich zu sein.

Ich wußte, daß Monte mit dem Pferd in den Hügeln unterwegs war, also steckte ich ihm einen Zettel an sein Auto, auf dem ich mich nochmals für den Tanzabend bedankte und schrieb, daß ich bestimmt wiederkommen würde und wir dann wieder tanzen gehen könnten. Ich setzte meinen Hut auf, den Monte nie zu sehen gekriegt hatte, fuhr los und ließ die Gebäude der Ranch hinter mir. Obwohl es mitten am Tag war, erspähte ich schon auf den ersten fünf Meilen sieben Hirsche, zwei davon Riesenexemplare, und selbst als ich abbremste, rührten sie sich nicht vom Fleck, sondern starrten einfach nur mein Auto an. Jetzt war der Höhepunkt der Brunftzeit, und sie waren genau, wie Homer vorausgesagt hatte: liebestoll und furchtlos wie Bären.

Rund eine Meile vor der Grenze der Ranch sah ich am Horizont etwas entlanggaloppieren, und zuerst glaubte ich, es sei eine Antilope, aber da Antilopen fast nie allein sind, hielt ich an und wartete ab. Als das Tier näherkam, erkannte ich, daß es ein Pferd war, ein großer Brauner mit Reiter, der in vollem Galopp auf mein Auto zupreschte.

Natürlich hätte es irgendeiner von den fünfzig Cowboys sein können, die auf der Ranch arbeiteten, aber ich habe gelernt, vom Leben mehr zu erwarten, und deshalb wußte ich in meinem Innersten, daß es Monte war. Ich stieg aus und wartete. Am meisten freute ich mich darüber, daß er meinen Hut nun doch noch sehen würde, doch gleichzeitig fragte ich mich, wie er wohl reagieren würde, wenn ich ihm sagte, daß ich abreiste.

Er blieb auf dem Pferd sitzen, und es schwitzte und zitterte so sehr, daß ich Angst hatte, es könnte tot umfallen, während wir miteinander sprachen.

»Geht's nach Hause?« fragte er.

Ich nickte und lächelte. Seine Cowboyhosen waren schweißdurchtränkt, die abgetragenen Lederhandschuhe ausgebleicht.

»Schreiben Sie mir?« fragte er.

»Klar«, antwortete ich.

»Glauben Sie, Sie lassen sich hier mal wieder blicken?« fragte er.

»Wenn ich wiederkomme, gehen Sie dann mit mir tanzen?« fragte ich zurück.

»Verdammt gute Idee«, sagte er, und sein Gesicht verzog sich zu einem breiten Lächeln, einem Lächeln, auf das ich mein Leben lang gewartet hatte.

»Dann werde ich wohl nicht lange wegbleiben«, sagte ich.

Er zwinkerte mir zu und gab dem Pferd die Sporen. Es machte einen kleinen Satz, bevor es losgaloppierte. Die Erde stob unter den Hufen des Pferdes weg, während es durch das bauchhohe Gras preschte. Ich lehnte mich an die Tür meines Autos und sah meinem neuen Cowboy nach, wie er davonritt, der Sonne entgegen, die schon tief am Himmel stand. Das Gras schimmerte, wie ich es in den Bergen noch nie gesehen hatte. Eine Minute lang glaubte ich, wir lebten zusammen in meinem Bild, aber er ritt zu schnell davon, als daß ich es mit Sicherheit hätte sagen können. Ich fragte mich, warum der Cowboy in meinem Bild immer wegfuhr. Ich fragte mich, warum ich sein Auto nicht einfach andersrum gemalt hatte, so daß mein Cowboy gerade nach Hause kam.

Es gibt da eine Geschichte über mich, die zwar nicht wahr ist, die ich aber erzähle, wenn ich jemanden kennenlerne. Sie handelt von einem Ritt auf einem mechanischen Bullen in einer Kneipe. In der Geschichte halte ich die ersten acht Schwierigkeitsgrade durch und werde erst beim neunten abgeworfen, nachdem ich mir den Daumen ausgerenkt und einen neuen Freund gewonnen habe, der einen Haufen Geld auf mich gesetzt hat. Ich habe die Geschichte einmal abends in einer Kneipe erzählt, und weil ich finde, daß sie gut klingt, erzähle ich sie immer wieder. Ich erzähle sie nun schon seit so vielen

Jahren, peinlich genau in allen Einzelheiten, daß sie mir wie eine Erinnerung vorkommt und ich mir selbst nur mit Mühe klarmachen kann, daß sie nicht wahr ist. Ich rieche den Rauch und den biergetränkten Teppichboden, ich höre die anfeuernden Zurufe der Männer. Ich sehe, wie die Lichter in der Kneipe verschwimmen und sich drehen, ich fühle den kalten eisernen Bullen zwischen meinen Schenkeln, fühle, wie der bunt bemalte Sattel gegen mein Steißbein prallt, und ich spüre das Erstaunen und den Schmerz, als ich mir den Daumen überdehne und loslasse. Es ist eine gute Geschichte, eine Geschichte, die meine Zuhörer fesselt, und obwohl ich mich sonst als krankhaft ehrlich bezeichnen würde, lasse ich mir diese kleine Lüge durchgehen.

Während ich Monte durch das hohe Gras davonreiten sah, dachte ich darüber nach, wie wir uns durch unsere Geschichten ein Bild von uns selbst entwerfen und mit solchen Geschichten Mauern um unser Leben errichten. Ich glaube, daß das auch auf mein Faible für Cowboys zutrifft und daß an meinem Spruch »Bei Cowboys werd ich schwach« nicht viel Wahres dran ist. Ich glaube, ich habe ihn mir in all den Jahren einfach nur angewöhnt.

Ich spürte, wie der Boden unter den Hufen erbebte, noch lange, nachdem Monte mit seinem weißen Hemd und dem schäbigen Hut mit der Sonne verschmolzen war. Erst als ich mir nicht mal mehr einreden konnte, das Beben zu spüren, stieg ich ins Auto und steuerte auf die Landstraße zu.

Die ganze Fahrt über nach Cody in Wyoming hörte ich Country-music. Die Männer in den Songs waren samt und sonders entweder brutal oder nichtssagend, und hinterher tat ihnen immer alles leid. Die Frauen waren Opfer, alle. Ich malte mir aus, wie ich wieder zur Ranch fuhr, um Monte zu besuchen, wie ich mit ihm wieder eine Nacht durchtanzte, eine

Nacht, in der ich mir eine unmögliche Liebe herbeiwünschte, wie sie in Countrysongs besungen wird, und ich dachte:

Das ist nicht mein Happy-End.

Das ist nicht meine Geschichte.

Deutsch von Carina von Enzenberg

Mark Leyner

Ich war ein unendlich heißer und dichter Punkt im Universum

Ich war gerade nach Las Vegas unterwegs, um meiner Schwester zu erzählen, daß Mutters Beatmungsgerät auf meinen Wunsch abgeschaltet worden war. Im Cabrio vor mir kratzten sich vier kahlköpfige Typen den Schorf von ihren sonnenverbrannten Glatzen und schnippten ihn auf die Straße. Ich mußte Schlangenlinien fahren, um den schleimigen Blutkrusten auszuweichen und nicht ins Schleudern zu geraten. So gut es ging, manövrierte ich meinen kompakten Korea-Import, war allerdings nicht ganz bei der Sache. Seit Tagen hatte ich nichts gegessen. Mein Magen knurrte gewaltig. Als ich oben auf einem Hügel angekommen war, sah ich aus dem Nebel plötzlich eine hell leuchtende Neonreklame auftauchen, die unentwegt an und aus ging. Sie verhieß FOIE GRAS UND HARICOTS VERTS NÄCHSTE AUSFAHRT. Ich befragte meinen Reiseführer, in dem stand: *Ausgezeichnete Küche, feindselige Atmosphäre.* Ich hatte mich die ganze Zeit mit einem illegalen Wachstumshormon gedopt, das aus der Hypophyse menschlicher Leichen stammte und fühlte mich, als würde ich gerade in einem Haufen Scheiße ertrinken, aber die Aussicht auf ein gutes Essen hob meine Laune schlagartig. Ich fragte die Bedienung nach der *soupe du jour.* Es gab Ursuppe – bestehend aus Ammoniak und Methangas, unter Blitzgewitter mit Meerwasser gemischt. Oh, ich nehme eine Terrine von dieser embryonalen Brühe, sage ich, weil Gier mal wieder über Genügsamkeit siegt. Aber sobald die Bedienung verschwindet, geht meine Stimmung in den Keller. Das Ambiente ist doch eine Nummer zu feindselig. Rausschmeißer drangsalieren ein paar Minderjährige, die Drinks bestellen wollen. Statt sich einfach ihre Ausweise zeigen zu lassen, führen sie Radiokarbontests mit ihnen durch und versuchen, ihr Alter durch die C14-Methode zu bestimmen. Außerdem sitzt am Nebentisch noch ein kleiner Klugscheißer von Texas A & M, der frisch gemahlenes Vivil zu seinen Fettuccine verlangt, und zwei Kellner spielen ihm mit knüppelgroßen Pfeffermühlen ziemlich übel mit; also gehe ich direkt zum Wagen zurück, kämme mir – ganz der alte Narziß – mit Blick in den Rückspiegel mein tintenschwarzes Haar und schlage im Reiseführer nach. Gleich in der Nähe gibt es ein Gasthaus, Little Bo Peep's, ausgewiesen als Stammkneipe von Schäfern. Wenn sie den ganzen Tag gehütet, geschoren, Panflöte gespielt, die Musen angerufen und in Schäfergedichten Konversation getrieben haben, ist es Zeit für ein Bierchen, und Bo Peep's ist gerammelt voll mit diesen Naturburschen, die ihre Herden und das sonnendurchflutete, idyllische Arkadien verlassen haben, um sich dem prickelnden Charme einer geballten Ladung Soziallebens hinzugeben. Die beliebteste Kellnerin hier ist zweifellos Kikugoro. Sie trägt einen blaßblauen Kimono und einen Brokat-Obi aus Gold- und Silberchrysanthemen, in dessen Falten ein zierlicher Fächer steckt. Ihr Gesicht ist angemalt und porzellanweiß gepudert. Ein Cowboy, der aus dem Süden über die Grenze gekommen ist, bestellt einen »Biggu Makku«. Aber Kikugoro sagt: »Wir sind hier nicht in Makudonarudo«. Sie nimmt ein langes, zylinderförmiges Stück kristallinen Galliumarsenids und schneidet eine dünne Scheibe ab, die sie ihm mit Sojasauce, Wasabi, eingelegtem Ingwer und Daikon serviert. »Leitet Elektronen zehnmal schneller als Silikon ... schmecken gut, Gaucho-*san*, du essen«, sagt sie und verneigt sich.

Meine Schwester ist der wundervolle Tag. Oh wundervoller Tag, meine Schwester, putz mir die Nase, wickle mich in frisch duftende Gewänder. Ich nähre mich an der stahlharten Brustwarze des wundervollen Tages, in langen Zügen trinke ich die Milch des wundervollen Tages, und zum erstenmal seit 1956 setzte ich an der Schulter des wundervollen Tages ein breites Grinsen auf. Oh wundervoller Tag, wasche mich in deinem See aus wolkenlosem Azur. Ich habe mir eine Überdosis Fernsehen verabreicht, bin blausüchtig und nicht ansprechbar, erwecke mich durch deine Schauer eisigen Lichts und führe mich über deine Piazza aus anmutigen Fliesen der Zeit. Oh wundervoller Tag, küß' mich. Dein Mund ist wie Columbus Day. Du bist das Menthol des Herbstes. Meine Lungen können ihren Durst auf dich nicht löschen. Hol mich wieder ins Leben zurück – nie werde ich deine belebenden Gase ausatmen. Fülle mich mit ihnen, damit ich zum Himmel emporsteigen und die monotone Landschaft meines Daseins betrachten kann. Oh wundervoller Tag, meine Schwester, putz mir die Nase und schmücke mich mit deinem Prunk. Laß uns im Freien dinieren. Deine Club-Sandwiches sind aus Laub und Wind, parfümiert mit Druckerschwärze. Deine kunstvoll geschnitzten Zahnstocher sind die Laubbäume vergangener Schultage.

Ich war ein unendlich heißer und kräftiger Punkt im Universum. So beginnt die Autobiographie eines in der Wildnis ausgesetzten Kindes, das von riesigen, gespenstischen Puppen großgezogen wurde. Eine Autobiographie, die es mit Gewichten an den Handgelenken schrieb. Sie endet mit den Worten: Ein Auto durchquert eine Pfütze aus Sperma, Schweiß und Verhütungsschaum und fährt den riesigen Reiskloß von Aufpasser aus Hong Kong zu Matsch. Drinnen schlafen zwei hirnlose Sardinen in Senfsoße in der ranzigen Dunkelheit ihrer Dose. Plötzlich werden die zwei Schwingtüren aufgestoßen und ein Cyborg unbestimmter Form kommt herein, zückt blitzschnell einen 35-Pfünder von Phallus aus rostfreier Messinglegierung und fängt an, ihn mit halb geschlossenen Augen träge zu streicheln. Der Riesenschwanz hat eine Epidermis aus Metalloxyd, die auch für submikronale Mengen petrochemischer Flüssigkeiten durchlässig ist. Er kann vom Unkrautvertilger über Schwefelsäure bis zu flüssigem Teer alles verspritzen, was ihr euch vorstellen könnt. Hinten in der Bar sitzt eine Frau, die für ihr Gedicht in Schallplatten-Länge über atypische Beweglichkeit des Kiefergelenks (ABK, vulgo: temporäre Maulsperre) einen Grammy in der Kategorie des am besten artikulierten Hörbilds gewonnen hat. Sanft langsam rituell massiert sie ihre Klitoris mit Kupferhexafluoroacetylacetat und betrachtet dabei den Kraftprotz mit den un-euklidischen Gesichtszügen, der eine Ladung dehydrierten Äthylbenzols 3.900 Meilen Richtung arktisches Archipel schießt, welches schließlich auf einen Fjord in der Buffin Bay niederregnet. Draußen fällt ein Basketball vom Himmel und erschlägt einen Hund. Auf einem Rummelplatz, umringt von einem Haufen unterbelichteter Teenager, schwingt ein riesiger, stark behaarter Mann im schlammverkrusteten Overall mit muskulösen Armen voller Narben einen Holzhammer über seinem Kopf und drischt ihn schließlich mit aller Wucht auf einen Tofuburger, der auf einem Pappteller mit Blumendekor liegt. Eine Eidechse leckt den Tau vom Staubgefäß eines verkümmerten Krokusses. Über den Köpfen telekinetischer Bauarbeiter schweben Nieten und Tragbalken. Aus einem verborgenen Winkel des Waschsalons dringt die brünftige Stimme Barry Whites. Während ich – gulp gulp – ein Glas milchig weißes, verseuchtes Leitungswasser in einem Zug austrinke, wird mir bewußt, daß gerade sämtliche Gedanken aus meinem Hirn abgezogen werden. Statt dessen füllt es sich mit den Überzeugungen des missionseifrigsten, selbstbewußtesten ausgesetzten Kindes, das je von riesigen, gespenstischen Puppen großgezogen wurde. Ich bin die Stimme ... die Stimme aus dem Jenseits und die Stimme aus deinem Inneren – kannst du mich hören? Ja. Ich spreche zu dir, zu dir allein – ist das klar? Ja, Meister. Zu wem spreche ich? Zu mir, zu mir allein. Ist »glücklich« die richtige Bezeichnung für jemanden, der ständig das Gefühl hat, bei lebendigem Leib abwechselnd gehäutet oder zu Tode gekitzelt zu werden? Nein, Meister.

Zusätzlich zu dem Wachstumshormon aus der Hypophyse von Leichen habe ich mir anabole Steroide verabreicht, dazu regenerative Substanzen wie Fibrin und Kollagen, Immunfaktoren zur Stimulation des Granulozytenwachstums (IStGZW) – eine Substanz zur verstärkten Bildung lebenswichtiger Blutzellen bei Strahlungsopfern – und ein Nasenspray mit Neuropeptiden, das die Ausschüttung pituitärer Hormone erhöht. Ich wuchs permanent und mußte Unsummen für Nahrungsmittel ausgeben. Um an Geld zu kommen, nahm ich schließlich an einer Quizsendung im Fernsehen teil. Hier die Frage, bei der es um 250.000 Dollar bar auf die Kralle oder Preise im selben Wert ging: Wenn der Pazifische Ozean mit Gin gefüllt wäre, welcher See müßte dann aus Wermuth bestehen, damit man das richtige Verhältnis für einen trockenen Martini erhielte? Ich sagte der Ontario See – aber die Antwort war das Kaspische Meer, das zwar Meer heißt, aber der Definition nach ein See ist. Ich hatte versagt. Ich hatte Schande über meine Familie gebracht und die Kung-Fu-Meister des Shaolin-Tempels entehrt. Ich sandte unheilvolle Blicke ins Publikum, das etwas sang, was wie »Dumpfbacke« klang.

Ich sitze in meinem Auto. Ich bin völlig high, dank Sinutab. Und ich fahre überall hin. Von einem gegebenen Punkt aus verläuft der Vektor meiner Bewegung isotrop – das heißt, ich steuere alle Richtungen mit derselben Wahrscheinlichkeit an. Am Ende lande ich in einer dreckigen, kleinen Spelunke irgendwo in Vegas, vielleicht auch in Reno oder Tahoe. Keine Ahnung ... jedenfalls: hier treffe ich sie. Schwer zu sagen, ob sie ein Mensch ist oder zur fünften Generation von Androiden mit weiblichen Formen gehört. Ist mir auch egal. Ich zerbreche eine Pheromonampulle und lasse die Sexuallockstoffe quer durch die Bar wabern, während ich an meinem Drink nippe, einem Methylisocyanat auf Eis. Methylisocyanat ist die Substanz, die mehr als 2000 Menschen das Leben kostete, als sie in der indischen Stadt Bhopal austrat, aber dank Hanteltraining, Aerobic und einer fettarmen, ballaststoffreichen Ernährung hat das Zeug auf mich keine Wirkung. Prompt kommt sie an meinen Tisch geschlendert und setzt sich neben mich. Nachdem wir ein paar Minuten geschwiegen haben, starte ich den ersten Annäherungsversuch: Wir sind alle verkappte Psychoten, schon mit zwei Jahren waren wir nichts anderes, sage ich und spucke einen Eiswürfel zurück ins Glas. Sie rückt näher an mich heran. Aus dieser Distanz erinnern mich die flaumigen, wimpernähnlichen Haare, die von ihrem Nabel abwärts rinnen, an den fraktalen Farn, der entsteht, wenn man gefärbtes Wasser in eine Polymerlösung spritzt. Ich sage ihr das. Sie blickt mir in die Augen: Du hast genau das Ausdrucksvermögen, den oberflächlichen Charme, den Schwulst, die Unschuld, die seichten Gefühle, die Impulsivität und den Mangel an realistischen Zukunftsplänen, die mich im Augenblick anmachen, sagt sie, und rückt noch ein Stückchen näher. Wir ernähren uns von denselben Beutetieren, knurre ich. Meine Lippen sind nun eine Ångström-Einheit von den ihren entfernt, also das Zehnmilliardstel eines Meters. Ich versuche, sie zu küssen, aber sie dreht den Kopf zur Seite. Kriegen brave Jungs, die ihr ganzes Gemüse gegessen haben, keinen Nachtisch? Frage ich. Ich kann dich nicht küssen, wir sind eineiige Replikanten – wir haben 100%

unseres Erbguts gemeinsam. Mir schwirrt der Kopf. Du bist der wundervolle Tag, rufe ich, dein Atem ist ein Westwind mit Eukalyptusduft, der im pas de bourrée über den See Genezareth tanzt. Danke, sagt sie, aber wir können nicht zu mir gehen und miteinander schlafen, weil der Ältestenrat den Inzest zwischen Eineiigen verboten hat. Und wenn ich sagen würde, daß ich das ändern kann … Wenn ich sagen würde, daß ich ein Minigewehr besitze, das Genfragmente in die Zellen lebender Organismen schießen kann, wodurch deren genetische Matrizes so verändert werden, daß eineiige Replikanten nicht länger eineiige Replikanten wären, und daß sie dann mit einem Muskelprotz ins Bett steigen könnte, ohne das Inzest-Tabu zu brechen, sage ich und knöpfe mein Hemd auf und zeige ihr das Schießeisen, das ich in den Bund meiner schwarzen Jeans gesteckt hatte. Wie bist du da dran gekommen? keucht sie und betrachtet verzückt den dicken, faserverstärkten Plastiklauf und das Magazin mit dem aufgeprägten Uzi-Biotech-Logo, das mit zwei Patronen tiefgekühlter, manipulierter DNS geladen war. Es war ein Weihnachtsgeschenk … Noch irgendein letztes Wort, bevor ich deine Chromosomen aufmische, sage ich, und ziele. Ja, sagt sie, du zuerst. Ich richte den Lauf auf mein Herz. Hier meine letzten Worte: als ich aus dem Uterus meiner Mutter kroch, hatte ich die Größe eines Würfels Hühnerbrühe, und mein Vater sagte zum Geburtshelfer: Mir ist schon klar, daß es jetzt noch zu früh ist, seine Chancen für eine produktive Zukunft vorherzusagen, aber wenn er für den Rest seines Lebens auf dem Entwicklungsstand eines vier Gramm schweren Kubus bleibt, dürfte Euthanasie die sicherste Lösung sein. Aber Mutter, noch vor Millisekunden von den Schmerzen der Wehen gebeutelt, hatte bereits ihr geblümtes Sackkleid mit den Rüschenärmeln und ihre Espadrilles übergestreift und qualmte eine Marlboro: Kein pickeliger Blödmann, der vor gerade mal zwei Monaten aus Guadalajara rübergekommen ist, wird dieses hilflose, kleine Hexaeder in eine Tasse kochendes Wasser werfen, sagte sie, während einer völlig verzweifelten Krankenschwester das akrobatische Kunststück gelang, eine Nierenschale unter das lange Aschenende von Mutters Zigarette zu schieben, die sie in einem einzigen, wütenden Zug bis zum Filter runtergeraucht hatte. Hier meine letzten Worte: Die Angst, rumgeschubst und gedemütigt zu werden, habe ich seit einem Vorfall, der sich vor vielen Jahren in einem Diner zutrug. Ein Mann von 500 Pfund, der neben mir am Tresen saß, versuchte gerade zu beweisen, daß eine bestimmte Marke von Küchenpapier saugfähiger war als eine andere. Sein Gesicht war angeschwollen und voller hektischer, roter Flecken. Er kippte mein Glas Schokomilch auf den Tresen und wischte die Sauerei erst mit dem einen, dann mit dem anderen Küchenpapier auf. Mit jeder Wischbewegung holte sein riesiger, zerfurchter Arm immer weiter aus, bis er mir schließlich seine flache Hand und das vollgesogene Papier immer wieder vor die Brust klatschte. Er schlug ohne Unterbrechung immer im selben Rhythmus auf mich ein. Und statt daß die übrigen Stammkunden am Tresen mir geholfen hätten, mußte ich auch noch ihren Spott, ihr hämisches Gelächter über mich ergehen lassen. Aber schau, was aus mir geworden ist! Ich bin ein schrecklicher Gott. Wenn ich den Wald betrete, erbleichen die gewaltigsten Eichen und fangen an zu zittern. Alles Rascheln, Zwitschern, Knurren und Summen verstummt, plätschernde Bächlein schweigen. Das liegt an meinem eindrucksvollen Muskelspiel … ich verdanke es endloser Schinderei im Sportstudio und einem strengen Diätplan, den ich eisern einhalte. Wenn ich den Wald betrete, verlieren alle Vögel vor Angst die Kontrolle über ihren Schließmuskel, und die Scheiße regnet in Strömen aus den Bäumen. Und ich marschiere mitten durch – mein Pfeifen klingt, als würde ein Irrer mit einem blutgetränkten Kopfverband in eine Querflöte blasen, bis das Trommelfell platzt. Sonnenstrahlen, zerrissen in einzelne, flammende Vektoren, strahlen mich an: ein schimmerndes, gezacktes Monster!

Deutsch von Andrea Best

Jess Mowry

Crusader Rabbit

»Du könntest mein Vater sein.«

Jeremy stand bis zur Hüfte im Müllcontainer, knietief im Abfall, die Arme bis zu den Ellenbogen dreckverschmiert vom Rumwühlen, und warf drei Bierdosen auf den buckligen Asphalt.

Raglan stellte sie in einer Reihe auf, Ringverschluß nach unten, und trat sie unter seinem verschlissenen Nike-Turnschuh zu flachen Scheiben, dann warf er sie zu den anderen in den halbgefüllten Leinensack. Schließlich richtete er sich auf und musterte den Jungen im Müllcontainer. Es war nicht das erste Mal. »Yeah. Könnte ich sein.«

Jeremy machte keine Anstalten herauszuklettern, obwohl der Gestank, in dem er stand, ihn wie eine braun-grüne Wolke zu umgeben schien und emporstieg wie die schimmernden Hitzegeister aus den Deckeln der anderen Müllcontainer in der engen Gasse. Der Junge trug nur zerlumpte Jeans, die großen Airwalks an seinen nackten Füßen waren irgendwo unten vergraben, und sein drahtiger, staubfarbener Körper glänzte vor Schweiß.

Nicht zum erstenmal dachte Raglan, daß Jeremy ein schönes Kind sei; dreizehn, kleine Muskeln, die sich unter der straffen Haut abzeichneten, große Hände und Füße wie die Pfoten eines Welpen, und ein schwarzer Wuschelkopf. Ein Ring blitzte golden und grell in seinem linken Ohr, und ein rotes schweißgetränktes Tuch hing locker um seinen Hals. Seine Augen leuchteten wie Obsidian, waren aber jetzt geschlossen, die Augenringe darunter verblichen, und seine Zähne blitzten stark und weiß, während er keuchte.

Raglan hätte eine größere Ausgabe des Jungen sein können, doppelt so alt, was man aber nur an der Größe sah, und ohne Ohrring. Auf seiner Brust war ein alter Messerschnitt; ein tiefer, mit einer hohlen, wulstigen Narbe.

Der Morgennebel von Oakland war schon vor Stunden verdunstet und hatte die Gasse kochend in Teer und fauligem Gestank zurückgelassen, aber Raglan keuchte und schwitzte nicht. Drei Container mußten noch durchstöbert werden, und die Recyclingstelle am anderen Ende der Stadt würde bald schließen, aber Raglan fragte: »Willste eine rauchen?«

Jeremy beobachtete durch die gesenkten Lider, wie sich Raglans Augen veränderten ... nicht, daß sie weicher wurden, sie wanderten vielmehr Lichtjahre weit weg. Jeremy zögerte, während seine langen Finger den rostigen Rand des Müllcontainers immer wieder umklammerten und losließen. »Yeah ... nein. Ich denke, es wird Zeit für mich.«

Seine Bewegungen waren steif und ungeschickt, als er herauszuklettern versuchte, und der Müll zog naß an seinen Füßen. Raglan nahm den Jungen, der glitschig war wie ein Seehund, unter den Armen und hob ihn über den Rand. Der Junge stank, aber das kam hauptsächlich daher, daß er den ganzen Tag gewühlt hatte. Zusammen gingen sie zurück zum Lastwagen.

Es war ein alter Chevy, Dreivierteltonner, so verrostet und zerbeult wie die Müllcontainer. Er hatte Bordwände aus splittrigem Sperrholz. Das Führerhaus war vollgestopft mit Zeugs, für Selbstversorger ausgerüstet wie ein Landrover auf Safari oder eine Raumkapsel. Sogar jetzt noch, nach zwei Monaten, überraschte es Jeremy manchmal, was Raglan unter dem Sitz oder aus dem Haufen Durcheinander über dem Armaturenbrett hervorholte … Toilettenpapier, Comics oder eine 45er Automatik. Raglan leerte den Inhalt des Leinensacks in eine beinahe volle Mülltonne auf der Ladefläche, lehnte sich dann gegen den hinteren Kotflügel und begann, sich eine Zigarette aus Bugler Tabak zu drehen, während Jeremy die Tür öffnete und seinen abgenutzten alten Erste-Hilfe-Kasten unter der Fußmatte hervorholte. Die Hand des Jungen zitterte leicht, aber er versuchte, sich Zeit zu lassen, als er seine Sachen auf dem Trittbrett ausbreitete: eine kleine steinerne Flasche, aber mit grau-braunem Pulver am Boden statt der Crack-Kristalle, einen Wattebausch, Kerzenstummel, einen verrußten Löffel und eine Spritze, deren Spitze durch ein Stück Styropor geschützt war. Auf dem Boden des Führerhauses, beim Schalthebel, stand eine große Plastikflasche aus einem billigen Drugstore, die einmal »frisches Quellwasser aus klaren Bergströmen« enthalten hatte. Raglan füllte sie gewöhnlich an den Wasserschläuchen von Tankstellen auf, und das Wasser schmeckte immer nach Gummi. Jeremy nahm auch sie heraus.

Raglan drehte seine Zigarette zu Ende, zündete sie mit einem Bic an und gab das Feuerzeug dem Jungen, dann fing er an, eine neue zu drehen, während er rauchte. Seine Augen waren immer noch weit weg.

Während er herumhantierte, schaute Jeremy zwischendurch einmal auf. »Ich weiß deinen alten Namen. Hab ihn auf deinem Führerschein gesehen. Warum wirst du Raglan genannt?«

Der Rauch rieselte langsam aus Raglans Nasenlöchern. Er lächelte beinahe. »Mein Dad hat irgendwann angefangen, mich so zu nennen. Es soll aus irgend 'nem alten Comic sein, als er noch klein war. Crusader Rabbit. Hab nie so 'n Heft in der Hand gehabt. Der Freund des Hasen war ein Tiger. Raglan T. Tiger. Vielleicht war's so was wie die Ninja Turtles … erlebten Abenteuer, und so. Das is lange her.«

»Ach so.« Jeremy setzte sich auf das Trittbrett, mit dem

Rücken gegen die Seite der Ladefläche. Er wickelte einen Streifen Schlauch von einem alten Autoreifen um seinen Arm. Es war schwierig, es einhändig hinzukriegen. Er schaute wieder auf. »Äh …«

»Okay.« Raglan kniete sich hin und zog den Streifen fester an. Seine Augen waren wieder ganz weit weg, weder achtete er darauf, noch schaute er beiseite, als der Junge die Nadel einführte. »Du hast gute Venen. Deine Muskeln drücken sie richtig raus.«

Jeremy kaute auf seiner Lippe. »Früher hab ich immer daneben gestochen … lange her. Und manchmal hab ich mittendurch gestochen.«

»Yeah. Is' mir auch passiert. Lange her.«

Der schlanke Körper des Jungen war einen Moment lang angespannt, dann lehnte er sich locker und mit einem Seufzer gegen die Ladefläche, die Augen geschlossen. Aber beinahe sofort öffneten sie sich wieder und suchten nach denen Raglans. »Jetzt macht es mich nur noch normal.«

Raglan nickte, reichte Jeremy die andere Zigarette und zündete das Feuerzeug an.

»Yeah. Bei zwei am Tag is' das alles.«

Jeremy zog den Rauch ein, hielt ihn lange an, dann blies er ihn in Ringen aus. »Nächste Woche wird's nur noch einer sein.« Er schaute fest in Raglans Augen. »Wird ganz schön arg werden, hm?«

»Yeah.«

»Hm, und wann hört man auf, es zu wollen?«

Raglan stand auf, schnappte sich die Flasche und nahm ein paar Schlucke. Verkehr rumpelte vorne an der Gasse vorbei, und die Abgase strömten von der Straße herein. Fliegen summten in Schwärmen über den Müllcontainer. Eine Ratte wischte vorbei, ohne es besonders eilig zu haben. »Wenn du beschließt, daß dir was anderes wichtiger ist.«

Jeremy begann, seine Sachen wegzuräumen. Die kleine Flasche war leer. Die meisten Dosen von heute würden für eine neue morgen draufgehen. »Du mußt mein Vater sein, Mensch. Sonst wär' dir das doch scheißegal, oder?«

Raglan warf seine Zigarette auf den Gehsteig, schnappte sich den Sack von der Bordwand und ging auf die anderen Müllcontainer zu. »Ich weiß nicht.« Er hätte hinzufügen können, daß der Junge keine Woche mehr zu leben gehabt hätte, als er ihn auflas ... Typen in Jeremys Alter würden das für ›geil‹ halten ... fast etwas, womit man prahlen konnte. Warum? Weiß der Teufel. Raglan wußte nicht mehr viel davon, wie es ist, wenn man dreizehn ist, aber daran erinnerte er sich genau.

Eigentlich hatte es wenig Sinn, die übrigen Container noch durchzustöbern; es war die schlimmste Gegend der Stadt, und der Müll von armen Leuten war erbärmlich ... alles bereits bis auf die Knochen abgenagt, verrostet oder verrottet oder hoffnungslos zusammengeschlagen, und nicht das geringste von Wert darunter. Jeremy folgte ihm, er bewegte sich wieder wie ein Kind.

Ein paar Schritte voraus riß Raglan einen Deckel so schwungvoll auf, daß er gegen die rußige Ziegelwand knallte. Fliegen stoben in Schwärmen davon. Einen Moment lang schaute er nur auf das, was oben auf dem Müll lag. Er hatte so was schon früher gesehen, aber das war etwas, woran er sich nie gewöhnt hatte. Seine Hand bewegte sich auf Jeremys Schulter zu, um den Jungen zurückzuhalten.

Aber Jeremy sah das Baby trotzdem.

»Oh ... Gott.« Es kam als Seufzer raus. Jeremy drückte sich eng an Raglan. Raglan legte seinen Arm um ihn. »Ich hab davon gehört ... die anderen Typen reden manchmal darüber. Aber ich hab mir nie vorgestellt ...« Die dunklen Augen fanden die Raglans. »Warum so was?«

Raglans Augen waren wieder weit weg, richteten sich auf

den kleinen, honigbraunen Körper, die perfekten kleinen Finger und Zehen, den ganzen wunderschönen Jungen, ohne ihn wirklich wahrzunehmen. »Ich weiß auch nicht.«

Jeremy schluckte. »Was machen wir denn jetzt?«

Raglans Augen wurden hart. Erst dachte er an die Bullen und die üblichen Fragen, dann an einen einfachen Anruf von einer Telefonzelle aus. Da war eine bei der Recyclingstelle; das wäre das beste. Die Zeit wurde knapp. Der Tank des Chevy war zwar fast voll, aber sie mußten noch was zu essen kaufen und Jeremys Dosis, und die Büchsen waren für sie das einzige Bargeld. Trotzdem sagte er: »Was willst du tun?«

Jeremy schaute noch mal auf das Baby. Automatisch scheuchte er die Fliegen weg. »Was machen sie ... mit ihnen?« Er drehte sich zu Raglan um. »Ich meine ... gibt's da so 'ne Art kleinen Sarg ... und Blumen und so?«

Raglan nahm seinen Arm von dem Jungen weg. »Sie werden verbrannt.«

»Nein!«

»Die, die sie finden. Manchmal kommen sie einfach auf die Müllhalde, und die Bulldozer vergraben sie. Du warst ja schon auf der Müllhalde.«

»Nein! Verdammt! Halt's Maul, du Wichser!« Jeremys Fäuste ballten sich, dann schoß eine Hand zu seiner Hosentasche, in der er sein Schnappmesser trug.

Raglan schwieg eine Weile, die Augen auf etwas weit jenseits der zerbröckelten Ziegel und des Betons gerichtet. Schließlich legte er seine Hand wieder auf Jeremys Schulter. »Okay.« Er ging zurück zum Lastwagen. Jeremy beobachtete ihn von der Seite des Müllcontainers aus und scheuchte die Fliegen weg.

Raglan blieb an der Ladeklappe stehen. Hinter dem Führerhaus lag eine alte Leinenplane. In nebligen oder regnerischen Nächten breitete er sie über die Bordwände aus, so daß sie ein Dach bildete. Er könnte ein Stück davon abreißen …

Raglan erinnerte sich an eine Nacht die Woche zuvor. Sie hatten den Lastwagen in einer dunklen und ruhigen Seitenstraße in der Nähe von einem Schrottplatz geparkt. Es war neblig gewesen, und die Plane bildete ein gemütliches Zelt, unter dem sie Decken ausgebreitet hatten. Er war mit der Flasche losgezogen, um Wasser für den Kaffee am nächsten Morgen zu holen. Er war erst kurz vor Mitternacht zurückgekommen und kurz vor dem Lastwagen stehengeblieben. Die Federn hatten leise in einem bestimmten Rhythmus gequietscht. Er lächelte in die neblige Dunkelheit und erinnerte sich an den Blick des Jungen ein paar Stunden zuvor, als sie an ein paar dreizehn- oder vierzehnjährigen Mädchen vorbeigefahren waren, die an einem Rasensprenger gespielt hatten. Sie hatten nur kurz abgeschnittene Shorts angehabt und nasse, enganliegende T-Shirts. Raglan hatte gewartet, bis alles ruhig war im Lastwagen, und dann diesen nassen erdigen Geruch in der Nachtluft wahrgenommen … den Geruch des Lebens. Es war ein gutes Zeichen.

Salziger Schweiß brannte nun in Raglans Augen, und er blinzelte in das brutale Sonnenlicht, das zwischen den Gebäuden herunterbrannte. Die Plane war ölverschmiert und stank. Er ging um das Führerhaus herum und zog eines seiner zwei schwarzen T-Shirts hinter dem Sitz hervor.

Der alte Chevy war ein Laster für die Stadt … für die Innenstadt, und seine Fahrten mußte man in Blocks rechnen, nicht in Meilen. Er rußte stark, die Heizung leckte, und die Reifen waren völlig abgefahren. Im rechten vorderen Kotflügel waren zwei Einschußlöcher. Aber jetzt schaffte er mit Hängen und Würgen 90 Stundenkilometer, ratterte zuerst über die Bay Bridge nach San Francisco hinein, dann über die Golden Gate nach Norden. Er hatte einen Radiokassettenrecorder, alt und ohne Knöpfe … Stereoanlagen ohne Knöpfe wurden fast nie gestohlen, weiß der Teufel warum … aber Jeremy schaltete ihn jetzt nicht ein und spielte auch nicht seine Lieblingskassette. Schweigend rollte er Zigaretten für Raglan und sich selbst und versuchte, nicht an das kleine Bündel da hinten zu denken. Sogar als Raglan in der Nähe von Novato die Autobahn verließ und auf einer engen zweispurigen Landstraße nach Westen fuhr, starrte der Junge nur durch die verschmierte Windschutzscheibe, ohne etwas zu sehen, die Augen jetzt wie die Raglans, obwohl sich offene Landschaft mit grünen Hügeln vor ihnen ausbreitete.

Es war früher Abend, das goldene Sonnenlicht fiel schräg ein, als Raglan abbremste und die Straßenseiten vor ihnen mit Blicken absuchte. Die Luft war frisch und sauber, roch nach Dingen, die lebendig waren und wuchsen, und schmeckte nach dem Ozean, der irgendwo in der Nähe war. Da war eine ungeteerte Straße, nicht mehr als zwei parallele Spuren mit einem Streifen Gras und gelbem Löwenzahn dazwischen. Sie führte auf weitere niedrige Hügel zu, durch Felder mit hohem Gras und den bunten Blüten von wildem Senf. Raglan lenkte den Lastwagen vom Asphalt herunter, und sie bewegten sich langsam im dritten Gang auf die Hügel zu. Jeremy beobachtete, wie die Felder vorbeizogen, dann drehte er sich zu Raglan um. »Warste hier schon mal?«

»Lange her.«

»Ich … hab gar nicht gewußt, daß es so was gibt, echt … ohne Menschen und Autos und Zeugs. Es … gefällt mir.«

»Yeah.«

Die Straße führte in eine kleine Schlucht zwischen den Hügeln, und ein winziges Flüßchen floß schäumend heran. Eine Weile folgte die Straße dem sprudelnden Wasser, dann bog sie ab und wand sich nach oben, und der Lastwagen brummte im zweiten Gang hoch. Die Straße wurde schmaler, als sie weiter hinaufführte, und endete schließlich genau auf der Spitze des

Hügels. Raglan hielt an und machte den Motor aus. Ungefähr dreißig Meter weiter vorn viel eine Klippe zum Meer hin scharf ab, das irgendwo unten gegen die Felsen brandete und widerhallte.

Jeremy schien zu vergessen, warum sie gekommen waren. Er rannte zum Rand der Klippe, wie es jeder Junge gemacht hätte, so nah wie möglich, dann stand er einfach da und blickte hinaus aufs Meer.

Gegen die Motorhaube gelehnt, schaute Raglan zu ihm hinüber.

Der Junge streckte seine Arme einen Moment lang weit aus, den Kopf zurückgeworfen, dann blickte er hinunter auf seine schmutzigen Jeans und Schuhe. Raglan schaute noch einen Augenblick hin, während sich der Junge auszog und nackt vor dem Meer und der Sonne stand. Dann ging er zur Ladeklappe. Eine alte viereckige Zementschaufel und ein Set Armeewerkzeug zum Ziehen von Schützengräben, das er benutzte, um Bauplätze aufzuräumen, lagen da.

Jeremy kam zu ihm, schweigend, aber mit funkelnden Augen. Raglan sagte nichts, doch er lächelte kurz, bevor er die Schaufel und das kleine Bündel nahm. Jeremy zog seine Jeans wieder an und folgte dem Armeewerkzeug.

Das Gelände stieg weiter vorne noch einmal zu einer Kuppe an, von der aus man das Meer sah. Sie kletterten hinauf. Raglan zerschnitt mit seiner Schaufel die dicke, süßriechende Erde in Blöcke, dann gruben sie beide. Die Sonne war beinahe verschwunden, als sie fertig waren, und obwohl die Luft abkühlte, glänzte Jeremy wieder vor Schweiß. Aber er pflückte ein paar von den wilden Senfblumen und dem Löwenzahn und legte sie auf den kleinen Erdhügel.

Weit draußen auf dem Wasser wurde die Sonne immer größer und röter, als sie sank. Raglan machte in der Nähe des Lasters ein Feuer, und Jeremy holte die Decken; er war wieder einmal überrascht, als Raglan zwei verstaubte Dosen Campbell Suppe und einen halben Liter Jack Daniels irgendwo aus dem Führerhaus hervorzauberte. Ein bißchen später, als es dunkel war und ruhig und das warme Essen in ihnen drin, saßen sie Seite an Seite am Feuer, rauchten und nippten vom Whiskey. Das Meer unten dröhnte sanft.

»Is' das hier campen?« fragte Jeremy.

»Yeah. Schätze schon.«

Jeremy langte Raglan die Flasche rüber, dann schaute er zum Lastwagen. »Wir haben nicht genug Sprit, um wieder zurückzukommen, oder?«

Raglan starrte in die Flammen. »Hm, nee. Aber vielleicht gibt's hier ja irgendwo was, wo sie Dosen annehmen.«

»Hm, und du hast diesen Crusader Rabbit nie gesehen ... weißt gar nich', wie er ausschaut?«

»Ich glaub, er hatte ein Schwert und kämpfte gegen Drachen.«

Jeremy starrte auch ins Feuer. »Wird ganz schön arg werden, was?«

»Yeah.«

»Du bist mein Vater, oder?«

Raglan legte seinen Arm um den Jungen und zog ihn nah an sich heran. »Ich möcht's gern sein.«

Deutsch von Ina Hübner

Robert O'Connor

Briefe in die Heimat

In Bad Tölz, Deutschland, bist du beim 82sten stationiert. Es ist November, und der November in Deutschland erinnert dich immer an die Trauer und Verzweiflung einer gefallenen Frau. Fügen wir hinzu, wir wissen von deinem Hang zum Heroin. Du willst dir einen Schuß setzen. Und so stellst du das an:

Deine Kaserne hat drei Stockwerke. Du holst deine drei Kumpel Johnson, Simmons und Cabot. Ihr geht ins oberste Stockwerk, wo die Lagerräume und Besenkammern liegen. Johnson händigst du den Schlüssel aus. Du hast das Vorhängeschloß von deinem Spind mitgenommen, und er schließt euch jetzt im Lagerraum ein, bis ihr fertig seid. Er wird nebenan warten. Wenn ihr fertig seid, klopfst du zweimal an die Wand, er kommt rüber und läßt euch raus. Das hat einen Vorteil. Sollte ein Noncom*, Sgt. Lee beispielsweise, auf einer unerwarteten Kaserneninspektion vorbeikommen, wird er nacheinander auf jede Klinke der sechzehn Räume drücken. Er wird in die Räume schauen, deren Klinken ihre Geheimnisse bereitwillig preisgeben, aber in deinen Raum wird er nicht schauen, weil der abgeschlossen und dein Kumpel mit dem Schlüssel nebenan ist.

Oder du stellst es so an: Vielleicht drückst du lieber im Freien. Wenn du es nachts machst, wird niemand dich sehen.

* Noncom = Noncommissioned Officer = Unteroffizier

Du suchst einen der Räume auf, wieder im zweiten Stock, und öffnest das Fenster. Die Fenster sind hoch aber schmal, und du lehnst dich zurück und hängst mit den Fingerspitzen am Fensterrahmen. Im Zimmer ist es dunkel und draußen auch bis auf die paar Lichter, die ein Stützpunkt eben hat; und zu solchen Zeiten, wenn nur die Dunkelheit Silhouetten zeichnet, scheint es, als würde man mitten im Nichts klettern. Du ziehst die Beine nach, und während deine Finger am Fensterrahmen entlangstreifen, streckst du deinen Körper. Sobald man steht, ist es leicht, von dort aufs Dach zu kommen. Deine Beine fliegen vom Fensterbrett weg, und deine Kampfstiefel wirken als Gegengewicht, während du dich mit den Armen aufs Dach hochziehst. Soweit, so einfach. Die Schwierigkeit besteht darin, wieder hinunterzuklettern, wenn dein Kopf im Arsch ist. Wenn du ein Feuerwehrmann bist oder wenn du als Kind auf die Bäume geklettert bist, ist das kein Problem, denn Hängen und Gleiten mit nichts als dem freien Raum, um deinen Fall zu polstern, ist dir dann ebenso zur Gewohnheit geworden wie der nächste Atemzug. Aber für Parsons McCovey beispielsweise, der vor einer Woche oben auf dem Dach war, war derlei nicht natürlich, und beim Abstieg, als er nach dem Fensterbrett trat, glitten seine Finger vom Rahmen ab, als wären sie geschmiert, er fiel die drei Stockwerke hinab, landete auf seinem Schädel und starb.

Also entscheidest du dich für das Zimmer. Du bist mit Simmons und Cabot drinnen, und dein Kumpel Johnson ist mit dem Schlüssel nebenan. Du holst dein Spritzbesteck heraus, einen kleinen Beutel, den du an der Innenseite deiner Hose aufbewahrst, an den Schenkel gepreßt. Du nimmst den Plastikbeutel heraus und legst ihn links hin, neben deinen Fuß. Und denk dran, deinen Fuß nicht zu bewegen. Du greifst zum Löffel aus deinem Kantinenbesteck, der Tiefe und Breite eines Eßlöffels hat. Und du holst dein silbernes Varick-Feuerzeug heraus, das du auf Bauchnabelhöhe halten kannst, und es wirft eine Flamme, die dir die Kinnstoppeln versengt. Du reißt den Beutel auf und schüttest die kleinen braunen Körner auf den Löffel. Nur in Europa, weißt du, kannst du Heroin von dieser Stärke und Güte kaufen. Du reichst Cabot den Löffel und nimmst den Beutel. Du versiegelst ihn, indem du das Varick an den offenen Rändern des Plastiks lecken läßt. Es schmilzt und versiegelt das Heroin bis zum nächsten Mal. Du nimmst den Beutel und steckst ihn ins Besteck neben deinem Fuß zurück. Du willst nicht dagegen treten, wenn du abhebst. Du öffnest dein Feuerzeug und drehst die Flamme hoch. Dann läßt du dir von Cabot den Löffel geben und erhitzt ihn mit derselben Gleichgültigkeit, mit der du Kaffee aufwärmst. Dein Kumpel Simmons hat die Spritze hervorgeholt. Er arbeitet in der Apotheke und kann so viele Spritzen rausschmuggeln, wie er will, daher benutzt ihr jedes Mal eine neue Spritze und verkauft sie danach an weniger Glückliche. Er hat eine Manschette mit Klettverschluß, um dir den Arm abzubinden und deine Vene so sehr anschwellen zu lassen, daß du einen sauberen Schuß setzen kannst; und du genießt diese zivilisatorische Errungenschaft. Als die Kristalle im Löffel flüssig geworden sind und du spürst, daß die Hitze den Griff hoch bis zu deiner Hand gewandert ist, läßt du Simmons mit der Spritze die Lösung aus dem Löffel aufziehen. Er drückt die Luftbläschen heraus, indem er die Kanüle wie eine winzige Rakete in die Luft hält. Dein anderer Kumpel, Cabot, nimmt deinen Arm, bindet ihn mit der Manschette ab, und beide wartet ihr auf das Hervortreten der Vene. Bei länger Süchtigen kommt es zu einem Verschleißprozeß, der die Venen kollabieren läßt, aber du hast nur wenige Einstichflecken. Du läßt dir von Simmons die Spritze geben, schießt sauber in die Vene und drückst den Kolben halb rein. Dann ziehst du ihn wieder zurück, ziehst Blut aus der Vene und mischst es mit dem Heroin in der Spritze. Ein gutes

Zeichen. Hättest du zurückgezogen und nichts bekommen, hätte das geheißen, daß du die Vene verfehlt und Gewebe getroffen hast. Aber du hast kein Gewebe getroffen und drückst jetzt den Kolben ganz rein, schickst die Mischung durch deinen Körper und kriegst einen zweiten Rush, besser als der erste. Du sinkst zurück, und Cabot bringt es zu Ende, indem er dir die Kanüle aus dem Arm zieht. Als du dich entspannst, trittst du gegen dein Spritzbesteck, aber darin ist alles verschlossen, und nichts geht verloren.

Während deines ersten Monats in Deutschland hast du dir einen Volvo gekauft. Von deiner Stationierung in den Staaten hattest du Geld übrig, konntest daher eine beträchtliche Anzahlung leisten und zahlst den Rest jetzt in Monatsraten. Mit einem Volvo bekommt man bessere Huren als mit einem Jeep, oder wenn man aus dem Bus steigt. Allerdings hast du kein Geld für die Versicherung und keine Zeit, einen internationalen Führerschein zu beantragen. Also stellst du es so an:

Morgens um zwei fährst du mit dem Wagen in die Stadt. Du hältst neben einem Auto, das vor dem Bahnhof parkt. Du steigst mit einem Schraubenzieher in der Hand aus. Du brauchst fünf Minuten, um die Nummernschilder auszutauschen, und im Handumdrehen bist du wieder unterwegs, mit dem Schraubenzieher im Handschuhfach. Natürlich kannst du deinen Wagen nicht im Stützpunkt parken, sondern versteckst ihn statt dessen unter einem Tarnnetz, das du mit Simmons, Cabot und Johnson einen knappen Kilometer weit weg aufgebaut hast. Und den restlichen Weg zur Kaserne gehst du zu Fuß.

Dein Job auf dem Stützpunkt ist der eines Bataillonssekretärs. Du bist dem direkten Kommando Colonel Bermans unterstellt und schreibst Berichte, Requisitionen und Anträge. Außerdem bist du dafür zuständig, der Familie eines jeden umgekommenen Mannes ein kurzes persönliches Schreiben nach

Hause zu schicken. Das kommt nicht besonders oft vor. Für Parsons McCovey hast du folgendes Schreiben geschickt:

> Sehr geehrte Mr. und Mrs. McCovey,
> ich bedaure den Tod Ihres Sohnes ganz außerordentlich. Er war mir persönlich bekannt, und es gab niemanden im Bataillon, dem ich mein Leben lieber anvertraut hätte. In ihm erstrahlten die Tugenden der Ehre und Treue zu seinem Vaterland und zu Gott, denen wir den Zusammenhalt unserer Zivilisation im Kern verdanken. Er fiel vom Dach seiner Kaserne, als er technische Reparaturen an den Antennen durchführte, die wir zum Schutz vor dem Feind benutzen. Er starb, wenn auch nicht im Gefecht, so doch in Ausübung seiner Pflicht, und sein Herz war erfüllt von der Liebe zu seinem Vaterland.
>
> Mein tiefstes Mitgefühl,
> Colonel William C. Berman
> Kommandeur, 82stes Bataillon, U.S. Army

»Ersetzen Sie ›erstrahlten‹, Madison«, sagte Col. Berman.

»Jawohl, Sir.«

Du legst Col. Berman sämtliche Post vor, die du trauernden Hinterbliebenen schickst. Er hat dich als Sekretär behalten, weil einfach kein anderer so schöne Kondolenzbriefe schreibt, und er hat bereits mehrere Briefe von Kongreßabgeordneten erhalten, die durch Wähler von seiner Anteilnahme gehört hatten.

»Den haben Sie ein bißchen kurz gehalten, Madison«, sagte Col. Berman.

»Jawohl, Sir.« Du hast ihn kurz gehalten, weil du nicht viel über Parsons McCovey wußtest. Von dem, was du weißt, hast du den Eindruck, er war ein Arschloch.

»Also der ist in Ordnung, bis auf dieses eine Wort, ›erstrahlten‹. Sorgen Sie dafür, daß dieses Wort den Stützpunkt nicht verläßt«, sagte Col. Berman.

»Jawohl, Sir.« Col. Berman hat bei jedem Brief genau einen Einwand, als könne er ihn auf diese Weise unter Kontrolle halten. Er begründet ihn nie, und du hältst ihn immer mehr für einen Narren.

Am selben Abend, nach dem Essen. Es ist dunkel. Du bist zu Johnsons Spind gegangen. Er ist zweieinhalb Meter hoch und in der Mitte der Länge nach geteilt. Auf der einen Seite sind Fächer. Sie enthalten seine Unterwäsche, seine T-Shirts, Gürtel, Bücher und Platten. Die andere Seite hat Haken, an denen Paradeuniform und Arbeitsanzüge hängen, Stiefel, Schuhe und Helm. All diese Dinge nimmst du heraus und stapelst sie sorgfältig unter seinem Bett auf. Einmal geleert ist ein Spind leicht, und du trägst ihn mit Cabot in den zweiten Stock hoch. Simmons holt das Vorhängeschloß von deinem Spind. Du hast ihm den Schlüssel gegeben. Dein Kumpel Johnson ist in eine Auseinandersetzung im zweiten Stock verwickelt. Da mischst du dich nicht ein, weil herausgekommen ist, daß Johnson nicht dein Kumpel ist, sondern ein Informant. Er bekommt Geld dafür, Fixer zu verraten. Cabot und du tragen den Spind in einen Lagerraum. Johnson wird von drei Männern in den Lagerraum gebracht. Er ist überwältigt und mit einem Stück Leukoplast, das Simmons besorgt hat, geknebelt worden. Seitwärts können die Männer ihn in einen Spind hineindrücken und dann die Tür zumachen. Als sie die Tür geschlossen, den Riegel vorgeschoben und das Schloß durch die Türgriffe geschoben haben, geben sie nicht etwa Johnson den Schlüssel. Sie geben ihn dir. Johnsons erstickte Schreie aus dem Spind klingen so lustig wie das Grunzen und Schnauben eines Schweins. Die Männer schleifen den Spind zum offenen Fenster. Er ist jetzt schwer, und du kannst hören, wie Johnsons Körper drinnen verzweifelt hin und her rutscht, während sein Rücken von den Haken durchbohrt wird, an denen einst seine Uniformen hingen. Sie schwitzen und fluchen und sagen, du hättest den Spind näher ans Fenster stellen sollen, weil Johnson schwer ist. Aber sie schaffen ihn ans Fenster und werfen ihn hinaus. Es ist dunkel, deswegen könntest du aus dem Fenster nichts erkennen, selbst wenn du hinaussähest. Du stellst dir vor, wie der Spind kopfüber in die Tiefe stürzt, und du denkst an die Anmut und Schönheit eines Körpers im freien Fall. Der Aufprall, denkst du kurz, klingt wie das Zuschlagen einer sehr großen Tür.

Um fünf am nächsten Morgen wirst du von Sgt. Lee geweckt. Du bist die Reveille gewöhnt, und sie macht dir weniger aus als einigen anderen Männern. Deine Abkommandierung zur Trauerarbeit bei Col. Berman erspart dir einen Großteil der Arbeit, die in der Kaserne anfällt, aber die Morgen mußt du deshalb immer noch durchstehen.

»Sonderauftrag heute morgen. Zieh dich im Laufschritt an. Du hast fünfzehn Minuten«, ruft Sgt. Lee.

Du gehst zu deinem Spind und holst den Arbeitsanzug heraus. Du ziehst ihn schnell an, und nachdem du dir die Stiefel geschnürt hast, gehst du ins Bad, um dich zu rasieren. Wenn du fertig bist, gehst du nach draußen und stellst dich in Reih und Glied auf. Sgt. Lee läßt euch zum Magazin marschieren, und ihr erhaltet jeder ein Gewehr und dreißig Schuß Munition. Das Gewehr ist schwer, aber ausbalanciert, und bei der Grundausbildung in den Staaten haben sie dir beigebracht, daß du, wenn du damit wie ein Schlagmann beim Baseball ausholst und aus der Schulter schwingst, einem mittelgroßen Gorilla den Schädel zertrümmern kannst. Aber du hast das nie ausprobiert. Du streichst mit der Hand über den Lauf, fühlst die Glätte des Metalls und bemerkst seine dunkle Färbung; dunkel wie die Nacht kurz vor der Dämmerung. Du hängst dir das Gewehr über die Schulter und stellst dich neben Simmons in Reih und Glied auf.

»Irgendwas wegen Johnson?« fragt er dich flüsternd.

»Nein.« Du schüttelst den Kopf.

Schweigend marschiert ihr durchs Tor, durch den Morast und über einige Bodenwellen. Du merkst fast zu spät, daß ihr dem Tarnnetz gefährlich nahekommt, unter dem dein illegaler Volvo parkt. Der Sergeant läßt die Männer zwanzig Meter vor dem Tarnnetz in Einzelreihe antreten. Er baut sich vor euch auf.

»Wir haben eine Feldübung vor. Unter dem Tarnnetz steht der Prototyp eines neuen russischen Panzers.« Seine Stimme ist eher bitter als sarkastisch, und du spürst mehr, als du es siehst, daß er dich anblickt. »Wir haben mit einem Minimum an Verlusten Kenntnis von ihm erhalten, und wir wissen, daß ihm nichts außer Gewehrdauerfeuer etwas anhaben kann. Auf mein Kommando bringen Sie Ihre Waffe in Anschlag und eröffnen das Feuer.«

Deine Waffe ist in Anschlag gebracht, als du das Feuer eröffnest. Du stellst dir vor, wie der Kühler durchlöchert wird, die Reifen platt werden, die Fenster sich mit Glassplittern überziehen. Du feuerst, bis dir die Munition ausgeht, und stellst dann dein Gewehr ab.

Sehr geehrte Mr. und Mrs. Johnson,

ich weiß, wie sehr Sie Ihren Sohn liebten, und ich möchte, daß Sie wissen, daß auch ich ihn liebte. Er war der beste Kumpel, den ein Mann haben kann, und es macht nichts, daß er schwach war, denn wir sind alle schwach; er war nur auf andere Weise schwach. Wenn ich noch einmal von vorne anfangen könnte, hätte ich ihm nicht den Schlüssel gegeben, hätte ich den Volvo nicht gekauft, wäre ich nicht zur Army gegangen und nach Deutschland gekommen. Ich weiß, alle sagen, der Krieg ist so eine dämliche Angelegenheit, aber manchmal denke ich, der Frieden ist genauso dämlich. Es tut mir sehr, sehr leid.

Du zerreißt diesen Brief und schreibst einen, den Col. Berman unterschreiben wird.

Wieder ist es Nacht. Du hast dein Spritzbesteck am Schenkel und gehst in den zweiten Stock. Du hast kein Vorhängeschloß mehr, denn das ging verloren, weil es an einem Spind hing, der kopfüber herunterfiel. Du bist allein. Du gehst ans Fenster, öffnest es und steigst aufs Dach. Ein Vollmond beleuchtet dein Gefummel mit Beutel, Varick und Spritze. Du legst die Manschette an, läßt die Vene anschwellen, brauchst aber drei Stiche, um sie zu erwischen, und nachdem du den Kolben zweimal gedrückt hast, läßt du die Pumpe im Arm stecken, und du weißt, daß du dazugelernt hast.

Hier ist es, was du dazugelernt hast:

Du hast gelernt, daß ein unter einem Tarnnetz verborgener Volvo ein russischer Panzer sein kann und unter diesen Umständen beschossen werden darf.

Du hast gelernt, daß ein Spind Helme, Schuhe, Unterwäsche und Uniformen enthält; und wenn er die nicht enthält, dann vielleicht einen Mann.

Du hast gelernt, daß einer immer den Schlüssel hat, aber irgendwann haben sie den Schlüssel nicht zur richtigen Zeit.

Und du hast gelernt, daß der Tod immer eine Konstante ist, aber daß über die Konstante jederzeit neu verhandelt werden kann, indem man sie in ihrer moralischsten und flüssigsten Form in die verschiedenen Kanäle deines Blutstroms einführt.

Deutsch von Ulrich Blumenbach

Dale Peck

Ficken mit Martin

Ich hasse den leeren Augenblick, ehe Gefühle sich klären. Ich hasse es, auf Susans Couch zu sitzen und ihr Wohnzimmer anzustarren, das fremd wirkt, obwohl sich nichts verändert hat. Als sie aus der Küche kommt, mit einer Platte voller Cracker, in der Mitte ein glatter brauner Hügel, sagt sie: »Hummus«, und taucht einen Finger in die grüngesprenkelte Paste. »Ich glaube, sie tun Petersilie oder so was rein.« Hummus. Petersilie. Die Welt dreht sich einen Augenblick lang um diesen Gegensatz, und als ich ihn dann akzeptiert habe, wird mir klar, daß ich Angst habe. Susan sitzt auf der Couch, sieht mich an. Durch einen Spalt zwischen zwei offenen Knöpfen ihres Hemds kann ich die Wölbung ihres Busens sehen. Sie hebt und senkt sich mit ihrem Atem. Ich nehme die gedämpften Lichter wahr, die Stille, den neuen Klang von Musik ohne Worte, und in diese schwüle Atmosphäre hinein hauche ich meine ersten Worte dieses Abends. »Susan«, sage ich, »du mußt riskieren, Aids zu bekommen, wenn du schwanger werden willst.« Dann, als ihre Hände zu ihrem Busen hochfahren, frage ich mich, ob sie die Knöpfe absichtlich geöffnet hat.

Die Verführung war Martins Kunst. Sonntag morgens, wenn das Licht in den winzigen Zimmern unserer Wohnung wegen der zugezogenen Vorhänge weicher war, erzählte er mir manchmal alte Geschichten. Im Wohnzimmer auf einem Futon ausgestreckt oder in der Küche, während er Schinken briet oder Omeletts backte und ich am Tisch saß. Wie locker hielt ich ihn in diesem kleinen Raum doch in den Armen, meinen Kaffee in einer Hand, während ich mit der anderen den Bund seiner Unterhose entlangfuhr und der Geruch von beidem – Kaffee, Unterhose – sich in meiner Nase vermischte. Eine Weile lang war dann das einzige Geräusch das Kratzen seines metallenen Hebers in der Pfanne, aber wenn er zu reden anfing, war es, als spalte sein Hirn einen Katalog, eine Litanei ab. Martin hatte ein großartiges Gedächtnis für Namen, Orte, Daten, Technik, und ich merkte bald, daß er nicht aufschnitt, nicht versuchte, mich eifersüchtig zu machen, und auch nicht rührselig war. Er versuchte nicht, seine Vergangenheit wiedereinzufangen – lediglich, ihr Dasein zu bestätigen. Die Überreste solcher Morgen sind Gedankenbilder, die ich nach seinen Worten gezeichnet habe: Martin im Ramble, wie er seine Brille herunterschiebt, langsam seine Hemdknöpfe aufmacht. Ich erinnere mich, wie sorgfältig er seine Worte wählte, so sorgfältig, wie er in vergangenen Tagen seine Methode gewählt haben muß. Er knöpfte nicht sein Hemd auf: Er machte die Knöpfe einen nach dem anderen auf, seine Finger arbeiteten sich an seiner Brust nach unten, ein V-förmiges Stück Haut breitete sich hinter seiner vorbeistreichenden Hand aus wie das Kielwasser eines Schiffes. Und er kannte mich auch, er wußte, daß ich mit meinem rückwärts gewandten Blick in diesem Wissen um die Vergangenheit schwelgen würde, daß es mir in den Kopf steigen würde wie Alkohol, bis seine Erfahrung zur Gänze von der meinen untrennbar wäre und es den Anschein hätte, als wären die Worte, die seinen Ohren gegolten hatten, mir zugeflüstert worden, und als wären die Hände, die über seinen Körper gestrichen hatten, über meinen geglitten. Ich erinnere mich nicht, ich *bin* Martin: in einer Bar, wo ich ein Bier die beinahe leere Theke entlangschlittern lasse und Münzen klimpernd auf den Boden fallen; in einer Gasse, wo ich im Schatten stehe, den sich nähernden Schritten lausche, genau zum richtigen Zeitpunkt ein Streichholz anzünde. Obwohl ich mir sicher bin, daß er mir von den Männern erzählte, die er auflas, erinnere ich mich nicht an ihr Aussehen, nicht, warum sie ihn anzogen, nicht einmal, ob seine Verführungen erfolgreich waren. Ich bemerkte schon damals, daß er sich als Objekt darstellte, Rollen aus Filmen und Büchern spielte; aber er wußte das auch. Damals konnte man das, John, sagte er. Das kam mir merkwürdig vor – nicht, daß er über Rollen Bescheid wußte, sondern daß er sie jemals angenommen hatte. In unserer Beziehung hatte ich den Verfolger gespielt, hatte, als ich ihn auf einer von Susans Parties an ihrem Klavier sah, eine Rose aus einer Jadevase gezogen und die halboffene Blüte in das Knopfloch an seinem Revers gesteckt, während er am Klavier saß. Ich frage mich jedoch: Hätte ich die Fähigkeit besessen, ihn anders zu sehen, hätte sein Klavierspiel dann wie eine Pose gewirkt, eine noch romantischere Fassade als diejenige, die ich eingenommen hatte? Aber das zu wissen erforderte ein anderes Augenpaar, jetzt wie auch in der Vergangenheit, und alles was ich wirklich weiß, ist das, woran ich mich erinnere: Martin – mein Liebhaber Martin, das Objekt Martin –, der für Sex posiert, denn das ist das einzige Objekt, das ich jetzt besitze.

Erinnerungen verderben eine geplante Verführungsstimmung. Susans Wohnung könnte, wenn man sie auf die schiefen Holzböden, die Risse in den Wänden und den mit Farbe überpinselten Schimmel beschränkt, diejenige sein, die ich einmal mit Martin teilte. Ich versuche, mich auf sie zu konzentrieren, aber sie schiebt ihr Haar zur Seite, und hinter ihrer Schulter rückt das Klavier ins Blickfeld. Die Nostalgie nimmt uns gefangen; das Essen, die Musik, alles vergangenen Zeiten gemäß gewählt. »Mein Freund, der Hummus mag«, hat Susan mich genannt –

was ist daran sexy? Sie spricht jetzt mit vorsichtiger Stimme. »Weißt du noch –?« fängt sie an. Sie hört auf, als sie sieht, wohin ich schaue. Sie weiß, daß ich mich, daß wir uns beide erinnern. Es scheint alles zu sein, was wir tun können, und darum beendet sie ihren Satz nicht. Als Susan plötzlich die Fenster schließt, glaube ich zuerst, sie tut es, um der Nostalgie Vorschub zu leisten, aber als sie sich wieder setzt, ist zwischen uns ein größerer Zwischenraum als vorher. Wir schauen beide den neuen Zwischenraum an, aber keiner von uns bewegt sich in ihn hinein.

Ich war schon mal mit einer Frau zusammen – ein einziges Mal, als ich achtzehn war, vor langer Zeit. Sie und ich hatten gerade unser erstes Jahr in verschiedenen Colleges abgeschlossen und waren den Sommer über nach Hause gefahren. Wir kannten einander schon seit Jahren, waren in der High School sogar eng befreundet gewesen, aber es waren neun Monate Trennung nötig und, in jenem Sommer, die Abwesenheit fast aller unserer Freunde, damit wir zusammenfanden. Dennoch glaube ich, ohne weiteres behaupten zu können, daß wir herumexperimentierten, wenn auch nicht mit Sex; keiner von uns wußte es vom anderen, aber wir waren beide nicht mehr unschuldig. Wir experimentierten mit der Liebe herum, und wir scheiterten. Und es war nicht so, daß ich sie *nicht* geliebt hätte, oder sie mich nicht. Wer weiß, ohne Liebe wäre es vielleicht einfacher gewesen – bestimmt weniger schmerzlich.

Wir fuhren eines Nachts im alten Pickup meines Vaters zum Fluß hinaus. Es war Ende Juni, Anfang Juli. Es war schon etwas zwischen uns: Kinobesuche an den Abenden nach der Arbeit, Wochenenden in Geschäften, wo wir teure Kleidung anprobierten, die wir nie kauften, lange, gute Nächte auf ihrer vorderen Veranda, nach denen ich allein mit einem Steifen im Bett lag. Wir unternahmen eine Menge Dinge, wird mir klar, die Gespräche von selbst entstehen ließen oder Worte überflüssig machten. Wir redeten nie über uns. Auf dem Weg zum Fluß raste ich zerfurchte Feldwege entlang, und der Wagen war voller Motorengeräusche und Musik, die aus dem AM-Sender mit nur einem Lautsprecher krächzte. Wir sangen laut mit, lachten und fluchten bei den schlimmeren Schlaglöchern. Am Fluß rollten wir unsere Socken in die Schuhe und wateten in das seichte, ölig-schlickige Wasser. Wir hielten Händchen. Es war Nacht, der Himmel klar, und ich verleihe den Sternen nun große Bedeutung, weil man sie in der Stadt nicht richtig sieht und sie schon so lange ein Symbol romantischer Liebe sind. Drei Meter vom Wasser entfernt war die Luft heiß und reglos gewesen, aber im Wasser hatten wir es kühl, lachten leise über kleine Witze und schlitterten über im Sand versteckte Steine. Obwohl wir nicht darüber geredet hatten, wußten wir beide, was passieren würde.

Auf einer Sandbank, mitten im Wasser, breiteten wir eine löchrige Decke aus, durch die überall der Sand drang, so daß sie bald vorschlug, wir sollten auf sie verzichten und uns gleich auf dem Boden ausstrecken. Ich sagte nein, der Boden sei feucht und außerdem sei es gar kein richtiger Boden, sondern Sand, wir würden ihn am ganzen Körper haben. Es folgte eine blödsinnige Auseinandersetzung – wir stritten nicht, aber wir wurden von einem Unvermögen, uns zu einigen, gelähmt und verfielen schließlich in Schweigen, ich halb auf, sie halb neben der Decke. Ich erinnere mich, wie ich dalag, zu den Sternen aufblickte und spürte, wie es mir schwerer und schwerer fiel, nicht zu sprechen, als sich plötzlich ihr Gesicht in mein Blickfeld schob und sie mich küßte. Der Kuß dauerte lange und wurde dann mehr, als unsere Körper Teil davon wurden und unsere Kleider abgestreift waren. Dann rollte sie sich mit einemmal von mir herunter, und noch als ich bemerkte, daß die Decke zwischen uns zu einem Knäuel geworden war, sagte sie: John, erinnerst du dich noch an Hank? Und nachdem ich ja gesagt hatte, sagte sie: Ich hatte letzten April ein Kind. Seines.

Mit einemmal dehnte sich alles aus: Mein Mund, meine Augen, mein Verstand, sogar meine Arme und Beine breiteten sich weit aus in dem Versuch, den Himmel aufzufangen, der auf mich herabzustürzen schien. Nur ein Teil von mir schrumpfte zusammen. Es ist ungerecht, zu sagen, daß ihre plötzliche Enthüllung uns den Rest gab; eigentlich lieferte sie nur die Ausrede, nach der ich gesucht hatte. Was sie sagte, stieß mich nicht ab, aber gerade in dem Augenblick – als ich überlegte, ob ich ein Kondom überziehen sollte, überlegte, ob es sich genauso gut anfühlen würde wie (oder besser oder schlechter als) mit Jungen – gerade in dem Augenblick machte sie Sex zu etwas Unerotischem, weniger wie eine Phantasie, mehr wie das Leben.

Dann fing sie zu reden an: Sie erzählte mir, wie sie sich in ihrem Schlafsaal versteckte, weil die Leute, wenn sie zum Essen oder zum Unterricht herauskam, auf sie zeigten. Ihre Freundinnen rieten ihr, abzutreiben. Das sei in Ordnung bei anderen Frauen, sagte sie, aber nicht bei ihr. Berater, ihre Eltern, Leute, die sich ihre Freunde nannten, legten ihr nahe, ihr Studium seinzulassen und ihr Kind großzuziehen; wenn möglich, den Vater zu heiraten. Auch das war bei anderen Frauen in Ordnung, aber nicht bei ihr. Sie hatte Pläne und außerdem: Wer wußte denn, wo er untergetaucht war? Sie erzählte mir von Rückenschmerzen und Magenkrämpfen. Sie beschrieb eine Adoptionsagentur, welche die Arztrechnungen zahlte und erlaubte, Elternprofile zu entwerfen und ihrem Kind einen Namen zu geben. Sie hielt Stephanie einmal in den Armen, und ihre Mutter schoß ein paar Fotos, ehe die Krankenschwester kam. Sie erzählte mir, wie Stephanie sich ihrer Brust zugewandt und am Krankenhausnachthemd genuckelt hatte. Das habe sie auf den Gedanken gebracht, daß die Menschen Beuteltiere sein sollten, daß wir einen Beutel haben sollten, wo wir in Wärme und Dunkelheit wachsen könnten, daß nichts so Zerbrechliches sich der Welt zu stellen haben sollte ohne die Möglichkeit, sich zurückzuziehen. Wenn sie achtzehn wird, erzählte sie mir, geben sie ihr meinen Namen, sie kann mich dann suchen, wenn sie will. Tja, sagte ich – etwas anderes fiel mir nicht ein –, jetzt weiß ich, warum deine Mutter das Verandalicht dauernd ein- und ausschaltet.

Darüber lachten wir zu lang – es wußte schlichtweg keiner von uns beiden, was er sagen sollte. Dann brachte mich etwas dazu, die Jungen zu erwähnen, die ich im College gehabt hatte, und jetzt war es an ihr, neben mir still zu werden. Ich sagte ihr, daß mein Problem, verglichen mit ihrem, banal wirke, aber daß ich es zumindest verstünde. Ich sagte ihr, Analverkehr mache mir Spaß, aber wenn ein Junge seinen Penis aus mir ziehe, fühle es sich genauso an wie ein Stuhlgang. Ich benutzte wirklich diese Wörter; sie schienen auf sichere Weise klinisch. Sie erzählte mir, eine Bekannte von ihr habe bei ihrer fünften Geburt gesagt, Gebären sei das gleiche Gefühl: als würde man richtig schön scheißen. Ich spürte, daß sie mir eine Art Verbindung anbot, aber es war nur eine Leiter, und gleich, wie weit ich kletterte, sie würde mir immer voraus sein.

Danach waren wir über die Schüchternheit hinweg und rollten uns eng aneinander, um uns warmzuhalten. Ich erinnere mich, daß ich in allem, was gerade passiert war, einen Sinn zu erkennen versuchte. Ich konnte es nicht, aber aus irgendeinem Grund fühlte ich mich dabei nicht unbehaglich. Eines verstand ich jedoch: Sie und ich würden nie ein Liebespaar werden, und das stärkste Gefühl, das diese Erkenntnis in mir hervorrief, war Erleichterung. Und ich sollte dazusagen, daß jenes Mädchen natürlich Susan war. Aber in jener Nacht am Fluß wußte ich nicht, was das heute bedeuten würde, darum habe ich es nicht schon früher offenbart. Denn das zu wissen, die Zukunft zu kennen, verändert die Dinge, verändert die Vergangenheit.

Susans Lachen schlängelt sich wie Rauch durch die Luft, ehe es meine Ohren erreicht. Vornübergebeugt, so daß ihr Hemd auseinanderklafft, dreht sie einen zweiten Joint. »Dafür gibt es Maschinen«, sage ich. »Um Joints zu drehen?« fragt sie und lacht wieder. »Na ja, für Zigaretten, nehme ich an. Aber wie die meisten Dinge kann sie Sachen, für die sie nicht gemacht ist.« Ihr drolliges »Echt« scheint übertrieben; ihr Nachsatz »Wie Arschlöcher?« überrascht mich. Ich versuche, mit einem Witz abzulenken und nehme das Messer aus dem Hummus. Als ich mich zu Susan beuge, reibt ihre Schulter an meiner. »Wie das hier«, sage ich und tue so, als würde ich zustoßen. Ihr Lächeln verschwindet. Sie nimmt das Messer und legt es auf den Tisch: das schwere Klappern von Metall auf Holz schreckt mich auf. Es ist zu leicht, wie die Bedeutungen einst vertrauter Tätigkeiten sich ändern. Susan schiebt mir den Joint in den Mund. »Solche Dinger sind für Leute mit ungeschickten Fingern«, sagt sie, als sie ihn anzündet, und vielleicht liegt es daran, daß ich die Sache mit der Zigarettenmaschine schon fast vergessen habe, aber als ich ausgeatmet habe und sie den Rauch noch immer in der Lunge hält, sage ich: »Mit meinen Fingern ist alles in Ordnung«, und streiche ihren Arm entlang. Susans Augen bleiben an der Stelle hinter meiner rechten Schulter hängen. Sie atmet langsam aus. Ich habe sie bestimmt schon tausendmal berührt; ich tue nichts, damit diese Berührung sexuell wird. Aber das verwirrende Ineinander von Freundschaft und Sexualität ist unvermeidlich. Darum sind wir letztlich ja hier.

Es gab eine Zeit, in der ich machtlos sein und Sex haben wollte.

Ich wollte die Kontrolle verlieren. Ich ging ins Spike. Ich lernte Henry kennen.

Damals um die Vierzig, von zehn Jahren Diskos, Fitneßstudios und Steroiden geprägt, trug Henry eine Lederhose und ein aufgeknöpftes blaukariertes Button-down-Hemd, an dem die Ärmel abgerissen waren. Auf seine Schulter war ein Männername tätowiert, Lou, und sein Schnauzer war graugesprenkelt. Als er mir die Hand schüttelte, knacksten meine Fingerknöchel. Er gab mir ein Bier aus, ich gab ihm ein Bier aus, ich sagte ihm, was ich wollte, er sagte schließlich: Hast du irgendwelche Grenzen? Es war ein Freitagabend; ich sagte: Ich muß am Montag nachmittag arbeiten. Und es wäre nicht genug, zu sagen, daß er mir weh tat, zu sagen, daß er mich zwei Tage und drei Nächte lang beherrschte: Danach verlangte ich. Er gab mir noch etwas, etwas, das ich erst viel später begriff.

Es lag, glaube ich, nicht in Henrys Natur, jemandem weh zu tun. Als ich im Taxi seinen glattledernen Oberschenkel streichelte, stöhnte er; das hatte nichts Dominantes. Wenn es nach ihm gegangen wäre, hätten wir wahrscheinlich ganz normal miteinander geschlafen, vielleicht mit ein paar Accessoires: einem Ledergeschirr, Latexhandschuhen. Aber ich bestand darauf, und er wußte, was er zu tun hatte. Wir wußten es beide, wir wußten es *alle;* wir hatten es gelernt, von Leuten, die jetzt größtenteils tot sind. Also ergab ich mich seinen Küssen, zog mich für ihn aus, nannte ihn Meister; auf seinen Befehl hin leckte ich ihm die Stiefel. Er legte mir ein Halsband um, befestigte eine Leine daran, führte mich auf meinen Knien in sein Schlafzimmer. Ich wurde gestreckt, aber nicht gevierteilt, an die vier Bettpfosten gebunden. Mein Arsch erfaßte seine Laken und zog sie in meinen Schlitz. Der rote Gummiballknebel war erst so groß wie ein Ei, wurde in meinem Mund aber bald zu einer Orange. Er stopfte mir Wachs in die Ohren, und ich hörte meinen Atem schnell und flach kommen. Er zog mir eine

Maske über. Und er wußte Bescheid, Henry. Ehe er mir die Reißverschlüsse über den Augenschlitzen zuzog, nahm er einen Spiegel von der Wand und hielt ihn über mich. Ich sah, was ich sehen wollte: nicht mich, sondern ein Bild aus einem Magazin. Ich war machtlos, wenn nicht gar lächerlich. Aber ich hatte die Kontrolle noch nicht verloren. Dann machte er die Augenschlitze zu. Sie schlossen nicht vollständig, und ich konnte, wenn ich ein Auge zukniff, die gezackten Umrisse des Reißverschluß und Henrys Schatten sehen, wie er im Zimmer herumging. Trotzdem war ich annähernd blind und durch das Wachs fast taub. Gefesselt, geknebelt, außerstande, etwas anderes zu tun, wartete ich.

S/M bietet, wenn man es zuläßt oder nicht verhindern kann, was es verspricht: Schmerzen, die einen verwandeln. Anfangs begriff ich alles. Ich spürte, was er mit meinem Schwanz und meinen Eiern machte; ohne zuzuschauen, konnte ich sehen, wie der Riemen meine Eier von meinem Körper wegzog und sie voneinander trennte. Es tat weh, und meine Hüften wackelten ein bißchen aus Protest. Die Warzenklemmen waren zwei scharfe Schmerzstiche, die sich in zweimaliges zweckloses Zerren an meinen Fesseln umsetzten. Als er die Klemmen drehte, spannte ich mich an, versuchte, keinen Widerstand zu leisten, versuchte, über dem Schmerz zu stehen, aber ich merkte, daß mein Kopf hin und her rollte. Und dann wußte ich nicht mehr, was passierte. Später erfuhr ich, daß er mir heißes Wachs über Brust, Bauch und Eier gegossen hatte, aber in jenem Moment fühlte es sich einfach an, als würde meine Haut in Flammen stehen. Ich konnte nicht anders, ich wehrte mich. Der Knebel war so lange kein Knebel gewesen, bis ich zum erstenmal versuchte, dagegen anzuschreien, und dann war er einer. Aber obwohl ich wußte, daß ich nicht sprechen konnte, versuchte ich es weiter, versuchte, den Knebel allein durch die Kraft meines Atems aus meinem Mund zu treiben.

So ging es weiter, bis ich mich schließlich nur noch wehrte. Die Schmerzen hatten keinerlei wirkliche Bedeutung mehr. Ich wollte nur noch freigelassen werden, aber das stand nicht in meiner Macht. Als mir das klar wurde, als ich es akzeptierte, spülte eine Hitzewelle durch meinen Körper und schien mein Körperinneres von der Haut zu trennen. Die Schmerzen und das Kämpfen waren außerhalb von mir, und innen war ich reglos. Ich merkte es kaum, als Henry mir den Kopf abschnitt und ihn über meinen Körper hielt, so daß ich mich wieder betrachten konnte. Meine Haut, aufgeblasen wie ein Ballon, wurde nur von dünnen Bändern an Hand und Fußgelenken auf der Erde gehalten. Ich lächelte bei dem Gedanken, daß mein wahres Ich innen frei herumhüpfte, schmerzlos, schwerelos, wie ein Kind bei einem Mondspaziergang auf dem Jahrmarkt. Auch mein Verstand hüpfte, von Erinnerung zu Erinnerung, und alle schienen sie in Visionen verwandelt, die, gleich, wie schmerzlich sie einst gewesen sein mochten, jetzt ekstatisch waren, und es war wunderbar, eine Art Freiheit von der Vergangenheit – es war, was ich wollte. Und dann brachte er mich zum Kommen. Anfangs spürte ich seine Hand auf meinem Schwanz nur vage, wußte nicht, was er tat. Aber als er pumpte, bekam ich einen Steifen, das Wachs kühlte ab, ich vergaß die Tittenklemmen und das Schwanz-Eier-Geschirr, und er pumpte immer weiter, bis ich endlich – unausweichlich – kam. Und es war einfach wie jeder andere, zu lange hinausgezögerte Orgasmus: enttäuschend und ermüdend. Ich lag in meinen Fesseln da, gelangweilt. Und zwei weitere Tage und Nächte lang war ich gelangweilt, während Henry sich aufregendere Dinge ausdachte, um mich zu quälen und zu erregen. Oh, es war erstaunlich, was er alles anstellte, ohne daß Blut floß.

Und ich erinnere mich, daß ich ihm einmal, als der Knebel nicht in meinem Mund war, eine völlig unangemessene Frage stellte. Lou, sagte ich, lebt er noch? Henry kratzte an der Tätowierung, als wollte er, daß sie abging. Louise, sagte er, meine Ex-Frau. Ja.

Susan verwedelt den Rauch, geht die Fenster öffnen. Während ich meine Zehen in den warmen Platz bohre, wo sie gesessen hat, schließe ich die Augen und lehne mich zurück, nur um hochzufahren, als Susan sich auf meine Füße setzt. »Mein Veilchen!« sagte sie, auf meine Hände zeigend, die in einem Topf auf ihrem Schoß stecken. »Meine Füße!« antworte ich. Sie erhebt sich, damit ich sie bewegen kann, und ich nehme die Finger aus ihrer Pflanze, einem verwelkten Usambaraveilchen. An einem gealterten, dicken Stamm hängen braungeränderte Blätter; um den Topfrand herum liegen abgestorbene. »Ich habe ihm gesagt, daß ich mit Pflanzen nicht umgehen kann«, sagt sie, und als mir klar wird, daß sie Martin meint, greife ich wieder nach dem Topf. »Vielleicht solltest du sie mit nach Hause nehmen.« »Vielleicht sollte ich das.« Manchmal begreife ich die Menschen nur durch Objekte, und in der greifbaren, unerotischen Gestalt der Pflanze sehe ich Susan: Würde sie mich wirklich verführen wollen, hätte sie nicht noch mehr von Martin ins Zimmer gebracht, als schon da ist. Und schon rutscht sie über die Couch. »Ich hätte ein schlechtes Gewissen, wenn sie absterben würde.« Als ich das gesagt habe, entsteht Stille; es ist eine alte Regel, und jetzt habe ich sie gebrochen: Man soll den Tod nicht vor Menschen erwähnen, die gerade jemanden verloren haben. »Herrje, John«, sagt Susan darauf, nimmt meine Hand und zwingt mich, von Martins Pflanze aufzuschauen. »Wenn du mit mir schläfst, dann denk bitte nicht an ihn.« Danach Stille, nur unterbrochen von dem Geräusch, mit dem sie die Pflanze auf den Tisch stellt. Das wahrhaft Bemerkenswerte, nehme ich an, ist nicht, daß sie am Absterben ist, sondern daß sie so lange überlebt hat. Wir schauen einander schweigend an. Und es ist wie beim ersten Mal: Als die Stille ungemütlich wird, küssen wir uns, und dann höre ich einen kurzen Moment lang irgendwo in der Nähe Wasser laufen.

Manchmal ist der Sex vollkommen. Ich erinnere mich an mein viertes Mal mit Martin, das erste Mal, daß wir fickten. Ich erinnere mich an das vierte Mal, weil ich mich da in ihn verknallte. Unsere ersten drei Male hielten uns etwas zurück, unsere Gedanken waren anderswo, unsere Hände wie gefesselt. Aber beim vierten Mal. Da waren wir also: Martins Wohnung, Martins altes Sofa. Da waren wir also: Martin und John. Wir beide, drei Uhr morgens, leere Flaschen auf dem Couchtisch. Wir hatten die Unterhaltung erschöpft, der Wein hatte uns erschöpft, wir starrten auf den Fernseher. Er war abgeschaltet. Wie machte er es? Na ja, ich weiß, was er machte: Er legte mir seine Hand aufs Bein. Er schaute mich nicht an, nahm nur seine rechte Hand von seinem rechten Bein und legte sie auf mein linkes, gleich oberhalb meines Knies. Gleich oberhalb meines Knies, und dann glitt sie meinen Oberschenkel hinauf, langsam, aber ohne Zeit zu verlieren. Das ist es, was er machte. Aber wie brachte er mein Zwerchfell dazu, daß es sich so fest zusammenzog, daß ich die ganze Minute lang, die seine Hand brauchte, um bis zu meinem Gürtel zu kommen, nicht einmal Luft holen konnte? Mein Bauch war so straff gespannt, daß eine Münze daran abgeprallt wäre. Seine Finger fanden die Gürtelschnalle, öffneten sie, ein leises Geräusch von Metall auf Metall, ein plötzliches Nachgeben, ein Luftschub – die Luft aus meinen Lungen –, und meine Hose stand offen, und ich schnappte nach Atem.

Martin legte seine Hand in seinen Schoß zurück. Seine Worte klangen, als er sie aussprach, gleichmütig. Er hätte genausogut über das Wetter reden können. Du könntest dir ein Kondom über deinen Schwanz ziehen, sagte er, und mich darauf herumwirbeln wie einen Globus auf seiner Achse. Die Worte nahmen in dem Zimmer Gestalt an; sie machten den Sex so begreiflich wie Pornographie. Auf dem schwarzen Bildschirm stellte ich mir vor, Martin und mich zu sehen, beim Ficken. Ich schaute auf meine offene Hose hinunter, auf meine Unterhose, so weiß wie ein Blatt Papier. Oder ich könnte es mit dir machen, sagte er. Trotzdem zögerte ich, nicht, weil ich ihn nicht gewollt hätte, sondern weil allein der Gedanke, Martin zu ficken, meinem Leben so viele Möglichkeiten hinzufügte, daß mir von ihrer Betrachtung schwindlig wurde. Mach einfach, was du willst, sagte Martin, aber mach's gleich. Ich küßte ihn. Ich riß seine Hemdknöpfe auf, zerrte seine Hose herunter. Ich beugte mich über ihn und fuhr mit meiner Zunge über seine Brust, in seinen Nabel, zu seinem Schwanz und seinen Eiern hinunter. Als ich dort ankam, leckte ich den Schaft, bis er glänzte. Ich rollte seine Eier in meinem Mund herum wie Kinder Murmeln in ihrer Hand. Und es ist wichtig, zu wissen, daß ich das nicht tat, weil ich ihn plötzlich liebte. Ich wollte einfach ficken. Tu's, flüsterte ich. Tu's.

Und er tat es, auf dem Boden liegend, auf einem Teppich, obwohl ich nicht so leicht herumwirbelte wie die Globen in der Schule, und eigentlich wirbelte ich nach einer Umdrehung überhaupt nicht mehr, sondern saß rittlings auf ihm und wippte auf und nieder. Und er stieß zu, stieß zu wie irgendeiner aus einem x-beliebigen Pornostreifen, obwohl ich damals nicht daran dachte, sondern nur an das erstaunliche Gefühl, diesen Mann in mir zu haben. Dann passierte etwas Komisches. Er stieß zu und ich wippte, und ich wippte und er stieß zu, und schließlich muß unser Rhythmus genau richtig gewesen sein, denn der Teppich, ein kleines, perserartiges Teil mit einem Muster aus verschlungenen Weinranken, schlitterte unter uns weg, als wäre er weggezogen worden. Ich kippte um, er rutschte aus mir heraus, wir endeten auf der Seite liegend, nebeneinander, lachend. Wir lagen lange auf dem Boden, mit offenem Mund, unsere Bäuche hoben und senkten sich, während wir nach Luft rangen. Wir berührten einander nur mit den Fingerspitzen, und auch das nur ganz sacht, und wir lagen lange auf dem Boden und lachten.

Wir kamen auf seinem Bett zum Ende. Ich kann mich nicht erinnern, wie wir dorthin gerieten, kann mich nur an einen Zeitpunkt erinnern, an dem die Welt wie ein Schatten wiederkehrte und ich mein Sperma auf seinen Bauch und seine Beine klatschen sah und seines auf meinen Bauch und meine Beine, und unter uns war statt des Teppichs ein weißes Laken. Dann wollte ich einen Moment lang alles noch einen Schritt weiter treiben. Ich wollte mit meinem Finger durch Martins Sperma fahren und den Finger abschlecken. Aber Martin lächelte mich an. Er küßte mich. Als meine Hände nach seinem Körper griffen, fing er sie auf halbem Weg ab und hielt sie fest. Wie beiläufig sagte er: Meiner Erfahrung nach gibt es auf der Welt zwei Arten von Männern: die, die mit dem Haar ihres Liebhabers spielen, wenn sie einen geblasen bekommen, und die, die mit ihrem eigenen spielen. Obwohl ich es versuchte, konnte ich mich nicht erinnern, was ich getan hatte. Welcher Typ bin ich? fragte ich. Du, sagte er und zeigte es mir beim Sprechen, hast eine Hand auf meinen Kopf gelegt und eine auf deinen. Und welcher bist du? Martin betrachtete mein Haar. Wenn ein Spiegel zur Hand wäre, sagte er, dann bräuchtest du die Frage nicht zu stellen. Seine Worte *bedeuteten* eigentlich nichts, aber sie bewirkten, was sie, glaube ich, sollten: Ich vergaß meinen Wunsch, sein Sperma zu kosten. Dann hob er das Laken hoch, ließ es flattern wie Flügel und dann auf unsere Schultern segeln, und daß wir standen, merkte ich erst, als ich Stunden später aufwachte.

Danach hätte er alles von mir verlangen können. Eine Zärtlichkeit von Martin hatte mehr Kraft in sich als jeder Fausthieb, den Henry je hätte landen können. Aber er benutzte seine Macht nur selten, und ich nehme an, daß ich dieselbe Kontrolle über ihn hatte. Schlief er nicht ebenso stehend in meinen Armen? Wir schlossen die Fenster, stellten das Telefon ab, steckten die Uhr aus. Tagelang zogen wir keine Kleider an und verbrachten unsere Zeit damit, einander zu lieben, zu essen und zu schlafen. Woran ich mich aus dieser Zeit erinnere, der Zeit, da wir die Welt ausschlossen, ist, daß ich auf seinem Bett schwitzte, als er in mich tauchte, und irgendwer irgendwo eine Toilettenspülung zog und die Wand hinter Martins Bett rasselte, als Wasser durch die in ihr verborgenen Rohre rauschte.

Kurz nach dieser Zeit fragte ich Susan, wie es sei, schwanger zu sein. Sie hatte vage davon gesprochen, ein Kind zu wollen, obwohl sie sagte, sie kenne auf der ganzen Welt keine fünf nichtschwulen Männer, die sie sich als Vater wünschte. Wenn du je einen Schwanz tief in dir hattest, dann weißt du, daß er sich wie ein Teil von dir selbst anfühlen kann, selbst wenn dir klar ist, daß er dem anderen gehört. Kannst du dir vorstellen, daß er in dir bleibt, nachdem der andere ihn herausgezogen hat, daß er bleibt, wächst, sich schließlich bewegt, sein Dasein, sein eigenes unabhängiges Leben zeigt? So stellte ich mir das Schwangersein vor. Ich fragte Susan, ob das richtig sei. Sie seufzte und lächelte. Nicht einmal im entferntesten, sagte sie. Nicht einmal im entferntesten.

Als Susans Hemd abgestreift ist, bin ich von der Kraft in ihren Schultern überrascht. Anstatt es aufzuknöpfen, zieht sie es sich über den Kopf, und ihr Haar fällt hörbar wieder herunter und umrahmt ihren dünnen Hals. Manchmal denke ich, Susan und nicht Martin ist die Liebe meines Lebens. Ich weiß nicht, warum ich an eine solche Idee glaube – vielleicht weil daran zu denken mich von einer bedeutenderen Tatsache ablenkt: daß ich keinen von beiden haben kann. Außer Susan, außer heute nacht. Und in jener anderen Nacht: Ich erinnere mich an den Fluß und wie wir beide einander zärtlich aus den Kleidern helfen. Heute abend küssen wir uns eine Zeitlang, hören dann auf, gehen ins Schlafzimmer. Hier drin: Kerzen statt elektrischem Licht oder Dunkelheit, offene Fenster, aber zugezogene Vorhänge, so daß sie sich im Wind bewegen. Räucherstäbchen. Die Musik aus dem anderen Zimmer. Susan kümmert sich um das Ambiente und dann ziehen wir uns allein aus und tun so, als würden wir nicht aufeinander achten. Aber als Susan ihren BH zusammenlegt, fängt sie meinen Blick auf. »Es gibt eine extra Zahnbürste, wenn du dir die Zähne putzen willst«, sagt sie und schaut weg. Ich muß mir das Lachen verbeißen. Ich kenne die Art Lachen, die kommen würde, ein zynisches Lachen, ein trauriges Lachen, das mehr mit den Dingen außerhalb dieses Zimmers zu tun hätte als mit denen darin. Ich fühle mich, als wäre mir etwas gestohlen worden. Ich möchte ihr Komplimente machen, ihr sagen, daß ich sie schön finde. Am Fluß hätte ich das tun können – ich tat es, weil der Sex damals, dachten wir, nur zwischen uns beiden stattfand. Es ist auch nicht so, daß Susan nicht länger schön wäre, nicht länger sexuell anziehend. Aber ihre Sexualität existiert fern von mir. Ihre Wohnung, dieses Drumherum, das ist die eine Sache, damit spielt sie. Aber nicht mit sich selbst. Nicht heute nacht. Heute nacht bin ich nicht ihr Liebhaber. Ich helfe ihr bloß, ein Kind zu bekommen.

Als sie zum ersten Mal zu uns kam, wußten nur Martin und ich, daß er krank war. Wir wußten es schon seit Monaten, waren aber noch nicht willens, seiner Krankheit die Rechtmäßigkeit, die Endgültigkeit eines Namens zu geben. Sie legte uns ihren Plan dar: sie wollte ein Kind bekommen und es allein aufziehen. Vielleicht würde sie eines Tages heiraten, aber sie wußte nicht, wann, und es war ihr auch nicht besonders wichtig. Sie war glücklich damit, herumzuvögeln: Sie wollte ein Kind, keinen Ehemann. Aber sie wollte kein anonymes Sperma oder das Hin und Her mit einer Tortenspritze, und eine künstliche Befruchtung konnte sie sich nicht leisten. Sie wollte es auf die altmodische Art. Und sie wollte mit mir schlafen. Ich fragte sie, was sie außer Sperma von mir erwartete. Onkel John, sagte sie. Du wirst Onkel John, und der hier wird Onkel Martin. Sie muß sich gefragt haben, warum sie über den Witz allein lachte.

Ehe sie ging, fragte sie ihn, ob er abgenommen habe. Nachdem sie fort war, sagte er, ihm sei kalt. Im Schlafzimmer kuschelte ich mich mit ihm unter einer Decke zusammen. Dann war ihm heiß, und er wollte die Decke zurückschlagen, aber ich schlug vor, daß wir uns statt dessen ausziehen sollten. Und dann war ihm wieder kalt, und ich nahm ihn in die Arme und wickelte uns in die Decke ein, und als ich fertig war, lagen wir Brust an Brust aneinandergedrückt, und ich machte meinen Mund auf und über seinem zu und kitzelte seine Lippen mit meiner Zunge, bis er mich hineinließ. Und dann wich er zurück und sagte: Das solltest du nicht, und ich sah ihm ins Gesicht, so blaß, daß es fast grünlich war, und sagte: Doch, und küßte ihn wieder.

In die Decke eingewickelt, auf dem Bett ausgestreckt, hätten wir im Raum aufgehängt sein können. An unseren Füßen, an unseren Händen, an unseren Schwänzen, in der Zeit aufgehängt. Ich langte nach unten und schob meinen Schwanz zwischen seine schwitzenden, dünnen Beine und zog seinen zwischen meine. Manchmal, wenn wir es so machten, stellte ich mir vor, in ihm zu sein, doch an jenem Abend stellte ich mir vor, in einer Frau zu sein. Das war die einzige Art, auf die er es noch zuließ, er sagte, meine Gesundheit müsse geschützt werden, sagte, er liebe mich zu sehr, um mich umzubringen, sagte alles mögliche, um mich von sich fernzuhalten, weil er jetzt, jetzt, da er krank sei, Angst vor dem habe, was er wolle, weil er Angst vor dem habe, was er wollte, weil er denke, daß das, was er wollte, nicht was er tat, der Grund sei, warum er sterbe.

Als wir uns schließlich aus der Decke wickelten, hatte es, als die letzte Lage aufging, den Anschein, als würde eimerweise salzig-süßes Wasser vom Bett schwappen. Obwohl unberührt, waren die Laken durchnäßt, und ich machte das Bett neu, ehe ich zu Martin unter die Dusche ging. Sein dünner Rücken war über einen Farn gebeugt, den er auf dem breiten Fensterbrett hielt: seine Finger zogen ein paar braune Blätter aus dem Topf und ließen sie in die Badewanne fallen. Weil du mich liebst, sagte er. Und weil du sie liebst. Ich sagte: Was? Er sagte: Ich glaube, du solltest, wenn du kannst, wenn du gesund bleibst, solltest du Susan helfen. Wenn ich tot bin.

Nachdem er das gesagt hatte, machte ich zwei Wochen lang die Wäsche nicht mehr, machte gar nichts mehr, und als mir jene Laken wieder unterkamen, waren sie so naß, als hätten wir sie erst vor Minuten benutzt, und stellenweise mit einer grünen Schimmelschicht bedeckt. Ich hielt sie in der Hand und spürte ihre grüne Schleimigkeit an meinen Fingern kleben, und ich wußte nicht, was ich davon halten sollte: ob das das Ergebnis vom Ficken mit Martin war oder ob es das Ergebnis von nichts war oder, am schlimmsten, ob das Ergebnis vom Ficken mit Martin nichts war.

Nachdem er gestorben war, teilte ich es fünfzehn Stunden lang keiner Menschenseele mit. Den ganzen Tag lang ließ ich seinen Leichnam in dem Krankenhausbett im Wohnzimmer liegen, schlug einmal die Decke zurück und betrachtete ihn, und zog sie dann wieder hoch, um zu bedecken, was da war. Von sieben Uhr morgens bis zehn Uhr abends. Ich hätte ihn womöglich für immer so liegen lassen, wäre Susan nicht vorbeigekommen, um nach uns zu sehen. Ich führte sie in die Wohnung und drückte sie auf einen Stuhl, dann ging ich zu Martin hinüber und küßte ihn auf die Lippen. Sie schmeckten nicht nach ihm. Es passierte nichts. Ich schaute Susan an. Sie weinte; ich erinnerte mich, daß sie ihn länger gekannt hatte als ich, daß sie uns miteinander bekannt gemacht hatte. Ich sagte: Ich wollte das vor jemandem tun, so daß ich, wenn er nicht aufwachte, wüßte, daß er tot ist. Und nachdem Martins Leichnam fort war und sein Bett leer dastand, weil sie die Leichname jederzeit abholen, die Betten aber nur werktags zwischen neun und fünf, schickte ich Susan weg, und dann ging ich auch hinaus. Die Luft war heiß und trocken, die einzige Feuchtigkeit wurde von Klimaanlagen ausgespuckt. Ich wollte mit meinem Kummer nicht allein sein, ich wollte ihn jemandem, der ganzen Stadt geben. Auf der Straße hielt ich einen Mann an, legte ihm meine Hand direkt auf die Brust. Martin, fing ich an, aber der Mann rannte davon. Wußte er nicht, daß ich ihm niemals hätte weh tun können? Ich ging lange spazieren, bis es keinen Ort mehr gab, an den ich hätte gehen können, und daher ging ich ins Spike, wo ich Henry kennenlernte.

Es sind zwei Jahre vergangen.

In dieser Welt, sagt Susan, steckte genausoviel Nihilismus darin, ein Kind zu bekommen, wie darin, eins von mir zu bekommen. Dagegen kann ich nichts sagen.

Die Wissenschaft sagt, ich habe nichts, wovor Susan geschützt werden müßte. Aber trotzdem.

Ein Teil der Abmachung mit der Adoptionsagentur bestand darin, daß Susan jedes Jahr an Stephanies Geburtstag den neuesten Stand vom Leben ihrer Tochter mitgeteilt bekam. Die Briefe mit der Anrede »Liebe leibliche Mutter« und der Unterschrift »Die Adoptiveltern« waren stets kurz und enthielten zwei oder drei streng beschnittene Farbfotos von Stephanie. Nur Bruchstücke von Körpern – Hände, die Seite eines

Beins – deuteten darauf hin, daß sie nicht allein lebte. Als Susan aus Kansas wegzog, hinterließ sie bei der Agentur keine Adresse zum Nachsenden.

Die Situation drückt auf mich wie ... wie was? Wie trampelnde Füße? Wie sich nach oben stemmende Hände? Darauf waren wir nicht vorbereitet – auf nichts davon. Es gibt Zeiten, in denen die Vergangenheit die Gegenwart überwältigt, und nichts passiert, und es gibt auch Zeiten, in denen die Gegenwart die Vergangenheit überwältigt, und nichts von dem, was passiert, Sinn ergibt. Hier, heute sind die Gleichungen verändert: Schweigen ist gleich Tod, lehren sie uns, und Handeln ist gleich Leben. Und obschon ich diese Aussagen nicht länger in Frage stelle, frage ich mich mitunter: Wessen Tod? Wessen Leben?

Martins Leben wohnte in seiner rechten Hand. Er zeigte es mir mit seiner linken; seine rechte Hand ruhte auf meinem Oberschenkel, und er sagte: Schau. Ich schaute hin, und dann, als ich gerade fragen wollte, wonach ich schaute, sah ich ihn, seinen Puls, wie er sichtbar in der blauen Spur einer Ader in dem Stück Haut schlug, wo sich sein Daumen und sein Zeigefinger trafen. Einen Augenblick lang erwog ich, meinen eigenen Finger darauf zu drücken, als Witz. Ich erinnere mich nicht, ob das war, ehe oder nachdem wir wußten, daß er Aids hatte. Ich erinnere mich nicht, ob ich meinen Finger auf die Ader legte.

Mit offenem Mund, die Zähne an der Innenseite von Susans Oberschenkel gleich oberhalb ihres Knies, höre ich mit dem auf, was ich tue, als ich merke, daß ich weine. Mein Körper zittert leicht. Ich spüre, sehe nicht, wie Susans Kopf hochgeht. »Dale?« flüstert sie.

Dann legt John seine Hand auf ihre Muschi, in die er bald seinen Schwanz schieben wird und auf alle Fälle seinen Samen ablegen wird: er fährt mit einem Finger durch ihren Busch und neckt ihre Klitoris, und ihr Kopf sinkt auf das Kissen. Sie kann sein Gesicht nicht sehen und auch nicht die Tränen, die daran herunterströmen. Er erinnert sich plötzlich, was er dem Mann auf der Straße hatte sagen wollen: Martin, hätte er gesagt, Martin ist tot. Martin ist *so* tot. Und er erinnert sich an das Sadogeschwätz, das Henry ihm zugeflüstert hatte. Du wirst mich nie loswerden, hatte Henry gesagt, und John wird klar, daß dies, wenn es auch auf Henry nicht zutrifft, auf Martin zutrifft. Und auf Susan. Noch mehr als das, was er gerade tut, fürchtet er, was passieren wird, wenn Susan einen anderen findet, sich verliebt, ihn verläßt. Er gesteht sich etwas ein, was er immer gewußt, aber nie akzeptiert hat: daß er nicht ihr erster Liebhaber war – wie auch sie nicht der erste Mensch, mit dem er schlief und daß sie auch nicht der oder die letzte füreinander sein werden. Daß, noch während seine Leidenschaft für Martin zu diesem Klagelied geworden ist, auch sein Kummer vergehen wird, und Martin noch mehr tot sein wird. Und was immer sonst noch passiert, der Mensch, der heute nacht gezeugt wird oder nicht gezeugt, wird nicht Martin sein.

Die Summe des Lebens ist nicht Erfahrung, wird mir klar, ist nichts, was sich mit Worten einfangen läßt. Unausweichlich sind Dinge ausgelassen worden. Vielleicht tauchen sie in anderen Geschichten auf. Vielleicht waren sie einst da, und John hat sie vergessen. Vielleicht sind einige Dinge, an die er sich erinnert, in Wirklichkeit nicht geschehen. Doch nichts davon spielt jetzt eine Rolle. Noch während Susan John in sich aufnimmt, weiß er, daß dieses Kind etwas bedeutet, obwohl ich dagegen angekämpft habe; sogar Martin ist zu etwas Abstraktem geworden. Ein Symbol, wie die Rose, die John einst Martin ins Revers steckte, wie Susans Usambaraveilchen, wie der Farn in der Dusche. Aber nach heute nacht wird Martins Gesicht untrennbar mit dem Susans verbunden sein, mit Johns eigenem, das nur eine Maske für meines ist. Wie kann diese Geschichte Martin Unsterblichkeit verleihen, wenn sie ihm nicht einmal das Leben geben kann? Jetzt frage ich mich: Hat diese Geschichte irgend etwas freigesetzt außer meinen Tränen? Und ist das genug? will ich fragen. Worauf ich nur antworten kann: Ist das nicht genug?

Ich dachte, ich hätte alles so gut unter Kontrolle gehabt, die Pflanzen, Martin, John, Susan. Sogar den Samen.

In dieser Geschichte sollte der Same das Wasser des Lebens sein.

Aber um zu überleben, habe ich nur meinen eigenen gekostet.

Deutsch von Michael Hofmann

Abraham Rodriguez Jr.

Alana

Für Yolanda

I

Alana war am ganzen Körper grün und blau geschlagen. Vor dem Spiegel rieb sie sich das Gesicht mit Eiswürfeln. Zum Heulen hatte sie keine Lust mehr.

Gestern abend hatte Freddie wohl gedacht, es könnte immer so weitergehen. Mit Crack vollgeknallt war er reingekommen. Sie hatte sich gewehrt. Zum ersten Mal. Vorher hatte sie nie einen Finger erhoben. »Prügel gehören einfach dazu, Mädel«, hatte Wanda sie getröstet. Wegen der Striemen und der Brandwunden von seinen Kippen. »Mach dir nix draus. Junges Fleisch wächst ruckzuck wieder zusamm'.« Nachdem sie ein halbes Jahr nur eingesteckt hatte, reichte es ihr aber. Ihr tat alles weh. Sie war gerade erst siebzehn geworden und kam sich schon vor wie ihre eigene Großmutter. »Nein«, hatte sie gewimmert und nach ihm getreten, um ihn sich vom Leib zu halten. Zuerst dachte er noch, es wäre ein Spiel. Bis sie ihm das Gesicht mit den Fingernägeln zerkratzte; da langte er richtig zu. Blutüberströmt und voller Prellungen kam sie wieder zu sich. Mit ihren weichen Knien konnte sie kaum stehen. Sie schleppte sich ins Badezimmer. Als sie ihr Gesicht im Spiegel sah, brach sie in ersticktes Schluchzen aus.

Wer hätte vor einem halben Jahr geahnt, daß es so mit ihr enden würde? Wanda, ihre beste Freundin, war eine Chavobraut. Mit ihren zarten sechzehn war sie schon mit einem siebzehnjährigen Knaben verheiratet, der sechstausend Dollar die Woche nach Hause brachte. Sie streckte den Kopf aus dem Fenster seines weißen Schlittens und winkte Alana vom Bordstein weg. Bei dröhnender Stereomusik süffelten die beiden Champagner, und Wanda brüllte den Chauffeur an, wo er langfahren sollte.

»Is' doch nich' deine Karre«, bemerkte Alana spitz, weil ihre Freundin sich so großspurig aufführte.

»WOHL is' das meine Scheißkarre, Baby. Gehört nämlich Samson. Kapiert? Dieses beschissene Auto is' nämlich dem seins. Der kann hier jederzeit anpiepsen, immer wenn er will. Kannste mal sehn, was ich mir da für'n Macker geködert hab'.«

»Und, wo is' er jetz', dein toller Macker?«

»Hab'ch dir doch erklärt. Is' die Katze aus'm Haus und so weiter und so'n Scheiß. Hör mal Mädel, wir müssen dir'n vernünftigen Chavo besorgen, der wo was taugt.«

Alana äußerte sich nicht dazu. Sie mußte den Champagner austrinken.

»Ich kenn' dich doch schon 'ne ganze Weile, ja?« Wanda machte große, bekümmerte Augen und nahm sie bei der Hand. »Ich kenn' dein Leben in- und auswendig. Wanderst von einem Bett zum andern, keine Ahnung, was de dir dabei heutzutage alles einfangen kannst. Als Mädel mußte echt auf dich aufpassen. Als Chavobraut haste dein Schäfchen im trocknen, biste echt viel sicherer dran als wie auf der Straße. Mädel, ich rate dir: mach's wie ich. Morgen abend gehste mit mir ins El Commandante. Da komm' die ganzen Oberchavos von der ganzen Stadt hin.«

Langsam hatte Alana das Gewerbe gründlich satt. Mit fünfzehn hatte sie angefangen, und nicht mal ein Jahr später hatte sie schon ein halbes Dutzend Zuhälter durchgemacht. Immer wenn einer sie gelinkt hatte oder sie mit Gewalt zu einer Gratisnummer zwingen wollte, zog sie weiter. Sie beschloß, in

Zukunft auf eigene Rechnung zu arbeiten; dazu brauchte sie bloß eine Bleibe. So landete sie bei Dora, ihrer Schwester. Solche Sachen gingen ihr gerade im Kopf rum zu der Zeit, als Wanda ihr das erfreuliche Dasein als Chavobraut schmackhaft machte.

Das El Commandante war eine Chavokneipe auf der Intervale Avenue, an einer heruntergekommenen, unbefahrenen Straße. Von außen sah es aus wie eine Bretterbude. Drinnen aber zuckten die Lichter und hämmerte die Musik und floß der Alkohol in Strömen, und alles war voller Mädels und Jungs, die Woche für Woche Tausende von Dollars anschafften. Ein paar hatten Jaguars und diamantenbesetzte Gürtelschnallen. Denen liefen die kleinen Mädchen scharenweise hinterher wie Groupies. Sie lungerten vor dem Eingang in der Hoffnung, irgendein Chavo von der Gang würde sie mit reinnehmen. Es war eine ganz eigene Welt, da durfte nicht jeder mitmachen.

In dem Augenblick, als Alana an Wandas Arm dort einzog, war sie endlich die Diva, für die sie sich schon immer gehalten hatte. Super kurvenreich und aufreizend in ihrem hautengen pinkfarbenen Minikleid. Wanda neben ihr in ihrem schwarzen Bodystocking klimperte mit dem Armband von ihrem Macker, das glitzernd an ihrem Handgelenk baumelte: achtzehn Diamanten für 900 Dollar das Stück, die zusammen das Wort SAMSON ergaben. Kaum hatten sie an der Bar Platz genommen, wurden sie schon von lauter Jungs umschwärmt, die unbedingt rauskriegen wollten, wer die herrenlose Braut war. Hier waren sie tatsächlich richtig.

»Hab'ch dir doch gleich gesagt, hier müss'n wer hin«, sagte Wanda jedesmal beim Reinkommen. Eines Abends gab ein Freund von ihr den beiden Acid. Alana war gerade dabei, auf ihren inneren Groove abzufahren, als ihr der entzückendste Knabe, den sie je gesehen hatte, ins Blickfeld geriet: groß und gepflegt, in den irrsten Klamotten. Es dauerte nicht lange, und sie machte sich an ihn ran. Sie gingen zusammen ins Hinterzimmer. Da lag alles voller Matratzen und Kissen und Kondome, und plötzlich vögelte sie mit ihm, zwischen pulsierenden Lavalampen und strahlenden jungen Gesichtern und sich wälzenden, zuckenden Leibern. Als sie morgens um sechs zu ihrer Schwester in die Wohnung kam, war ihr Haar vollkommen zerwühlt, außerdem hatte sie einen von ihren Stöckeln verloren. Dora mußte gleich zur Arbeit und war in der Küche beim Kaffeekochen.

»Brauch' ich gar nich' erst lang fragen«, sagte sie und schaute abschätzig an ihr runter. Alana wankte zur Kaffeekanne und äugte hinein.

»Scheiße, hab ich ein' Hunger, Mann.«

»Hier findste bestimmt nix zu essen.«

Alana verzog das Gesicht. »Was schreist'en so?«

Dora holte aus dem Kühlschrank eine Tüte Orangensaft. Alana riß sie ihr weg und trank einen kräftigen Schluck. Dann folgte sie Dora ins Wohnzimmer, die sich mit heftigen, wütenden Rucken die Strumpfhose hochzog. Ihre Kleider lagen auf dem Sofa ausgebreitet. Sie arbeitete als Empfangsdame in einer Anwaltskanzlei in der Centre Street.

»Is' echt unglaublich mit dir!« Dora zupfte Alana eine lose Spange aus dem Haar. »Wenn du dich sehen könntest!«

Alana zuckte die Schultern. Diese Standpauke kannte sie schon. Sie trank den Saft aus.

»Schlimm genug, mir vorzustellen, was du auf der Straße getrieben hast. Glaubst du eigentlich, ich brauch' das? Was meinst du wohl, weswegen ich allein leb'? Weswegen ich von Zuhause abgehaun bin? Glaubst du vielleicht, ich will mit Mami zusammenwohnen?«

»Ich bin nicht Mami.«

»Doch. Du bist genau wie sie.« Sie strich die Falten in ihrer

Strumpfhose glatt. »Ganz genau wie sie. Putana. Du riechst sogar genauso, du verdammte Nutte.«

Alanas Blick war stumpf und unaufmerksam. »Verdammt Mann, kannste eing'tlich nie freundlich sein? Wieso biste eing'tlich immer so eklig zu mir? Wenn man so wird vom im Büro Arbeiten, Mann, da scheiß' ich aber echt drauf. Ich bin wenigstens freundlich. Ich kann nämlich freundlich sein, daß de's bloß weißt. Aber du: kein bißchen locker. Schalt mal ab und arbeite nich' so viel. Nimm doch mal'n Tag frei und geh im Park spazieren, ja?«

Dora starrte sie an. »Haargenau wie Mami. Laberst denselben Scheiß, mit dem sie Papi ins Grab gebracht hat. Sie hat ihn fertiggemacht, und das weißt du.«

Alana bewegte die Lippen, als wollte sie Dora mit einem Voodoozauber verwünschen; ihre Augen waren schmale Schlitze.

»Ich will, daß du ausziehst«, forderte Dora.

Wenn sie sie jetzt sehen könnte, wie sie ihr entstelltes, verquollenes Gesicht mit Eiswürfeln kühlte, wäre Dora bestimmt ganz aus dem Häuschen vor Schadenfreude. »Hab' doch gleich gesagt, daß es mit dir mal so endet«, würde sie höhnen, aber noch war Alana nicht am Boden – ganz im Gegenteil. Sie hatte zwar einen rauhen Start im Leben gehabt, aber sie war geschmeidig und biegsam, konnte federn bis zum Mond, wenn es sein mußte. *You can bend but never break me – Man kann mich biegen, doch niemals brechen.* Was war das noch für ein Lied? Ihr fiel wieder ein, wie sie dazu mitgesungen hatte, als es in der Limousine aus dem Radio plärrte, und wie Wandas lustige dämliche Fratze ihr immer wie in Großaufnahme vor Augen erschienen war. Bei der Erinnerung daran kamen ihr die Tränen, aber sie bekämpfte ihre Lust zu heulen. Aus dem Spiegel blickte ihr ein müder Soldat entgegen.

II

Sie saß in der Wanne, das Wasser so heiß, daß sie es gerade noch ertragen konnte, und rubbelte sich das Gesicht mit einem eisgefüllten Handtuch ab. Sie war fest entschlossen, ihn umzubringen, wenn er noch einmal Hand an sie legte. Auf dem Klodeckel lag ein Küchenmesser bereit.

Sie hatte nichts dagegen gehabt, Chavobraut zu werden. Weit besser als Nutte sein. So brauchte sie sich bloß für einen Mann hergeben, um an Geld zu kommen.

»Da mußte ... wie heißt das noch? Philosophisch mußte wer'n, das is' es.« Während ihr die Kälte ins Gesicht stach, hörte sie wieder Wandas Stimme. »Klar wirste ab und zu vermöbelt. Als Mädel gewöhn dich lieber gleich dran.« Wanda hatte auf ihrem Kaugummi herumgekaut wie ein ausgeleierter Fahrscheinentwerter in einem alten Bus. »Als ob dir das was ausmachen würde. Hat dein Alter dich nich' ab und zu verprügelt? Meiner mich die ganze Zeit.«

Alanas Vater hatte nie jemanden geschlagen. Diese halbe Portion konnte nicht mal die Stimme erheben. Während ihre Mutter das Geschirr in Scherben haute, versuchte er immer nur, sich auf seine *New York Post* zu konzentrieren.

»Kopf hoch, Mädel, is' doch halb so schlimm. Haste nich' die Taschen voller Kohle? Haste nich'n paar geile Klunker gekriegt? Gilts' doch was auf'er Straße, kriegst Respekt? Mensch Mädel, kutschierst'e nich' grade in 'ner feinen Luxuslimousine durch die Gegend?« Wanda kniff ihr zärtlich in die Wange. »Ach, Mädel. Jetz' mach nich' so'n Gesicht. Na und, dann hat er dich halt geschlagen. Zum ersten Mal! Klingt doch gar nich' übel, dein Macker. Den mußte dir unbedingt warmhalten.«

So war's auch: Freddie sah zum Verrücktwerden gut aus. Er hatte einen großen Mund, und wenn er sie ansah, kriegte er einen Silberblick. Am Anfang war er auch ein zärtlicher Liebhaber gewesen, langsam und vorsichtig. Sie mußte ihn sogar einführen. Sie hielt ihn für einen Softie, bis ihr aufging, daß er einfach bloß keine Ahnung hatte. Der große Chavoboss war sozusagen noch Jungfrau, so was hatte sie noch nie erlebt. Es war richtig nett. Sie konnte ihm noch was beibringen.

»Was willst'n damit sagen, hä?« Sie hatten im Bett gelegen und zusammen einen Joint geraucht. Er fuhr hoch wie mit einer Stricknadel gestochen.

»Nix, Freddie. Gar nix will ich damit sagen.«

»Doch, doch, das heißt doch was. Meinst wohl, ich wär' nich' gut im Bett, hab' keine Ahnung vom Vögeln, was?«

Alana seufzte und streckte die Hand aus, um ihn zu streicheln. »Du bis' genau richtig für mich, Freddie. Hör schon auf.«

Mit kochendem Blick stieß er ihre Hand weg.

»Freddie, hör auf damit. Guck mich nich' so an.« Ihre Stimme bebte. »So war's nich' gemeint. Ich liebe dich doch.«

»Klar liebst du mich. Lange nich' mehr so'n Scheiß gehört. Du kannst doch gar nicht lieben. Haste nie gelernt. Immer bloß gefickt mit allem, was in Sichtweite kam. Ich weiß doch Bescheid über dich.«

»Früher, Freddie. Mach' ich inzwischen nich' mehr.«

»Willst mich wohl verarschen, was? Einmal Putona, immer Putona. Solche wie du ändern sich nie. Wahrscheinlich vermißte die alten Zeiten, wenn ich nett zu dir bin, was?«

Alana fehlten die Worte. Freddie schlug das Laken zurück und stand auf, um sich eine Zigarette von der Kommode zu holen.

»Scheiße. Die Jungs ha'm mich ja gewarnt, ha'm mir gleich gesagt, ich soll mich nich' mit dir einlassen. Und jetz' willste mir weismachen, ich wär dir nich' gut genug.«

»Das hab ich nich' gesagt, Freddie. Ich hab bloß gesagt, ich kann dir'n paar Sachen zeigen, daß es noch schöner für uns beide is'. Ich wollte ja bloß –«

Der erste Schlag traf sie völlig unvorbereitet. Er wirbelte sie richtig herum; sie hatte ihn nicht mal kommen sehen. Sie lag bedeppert auf dem Bett, ihr war schwindelig von dem Hieb. Die Erinnerung an die vielen Male, die sie schon zusammengeschlagen worden war, früher, als sie noch für ihre Zuhälter arbeitete, durchfuhr sie wie ein Blitz. Einmal hatte einer sie an drei junge Typen in einem blauen Plymouth vermittelt. Die fuhren mit ihr auf ein totes Grundstück an der Home Street, wo sie sie ohrfeigten, ihr Socken in den Mund stopften und sie in den Arsch fickten, jeder einzeln. Initiationsriten. Verdammt, stand ihr vielleicht SCHLAGT MICH quer über die Stirn gestempelt?

Erst hatte sie gedacht, das mit Freddie würde auch bloß so eine Geschäftsbeziehung wie alle anderen werden. Wenn man erst einmal mit dem Huren angefangen hat, wird schließlich jede Beziehung mit einem Mann zu einer Geschäftsbeziehung. Sie hatte geglaubt, sie könnte Sex gegen was zu Essen und ein Dach über dem Kopf und ein bißchen Schmuck eintauschen. Dann hatte sie sich aber verliebt. Bei ihnen war das Vögeln vor allem Streicheln und Küssen und Schmusen, keine solche Roboterrammelei wie sonst. Sie staunte, daß sie sogar etwas fühlen konnte. Mit Freddie lernte sie, zärtlich zu sein und liebevoll, sich zu geben, um ihm eine Freude zu machen. Das Komische war, daß er ihr umgekehrt auch Freude bereiten wollte. Noch nie hatte sie einen kennengelernt, der sich solche Mühe gegeben hätte mit ihr. Sie war ausgelaugt vor lauter Gefühl, es war ZUVIEL, und sie fürchtete, die Kontrolle zu verlieren. Sie dachte ans Weglaufen, weil die Liebe einen an die Kette legt, aber wenn er sie zum Höhepunkt brachte, dann fühlte sie sich tiefer drin berührt als je zuvor. Sie wollte ihm alles geben. Er ging nie leer aus, auch wenn sie mal passen mußte. Sie war so gut, daß er es mit der Angst bekam.

»Wie vielen Kerlen hast du's schon mit dem Mund gemacht?« wollte er wissen. Ihr schoß die Schamesröte ins Gesicht.

»Freddie, ich liebe nur dich.«

Sie war verliebt und wollte nicht an ihr früheres Leben denken, aber er erinnerte sie ständig daran, als käme er nicht drüber weg. Der Schlag ins Gesicht hatte sie derart verblüfft, daß sie sich nicht rühren konnte, nichts sagen, ihn bloß noch anstarren, wie er mit geballten Fäusten vor dem Bett stand.

»Du bis' ja bloß 'ne dreckige Putona, vergess' das ja nich'. Ich muß verrückt gewesen sein, dich zu nehm'. Die Jungs ha'm mir gleich abgeraten. Aber ich wollt' ja nich' hör'n.«

Verzweifelt schüttelte sie den Kopf. Es hatte ihr die Sprache verschlagen. Sie fühlte sich schmutzig und zog das Laken heran, um sich zu bedecken, aber er riß es ihr weg.

»Willste jetzt dein' Körper zudecken? Vor mir verstecken?«

»Nee, Freddie, ich –«

»Die ganze Zeit haste mich bloß verarscht.«

»Nee, Freddie, so isses doch gar nich'.« Sie erhob sich, wollte zu ihm gehen und ihn berühren. Wenn sie ihn nur berühren könnte, dann würde sich vielleicht alles wieder einrenken, aber er stieß sie aufs Bett zurück.

»Du willst'n ordentlichen harten Fick, ja? Wie in den alten Zeiten, ja? Du Scheißhure!«

Wieder knallte er ihr eine, warf sich auf sie und drehte sie auf den Bauch. Sie ahnte, was er vorhatte, und fing an zu weinen. Sie hatte gedacht, er wäre nicht wie die anderen; und jetzt versuchte er, seinen schlaffen Schwanz in sie hineinzustecken, fluchte und drosch ihr auf den Kopf, genau wie die Jungs in dem blauen Plymouth, bloß daß Freddie nicht der Typ dafür war. Es gibt eine Sorte Kerle, die kriegen einen Ständer, wenn sie eine Frau mit Prügeln zum Flennen und Winseln bringen. Aber Freddie gehörte nicht zu der Sorte. Er stieß und stieß und stieß und riß sie an den Haaren und schaffte es trotzdem nicht, in sie einzudringen, und sie versuchte ihm zu helfen, aber er boxte sie auf den Rücken, daß es krachte.

»Schon gut, Freddie, is' ja gut.« Sie wollte sich zu ihm umdrehen, ihn in die Arme nehmen. Er landete einen Treffer, der sie in tiefen, schwarzen Schlummer schickte.

Freddies Freunde erzählten ihm, Huren würden gern beim Ficken geprügelt. (»Gefällt dir das? Jaaah, du Nutte!? Soll ich fester schlagen?«) Sie rieten ihm, er solle sie zwingen, es zu schlucken, alles zu schlucken, auch wenn ihr davon übel wurde. Wenn sie würgen mußte, schmierte er ihr eine. (»Für die andern haste's doch auch gemacht, oder nich'? Mein Saft is' dir wohl nich' gut genug, was?«)

Freddies Freunde hatten ihn aufgehetzt. Sie wußten nämlich, daß sie eine hypergeile Chica mit Erfahrung war. Sie war ZU SEHR Frau. Um sie zu zähmen, mußte schon ein RICHTIGER MANN kommen, über das normale Maß hinaus. Im El Commandante wollten viele sie für sich haben, aber sie hob sich für ihn auf. Nicht mal ein kleiner Quickie, auch wenn sie scharf war. Schon seit sie ihn zum ersten Mal entdeckt und sich an ihn rangemacht hatte, bloß um festzustellen, daß er sich sträubte, war das so. Von diesem Moment an wurde er zu ihrer Mission. Sie genoß den kurzen Augenkontakt, die nervöse Spannung, wie er manchmal ihrem Blick auswich. Er machte so ungeschickte Komplimente. Ständig fragte er, ob sie einen Freund hätte, und dann antwortete sie: »Nee, ich heb' mich für wen Besond'ren auf.« Wahrscheinlich würde sie sich heute noch aufheben, wenn nicht Diablo, der einäugige Dealer, zu ihr gekommen wäre und gesagt hätte: »Hör mal, mit dem Jungen mußte was unternehm'. Wollen tut der schon, der weiß bloß nich', wie er's anstellen soll.«

Sie starrte ihn an, um zu ergründen, ob er sich über sie lustig machte. Sie wußte, daß er ein guter Freund von Freddie war.

»Hat er was von mir gesagt?« Sie saß am Tresen und schlürfte ihren Lieblingscocktail mit Wodka.

»Aber sicher doch. Weißte, der Junge hat 'ne Zukunft in der Gang, aber die andern reden schon. Die glauben, der kriegt dich nie. Machen'n Riesentheater, ha'm sogar schon Wetten abgeschlossen. Ich kann den Jungen einfach leiden, Mann. Der weiß nich', daß ich dir das stecke. Wanda hat mir erzählt, daß du auf ihn stehst, sonst wär ich nich' zu dir gekomm'.«

Sie lächelte. »Tu ich auch. Ich steh echt auf den.« Ihr wurde ganz schwummrig, das laut zu sagen. Sie mußte lachen. »Er ist so'n hübscher Kerl.«

»Du brauchst bloß loslegen, dann hast'e ihn schon. Stell dir mal vor, was ihm das bedeuten würde, Mann.«

Sie biß sich auf die Unterlippe und beobachtete im Spiegel hinter der Bar die tanzenden Lichter. »Is' gebongt«, sagte sie, und am nächsten Abend stellte sie ihn hinten in der Gasse neben einem überquellenden Müllcontainer.

»He, Freddie«, sagte sie und zwängte ihn an die Wand. »Was läuft'n so mit uns zwei?«

Freddie mußte schwer schlucken und musterte sie von oben bis unten. Er sah beglückt aus, aber auch ängstlich.

»Bloß, daß du so toll bis'«, meinte er.

»Ich? Toll?« Sie rückte näher ran. »Dann zeig mir das doch mal, oder? Weißte, ich komm' hier andauernd her, bloß um dich zu treffen. Siehste mein schwarzes Minikleid? Hab ich heut' ganz allein für dich an. Hab' gehört, du stehst auf schwarze Strümpfe.« Sie grinste und machte einen Schritt zurück; und das Minikleid rutschte an ihren glatten Nylonschenkeln hoch. Sie trug keinen Slip. Entlang der dunklen Naht, die direkt in ihren dichten Busch führte, waren hübsche Blümchen gestickt. »Gefall'n dir die?«

»Ach Scheiße Mädel, weißte, ich –«

»Meinste nich', du kannst mir vielleicht'n Kuß ge'm?« Sie zog ihr Kleid wieder runter und schmiegte sich an ihn, streichelte seine Arme. »Ich will dich, Freddie. In mei'm Herzen liegt ein Stein, und der macht Freddie, Freddie, Freddie ...« Das hatte sie aus irgendeinem Countrysong. Dora spielte immer so einen Scheiß.

Er küßte sie zärtlich, und seine Hände strichen über ihr Gesicht, als wollte er prüfen, ob es sie auch wirklich gab. Sie preßte sich an ihn. Kein viehischer Sex, keine hektische Fummelei. Sie war erstaunt, wie sanft und zärtlich und warm es war. Plötzlich fielen ihr tausend Dinge ein, wie sie erklären konnte, daß sie zwar eine Hure gewesen war, aber nicht durch eigene Schuld: Ihre Mutter wäre auch schon eine gewesen und nach der Trennung hätte sie das Sorgerecht gekriegt. Sie hätte ja versucht abzuhauen, aber die Jugendbehörden hätten sie immer wieder zurückgeschickt, und so wäre sie dann eben auf dem Straßenstrich gelandet. Sie wollte ja bloß erklären, das Ganze wäre nur noch eine alte Haut, aus der sie endlich rausschlüpfen wollte. Mit der Fingerspitze trocknete er ihr die Augen. Sie schüttelte den Kopf, als könnte sie es nicht glauben. Seine Berührung sagte alles. Sie wußte, daß bei einem Kerl die Berührung mehr über ihn aussagte als jedes Wort. »Ich liebe dich«, sagte sie, weil ihr danach war. So bescheuert kitschig das auch klingen mochte, ihr Inneres stand in Flammen.

III

Sie zog sich an. Obwohl sie versuchte, nicht in den Spiegel zu gucken, erhaschte sie doch gelegentlich einen Blick. Sie versuchte, abfällig zu kichern. Sie beobachtete, wie sich ihr Gesicht in Falten und Grimassen verzog und wie ihr trotzdem die Tränen kamen. Ihr Körper tat einfach, was er wollte. Sie hatte die Kontrolle verloren.

Sie packte einen Koffer, packte den ganzen Schmuck ein. Um keinen Preis durfte er etwas davon behalten; sie hatte sich alles verdient. Um den Schmuck zu kriegen, würde er sie umbringen müssen. Er hatte ihr das Gesicht versaut. Wenn sie den Schmuck versetzte, hatte sie vielleicht genügend Kohle, um abzuwarten, bis es verheilt war. Und dann? Zu Wanda oder den anderen Chavobräuten, die sie kannte, konnte sie nicht. Einen von der Gang zu verlassen, war absolut tabu, egal aus welchem Grund, und keine von ihnen würde ihretwegen ihren Status aufs Spiel setzen. Es gab bloß einen Ort, wo sie hinkonnte. Ehe sie kneifen konnte, wählte sie eilig die Nummer.

Dora war drei Jahre älter. Sie machte eine Ausbildung zur Anwaltsgehilfin und war mit einem jungen Arzt namens Julio verlobt, der einen Bart und bleiche, teigige Hände hatte. Eines Tages, als sie nach Hause kam, hatte sie Alana beim Packen angetroffen.

»Und?« fragte sie. »Ist es diesmal ernst oder kommst du wieder zurück, wenn du's dir anders überlegt hast?«

Alana hatte nicht geantwortet, bloß weiter ihr Zeug zusammengetragen. Dora war zu ihr hingegangen.

»Drei Monate allerhöchstens«, sagte sie. »Jede Wette. Wirst schon sehn.«

Das Telefon läutete. Bei der Erinnerung an Doras Worte kriegte sie Magenstiche. Dora klang müde, als sie abhob.

Alana sagte nichts, atmete nur in den Hörer. »Hier ist Alana«, sagte sie dann. »Leg nicht auf.«

Dora seufzte. »Na, sieh mal einer an. Deine königlichen Pläne haben sich scheint's mal wieder in Luft aufgelöst. Was ist los? Hat's nicht geklappt? Den falschen Zuhälter erwischt? Keinen Koks mehr? Oder hast du's satt, immer für dein Geld zu arbeiten?«

Die Verachtung in ihrer Stimme ließ Alana zu Eis erstarren. Sie antwortete nicht.

»Los, sag schon. Was ist schiefgelaufen? Rufst du nicht vielleicht an, um mir zu erzählen, daß alles superklasse ist? Vielleicht 'n bißchen protzen auf Kosten deiner Schwester? Ach? Nein nein nein, mit mir nicht. Ich bin doch sowieso bloß ein Idiot, hast du das nicht mal gesagt? Ich arbeite acht Stunden am Tag in irgendeinem blöden Büro, um mein Geld zu verdienen. Ich mach halt nicht für jeden dahergelaufenen Widerling die Beine breit und krieg'n Tausender die Woche.« Doras Stimme wurde immer lauter.

»Bitte, Dora. Ich wollte doch nur ...«

»Was wolltest du?«

Alana kniff die Augen zusammen und zerquetschte ihre Tränen mit dem Finger. Sie legte auf. Freddie fand sie etwa eine Stunde später auf dem Fußboden kauernd, die Beine fest umschlungen, wie sie zu den hohlen Klängen in ihrem Kopf schaukelte. Sie hatte zwar Schminke aufgelegt, doch die Tränen hatten Spuren darin gezeichnet. Als er reinkam, hörte sie auf zu schaukeln.

Freddies Augen waren rot und verquollen. Mit ihm kam ein Schrank von einem Mann, der wie ein Leibwächter an der Tür rumlungerte. Freddie hockte sich vor sie nieder, mit verschränkten Händen, als hätte er ihr etwas Ernstes mitzuteilen.

»Gut, daß du da bis'«, sagte er. Daß er immer rasche Blicke zu dem Kerl an der Tür rüberwarf, brachte Alana auf die Idee, daß Freddie Angst vor ihm hatte. »Das da drü'm is' Jake.« Er machte eine Pause und wischte sich den Mund. »Du solls' mit ihm mit.«

Ihr glasiger Blick wanderte von Freddie zu Jake rüber.

»Ich hab mit'n paar Jungs aus der Gang von Ace of Spades gepokert. Dann is' mir's Geld ausgegang'. Hab' gegen Flaco gespielt. Kennste noch Flaco?«

Sie dachte an den großen hageren Typ mit dem wirren Blick und dem Hyänenlachen. Es hieß, er hätte drei Menschen auf dem Gewissen. Vor langer Zeit hatte sie ihm einmal nach einer Wette als Mutprobe einen geblasen, noch vor Freddies Zeiten, im selben Hinterzimmer vom El Commandante. Auch in einer von ihren Acidnächten.

»Jedenfalls, ich hab verlorn. Verloren, verloren, verloren. Als mein Geld alle war, ha'm wer um dich gezockt. Ich hab wieder verlorn.« Er sah nicht sie an, sondern Jake. »Jetz' gehörst'e ihm.«

»Du has' mich verkauft?« Sie sprach wie in Trance.

»Nee, Mann. Hab' dich einfach beim Kartenspieln verlorn. Das's was andres. Desweg'n is Jake mitgekomm'.« Er wandte den Blick nicht von Jake ab. »Am besten gehste gleich mit ihm mit.«

»Hab' schon gepackt«, sagte sie und stand langsam auf. Freddie ging in die Küche und kam mit einem Bier zurück. Er schnippte die Lasche auf und sah ihr vom Türrahmen aus zu, wie sie mit ihrem Koffer und ihrer Schultertasche aus dem Schlafzimmer kam. Jake nahm ihr, wie ein Hotelpage, sofort die Sachen ab. »Also los«, sagte er, und ohne weiteres Wort an Freddie machten sie sich auf den Weg.

»Viel Spaß«, wünschte Freddie.

IV

Flacos Bude lag weit weg in der Cypress Avenue. Alles voller Glasscherben, massenweise Müll, reihenweise leerstehende Häuser. Dealer priesen leiernd ihre Ware, und vor den Häusern hockten fette Weiber auf der Veranda, deren kleine Kinder leere Glasröhrchen aus den Rissen im Trottoir klaubten.

Sie hielten an einem Haus mit verschlossener Vordertür und gekacheltem Vestibül. Die Korridore waren sauber und rochen nach Desinfektionsmittel. Flacos wohnte im zweiten Stock. An seiner Tür war mit Klebestreifen eine Postkarte festgemacht, ein Heiligenbild. Als Flaco öffnete, folgte ihr Blick dem Heiligen. Ihn sah sie nicht an.

»Sankt Hojo«, sagte er, »Schutzpatron aller Dealer. Ich kenn' den Typ, wo sie macht.« Der Heilige hielt Crackröhrchen in den Händen. Um seinen Kopf schwebten Joints.

Langsam trat sie ein. Die Wohnung hatte hübschere Möbel als bei Freddie. Jake stellte ihr Zeug in ein anderes Zimmer und ging wieder. Flaco setzte sich auf die Couch und starrte sie an, während sie im Zimmer umherspazierte und die Bücherregale und den Großbildfernseher und die Stereolautsprecher berührte.

»Kennste mich noch, Alana?« Er führte einen Joint an die Lippen.

»Hm. Klar.« Sie besah sich seine Sammlung an Videospielen. Sie mußte blinzeln. Das Licht war so schummrig, und alles um sie herum sah ganz grobkörnig aus.

»Weißte was, ich hab' mir gedacht: Wo wir uns so lang nich' gesehn ha'm, dachte ich, wir feiern Wiedersehn. Hab' Sekt gekauft und so –«

Mit einem Zucken im Gesicht drehte sich Alana zu ihm um. Flaco stand auf und beugte sich vor. Dann ging er zum Lichtschalter und machte heller. Er kratzte an ihrer Schminke.

»Ooh Mann!« sagte er und wandte sich ab. »Verdammte Scheiße! Dieses miese Arschloch hat mir verdorbene Ware angedreht. Is' doch nich' zu fassen, so 'ne Scheiße echt!« Er wirbelte herum und schrubbte in ihrem Gesicht herum. Sie zog den Kopf weg. »Schau dir das an! Du bis' ja völlig im Arsch. Wo ich gedacht hab, du bis' einsatzfähig. Umbring' müßte man den Saukerl!«

Sie brach in Tränen aus. Um das Schluchzen zu unterdrücken, biß sie sich so fest auf die Lippe, daß es blutete.

»Ich bin auch einsatzfähig«, hauchte sie. »Sekunde bloß.«

Sie zitterte am ganzen Leib. Er schleppte sie ins Schlafzimmer. Das Bett war mit roter Bettwäsche aus Satin bezogen, das Licht runtergedreht. Er hatte schon gewartet.

Er zog sie an sich und knöpfte ihr die Bluse auf, dann stieß er sie nieder aufs Bett. Er zog ihr die Sandalen ab und die Hose aus, so daß sie im Slip dalag. Er begutachtete die Blutergüsse an ihren Beinen und die Bißwunden an ihren Brüsten, und auch die Ansammlung von Zigaretten-Brandwunden. Er stand einfach da und starrte sie an.

»Tut mir leid«, sagte sie, und dann mußte sie wegsehen.

Er schüttelte den Kopf. »Den Scheißkerl müßte man umbringen. Meinste nich'?«

Sie gab keine Antwort.

»Hält sich wohl für besonders schlau, daß er dich an mich losgewor'n is. Umnieten müßte man das Arschloch. Jetz' guck dich bloß ma' an. Siehst ja grauenhaft aus.« Er ging zum Lichtschalter und drehte das Licht noch düsterer. Dann stand er an der Tür und schaute zu ihr hin.

»Schlaf«, sagte er. »Schlaf erst mal. Bis nachher.« Er zog die Tür hinter sich zu.

Sie schloß die Augen und sank ins Schwarze.

Deutsch von Blanca Dahms

Gail Donohue Storey

Ganznackte Live-Girls

Halbnackte Live-Girls

Halbnackte Live-Girls verbrauchen ihre ganze Kraft in der Choreographie von Aussehen und Täuschung. Fluffie arbeitete in Ginger's Fingerginza und widmete sich besonders dem Haufen sinnlicher Existentialisten, die sie wirklich erstklassig versorgte. Ginger's Fingerginza hatte eine Konzession für Handlesen. Zur Hauptkundschaft gehörten die Leute, die morgens ihre Sachen in die Martinizing-Schnellreinigung brachten und während der Stunde Wartezeit vorbeischauten. Fluffie blickte in die Zukunft und munterte einen einsamen Martin auf.

»Dieses Bett schließt um 8.00 morgens«, erklärte sie und räumte das Klappbett weg. »Wenn du dich länger herumwälzen willst, mußt du noch für eine Nacht bezahlen.«

Fluffie war auch der Ehename, den sie der Heirat mit dem Mann verdankte, der bei der Essensausgabe am Empfang der Ginza hinter ihr gestanden hatte. Das heißt nicht, daß er nicht auf die Jagd oder sie nicht mehr in die Junior League gehen kann, sondern nur die Person war, mit der man am liebsten zusammen war.

Die Ginza-Astronomen entwarfen für alle Herzen der Männer und Frauen Diagramme, so daß Fluffie auf den Handflächen der Kunden tanzen konnte. Sie suchten Gemeinschaft,

Wurzeln, Werte, einen Ort der Geborgenheit, einen Ort, wo das Beste an einem zum Vorschein kommen konnte.

»Bin ich so glücklich, wie ich nur sein kann?« fragten sie.

»Vielleicht ziehe ich mein Nacktkostüm an«, neckte sie. »Vielleicht ziehe ich auch mein Nacktkostüm noch aus.« Sie legte ihren Außenkörper ab, bis ihr innerstes Selbst keine Identität in einem Außenkörper mehr fand. Sie kultivierte eine durchscheinende Zerbrechlichkeit.

Die Körper der anderen waren grob und verklemmt, hängende Schultern, Handflächen baumelten zwischen ihren Schenkeln. Wenn sie bei ihnen Erfolg hatte, schlossen sich ihre Finger, und ihre gesamte Haltung glich weniger einem Gorilla als einem Fötus. Vor der Ginza verkündete ein Schild: »SCHON ÜBER 3 MILLIARDEN HANDFLÄCHEN GELESEN«.

Aber eine bestimmte Handfläche entzog sich aller Deutung. Beim Versuch, seine zu ertanzen, empfand sie tiefe Verwirrung. Der Hellseher war ein Sammelbecken für Gedanken, so wie sie selbst für Geschicke. Der Hellseher gab seine Gefühle nicht preis, zog aber offenbar ihre Liebe in Betracht.

Fluffie entströmte durch ihre Finger, als sei sie elektrisches Wasser. War etwas, das nie vorgekommen war in Ginger's Fingerginza. Die Musikastronomen, in der Hauptsache Oboisten, verloren durch den doppelten-Rohrblatt-Wahnsinn den Verstand. Achtelnoten und Viertelnoten hallten nach.

Er blieb so stumm wie ein Luftloch in einem Frozen Margarita. Den Hof machte er ihr durch tiefe Gesten der Vertrautheit. Still und für die Stille, für dich allein.

»Fluffie«, sagte er.

»Ich schöpfe die Phantasie vor unserem Zusammentreffen aus«, sagte sie, »damit es keine Verratlobung gibt.«

Braucht der eine Verführerin, der mit ihrer Verführung betraut werden kann? Fluffie hielt die Gelegenheit in der einen Hand und Widerstand in der anderen.

»Ich kann das liebesbefallene Leben beschreiben«, sagte sie, »aber nicht, wie man Gedanken wie deine errät.«

»Bist du in der Ginza glücklich?«

»Es ist Krieg, und ich bin an meinem Platz, aber glücklich bin ich nur, wenn ich bei dir bin.«

»Weißt du wer wir sind wo du tanzt?«

»Ich weiß, die Nacht verändert ihren Gang, und das spüre ich.«

Der Hellseher erlaubte ihr zuzusehen, wie er mit sich selbst und mit anderen in seinem Inneren kommunizierte. Er weihte ihre Bedürfnisse, bevor er sie befriedigte.

»Ich könnte für ihn sogar melancholisch sein«, dachte sie, »wenn ich den wirklichen Grund für Traurigkeit kennen würde, und vielleicht tue ich das ja irgendwann.«

Sie tanzte ins Ende der Tradition/Ära. Sie ging bis ans Ende von ()heit, ()ung und möglicher ()tion.

Ganznackte Live-Girls

Wir schliefen mit einem Mann, der uns schlug, während wir schliefen, dann rannten wir weg in eine Stadt, die ein Flußarm sanft zerteilte. Bevor wir in der ›Oase‹ an die Reihe kommen, genießen wir unsere Einsamkeit. Auch wenn wir keine Waffen haben, ist das doch wirklich ein Krieg. Wir heben unsere Arme, wie Bäume ihre Zweige im Wind anspannen. Unsere Brüste nehmen ihre Plätze ein. Männer, die selbst keine Brüste besitzen, überkommt plötzlich ein Gefühl von Zuneigung.

Wir gestikulieren jetzt auf offener Straße. Wir steigen auf, wir steigen herab, wir zerschneiden die Luft mit unseren papiernen Knochen. Wir lesen sein langsames Gesicht, das Muster auf seinem Hemd, seine Krawatte. Er lehnt sich nach vorne, als wäre nichts zwischen uns. Er atmet, als hörte er zu.

Zeichen, Gegenzeichen. Weil er uns sieht, wenn wir uns selbst nicht sehen, weil er uns am Abend Aureole nennt, weil er seine Handflächen aneinanderlegt, als würde er beten oder zum Tauchen ansetzen, verdächtigen wir ihn wilder Ekstaseerfahrungen. Wir lächeln über unsere eigene Traurigkeit. Wir hatten uns für den besten Kenner unserer Schönheit gehalten.

Wir entfernen die festgesteckten Blumen aus unserem Haar. Wenn wir auf das Licht an der Bühnenrampe zugehen, verneigen wir uns vor unserem eigenen Applaus. In dieser Nacht standen zwei Monde am Himmel. Wir sahen, wie er beide betrachtete, völlig arglos.

Draußen in der weichen, schwarzen Nacht regnet es an der Lippe der Rose herab, bis das Wasser seine Zunge zurückzieht. Sein Tropfen rinnt rosenknospentief, scharf wie Weihrauchduft aus feuchtem Unkraut und wie braune, gährende Rinde. In Schlafpositionen knien wir nieder vor der Nacht, trinken Regenwasser, während Nässe Gras, Moos, Bäume glättet. Wir trinken den Schlaf vom Grund unseres Traums.

Jahrelang waren wir nicht ohne Gedanken an dich. Wenn wir genug an dich denken, erzählen wir uns dann, was wir hofften, du würdest uns erzählen?

Halblive Nackt-Girls

Wie sollen wir dir bewußt machen, daß wir existieren? Rennen, so weit wie möglich die sanften Straßen nehmen. Ist in Ordnung, Angst zu haben, eine Form des Daseins, die man sich zulegt, um mit einer Gewohnheit zu brechen. Es stört uns, Dinge zu kennen, aber keinen Zugang zu ihrer bewußten Verwendung zu haben. Wir sind wie für den Winter angezogen. Wenn man uns zwingt zu schwimmen, stecken wir unsere Fäustlinge in die Taschen unserer Skianzüge.

Wir haben vor, schwimmen zu gehen.

Wir paddeln uns mühevoll in den Kampf. Moleküle des letzten Lichts gleiten auseinander, unsere Handgelenke fallen in die Dunkelheit.

Wir machen uns zu etwas Kleinem. Mohn war unser roter Name, unser jetzt Name ist Aureole. Aureole hatte eine Brüderin.

»Jungen-Zwilling«, sagte sie und legte beschützend den Arm um ihn, als sie vom Meer hereintrieben, dem Meer Übel, dem Tag der Mütter.

Brüderin, seine Mutter und ich, wir paddeln durch Luft so dünn wie Wasser. Die Handgelenke der Bäume strecken sich nach dem Grund, in den Stufen unter uns breitet sich Wasser aus.

Aber diese Wellen treiben dich von einem Ort zum nächsten. Erwachsene haben stets Bedürfnisse, um die man sich kümmern muß, jetzt scheint etwas mehr verlangt zu werden. Als erstes erstellten wir einen Plan. Erwachsene brauchen ein geordnetes Leben. Wir schlugen vor, was gegessen wird und was nicht, weckten sie, wenn sie auf den Tod zuzutreiben schienen. Wir verteilten die Hausarbeit unter Berücksichtigung ihrer Fähigkeiten, und auf manchen Gebieten, wo es besonders notwenig und wenig riskant schien, erweiterten wir sogar ihre Kompetenzen. Wir hingen einen Zeitplan fürs Baden auf und sorgten dafür, daß es ihnen »Spaß« machte, indem wir die Wände mit eleganten Spritzern verzierten. Wir schrieben Anweisungen an die Wände, illustriert, falls alle anderen Bemühungen um Sozialisierung fehlschlugen.

Der politische Wert des Ganzen war unanfechtbar. Es gelang uns, in ihnen *Furcht vor Unannehmlichkeiten* zu züchten.

»Mutter von Materie«, dachten wir und wurden zusehends subversiver.

Aber wir fürchten, jemand verläßt uns. Aureole singt ihrem Vater nicht dem eigenen vor. Unter unseren Freundinnen wählen wir eine aus, die du heiraten würdest, und wir heiraten sie. Warum ist jemand so früh am Morgen in irgendeiner Stadt in Griechenland oder Illinois an Land gegangen? Die Liebenden umarmen das Gepäck des anderen.

Sie sagen, daß die Tage vorübergehen, daß wir sie mit Wolke füllen, jeder Tag ein Glaszylinder, und alles andere, was vorher war und was danach. Die Gefühle, die im Geliebten existieren, sind so widerstrebend, daß sie fast farblos erscheinen. Vaters Liebesleben ist lebensbedrohlich.

Auf diese Weise kultivierten wir eine große Begabung zum Unglücklichsein. Wir tragen das Aussehen von Kindern, die wissen, daß sie kurz davor stehen. Auf diese Weise werden wir zu Objekten der Liebe und tauschen Mutters Tod gegen Vaters Liebe.

Livenackte Ganz-Girls

Uta Beauty hatte ihren Namen von zungenküssenden, eleganten Nummern. Wir ist der Traum eines Pronomens von kaiserlichem Unterbewußten, die gewaltige Persönlichkeit eines Ereignisses. Wenn du nicht darüber reden kannst, deute darauf, also deuteten wir mit unserem Projektil darauf. Es hatte eine vertikale Fähigkeit, in den Augenblick hinabzutauchen.

Projektil drang immer stärker auf den heißen Sprung. Er flirtete mit Uta, und sie war ganz elektrisiert.

»Großer Junge, Großer Junge«, sagte sie.

Sie holte die schweren Geschütze aus ihrem Schmuckkästchen und trug sie alle auf einmal.

»Lapislazuli«, frohlockte sie. Hoffnungsfrohe Opale, Ehrgeiz aus Amethyst, echte gefälschte Ringsiken, goldene Perlen, heiße Diamanten. Van Cleef und Arpels, Uhren an jedem Handgelenk. Zeit ist so wertvoll.

Aber die Traurigkeit des Kaufens.

»Ich gehe erst, wenn ich den ganzen Flittcherkram habe, mit dem ich gekommen bin«, sagte sie.

In jedem Traumgeschäft fuhr Uta Beauty mit dem Aufzug auf und ab. Bis Projektil notgedrungen die psychische Landschaft mit Pfand belegte. Ihre düsteren Dezimalzahlen waren Gefühle auf einem mathematischen Modell. Sie fingen an, sich im Bett zu streiten. Sie waren Körperschaftsbestrafung. Sie waren gefangen in Köstlichem Duft. Tatsächlich liebten sie ihre Streitereien.

»Wahrheit ist stärker als Reibung«, Projektils Rache.

Uta führte die mündliche Tradition fort. Auf der Suche nach Informationen drang er weiter in sie. Die Verbindungen sind so vertraut verschreckend.

Sie beschäftigten sich zunehmend mit globalen Gedanken zu größeren Problemen. Sie fingen an, sich mit Gedanken an ihre eigenen Vorlieben und Ängste zusammenzuschließen.

»Uta«, sagte er grimmig, »ich spüre Bedürfnisse in dir, die ich zu töten bedarf.«

Die Parallele verlief nach außen und nach innen. Eine Welt rückt näher an ein Gesichtsfeld des Inneren.

»Es ist ein bißchen in dich verliebt«, sagte sie und wehrte ihn ab, indem sie seine Gedanken auf Baseball lenkte. »Ich kann an den Dingen über dich erkennen, was er mir erzählen will. Mach dir keine Sorgen, ist nicht viel, und manches im Widerspruch zu dem, was du sagst. Keine Sorge, denn was er sagt, mag wahr sein oder nicht, du kannst dich darauf fair lassen, daß ich gemäß deinen Anweisungen handle.«

Schicht um Schicht, näher an dem, was wir meinen. Abstrakte Erotika, Phantasiegestaltung, fragende Liebe. Du kannst dich darauf verlassen, daß ich sie nicht aufhalte, daß ich dich weiterhin (liebe), auf die Distanz (kommt es nicht an). Das ist die ungewöhnliche Tatsache in dieser Angelegenheit.

»Ich habe das angenehme Gefühl«, sagte sie, »daß du dich bis zur äußersten Möglichkeit dieses Ereignisses erstreckst. Könnte Weihnachten sein oder das Mittagessen.«

Uta übt ihre Ansprache für das Abendrot danach:

»Ich bin erschöpft. Erschafft.«

Deutsch von Andrea Best

Donna Tartt

Sleepytown

Ich weiß noch, daß mein Urgroßvater – der vierzehn Jahre vor dem Ende der Regierungszeit Königin Victorias geboren wurde und der daher ein Viktorianer nicht nur dem Temperament nach, sondern auch von Rechts wegen war – einmal sagte, Thomas De Quincey sei der größte Prosastilist der englischen Sprache. Er neigte zu Proklamationen dieser Art und verkündete sie zumeist lautstark inmitten eines damit in keiner Weise zusammenhängenden Gespräches: über die größten Naturwunder der Erde, sagen wir mal, oder über das größte Buch der Bibel. Die Empfänger seiner Gunst wechselten willkürlich, je nach seiner Stimmung: Dickens zum Beispiel und James Fenimore Cooper bekamen zu anderen Gelegenheiten den Lorbeer des Prosastilisten verliehen. Ich war damals zehn und kannte sowohl Dickens als auch Cooper (es war in unserem Hause schwer, nichts von Dickens zu wissen, denn mein Urgroßvater sprach von ihm häufig und in einer Weise, daß man glauben konnte, er sei persönlich mit ihm bekannt gewesen), aber De Quincey war mir ein Geheimnis. Es gab zwar reichlich Bücher in unserem Hause, aber keine von ihm. Ich vermutete, daß sie zusammen mit anderen beklagten Gegenständen verlorengegangen waren, entweder bei einem der Umzüge meiner Urgroßeltern oder bei dem großen Brand im alten Haus, einem Ereignis, das sich dreißig Jahre vor meiner Geburt zugetragen und in meiner Vorstellung die

Bedeutung des Brandes in der Bibliothek von Alexandria angenommen hatte.

Drei Jahre später stieß ich im College-Apartment eines der Hippie-Freunde meines älteren Cousins zufällig auf eine Ausgabe der *Bekenntnisse eines englischen Opiumessers*. Das Semester war zu Ende; ich war mit meiner Tante und meinem Onkel gekommen, um meinen Cousin von der Schule abzuholen, und mein Cousin, der sieben Jahre älter war als ich und ein perverses, aktives Interesse daran gefunden hatte, mich zu verderben, hatte mich eingeladen, doch mit ihm hineinzukommen, vorgeblich, um sich von dem Hippie-Freund zu verabschieden, in Wirklichkeit aber, um Gras zu rauchen, während Onkel und Tante vertrauensvoll im Auto warteten.

Zwar war ich mehr als bereit, mich verderben zu lassen – und es hätte mir das Herz gebrochen, wenn mein Cousin, den ich vergötterte, mich draußen bei seinen Eltern gelassen hätte –, aber ich war doch das Kiffen nicht gewohnt und außerdem schüchtern gegenüber dem Freund, der einen Bart hatte und mir Angst einjagte. Noch ein Typ war da, den ich nicht kannte, und zwei Mädchen. Nach drei- oder viermaligem unbeholfenen Paffen war ich elendiglich stoned; ich ließ sie alle auf dem Fußboden im Wohnzimmer sitzen – sie plauderten immer noch und ließen den Joint kreisen, anscheinend ohne irgendeine Wirkung zu spüren – und wanderte sprachlos durch das Apartment. Ich fand mich in einem Zimmer wieder, das leer war bis auf einen Stapel Bücher und ein paar Schallplatten. Die Platten waren das, was man erwarten konnte *(Abbey Road, Are You Experienced?)*, und die Bücher ebenfalls, mit Ausnahme von Thomas De Quincey. Ich setzte mich auf den Boden und betrachtete das Buch. Es war – für mich – weitgehend unverständlich. Aber es waren Bilder darin, Schwarzweißstiche – chinesische Drachen, die kreischend durch den Londoner Himmel fuhren, und gewaltige Fledermausflügel, die sich über den rußgeschwärzten Dächern von St. Paul spreizten –, und die ließen einen dumpfen, süßen Akkord in meiner Fantasie erklingen. Sie waren unverhohlen gespenstisch, aber auch seltsam beruhigend, ganz wie der unveränderliche Alptraum aus der Kindheit, der mir so vertraut geworden war, daß ich – wenn ich mich auf dem windgepeitschten Traumberg wiederfand, auf dem er unweigerlich begann – mich auf irgendeine Weise seltsam getröstet fühlte, weil ich immer genau wußte, was passieren würde. Ich betrachtete die Bilder eine ganze Weile. Dann kam mein Cousin mich suchen und schleppte mich hinaus zum Wagen, und auf der Heimfahrt saß ich mäuschenstill da und versuchte, mich nicht komisch zu benehmen, während Onkel und Tante, arglos, wie sie waren, laut in der paranoiden, vibrierenden Stille redeten.

»O gerechtes, feinsinniges und mächtiges Opium«, sagt De Quincey, »du baust auf dem Busen der Dunkelheit aus der phantastischen Bilderwelt des Gehirns Städte und Tempel, die die Kunst eines Phidias und Praxiteles übertreffen – auch die Pracht Babylons und des Hekatompylos; und ›aus der Anarchie des träumenden Schlafs‹ rufst du ins Sonnenlicht die Gesichter lang begrabener Schönheiten und die gesegneten Antlitze der Familie, gereinigt von der ›Schmach des Grabes‹.«

Es erscheint vielleicht merkwürdig, daß mein viktorianischer Urgroßvater, der schon die unschuldige Zerstreuung eines Kinobesuchs mit Stirnrunzeln betrachtete, einen Autor bewundern konnte, der dieses sehr viel lasterhaftere Vergnügen so gewinnend zu beschreiben wußte. Aber trotz oder vielleicht gerade wegen seiner Erziehung besaß er ein nahezu unbegrenztes Vertrauen in die Zauberkraft der Pharmazie. Gern erzählte er Schreckensgeschichten von der Konföderation, von Schürfwunden und Blasen, die sich in Sepsis und Blutvergiftung verwandelten (»Eine Flasche Franzbranntwein!« pflegte er dramatisch zu erklären. »Eine Flasche Franzbranntwein hätte Hunderte von diesen Jungs retten können!«) oder von einfachen chirurgischen Behandlungen, die zu Schock und unnötigen Todesfällen führten, nur weil ein tödlicher Mangel an Morphium herrschte. (Bis heute ist eine der bewegendsten Szenen in *Vom Winde verweht* für mich die am Eisenbahndepot in Atlanta, wo der arme Dr. Meade von Tausenden von verwundeten Konföderierten umgeben ist: kein Morphium, kein Verbandsmaterial, kein Chloroform, nichts.)

Die Mutter meines Urgroßvaters war einen qualvollen, schrecklichen Tod gestorben, als er noch ein Junge war, und zwar an einer Krankheit, die heute mit Leichtigkeit durch Penizillin geheilt werden kann; später erfüllte ihn dann unerschütterliches Vertrauen in die übernatürlichen Kräfte dieses Medikaments, was sich am Ende als sein Verderben erweisen sollte. Wiederholten Warnungen zum Trotz verabreichte er sich in den letzten Jahren seines Lebens beinahe ständig Antibiotika, ob ihm etwas fehlte oder nicht. Diese Antibiotika wurden ihm auf Wunsch problemlos ausgehändigt – wie bei uns in der Stadt praktisch jedes Medikament für jedermann erhältlich war –, und zwar von Ärzten und Apothekern, die anscheinend glaubten, da mein Urgroßvater ein intelligenter und in der Gemeinde wohlangesehener Mann sei, sei er auch dazu qualifiziert, die Verantwortung für seine eigene medizinische Behandlung zu übernehmen, auch wenn er nicht die geringsten medizinischen Kenntnisse besaß. Er nahm also Antibiotika und hielt sie für eine Art gesundes Vorbeugungsmittel oder Nerventonikum, und im Laufe der Jahre entwickelte er nach und nach eine starke Resistenz bis zu jenem Osterwochenende, als eine Erkältung sich unverhofft zu einer Lungenentzündung auswuchs; die Pillen, die seine Mutter gerettet hätten, taugten nun nicht mehr dazu, ihm zu helfen, und er starb.

Wenn Verwandte sich in Erinnerungen an meinen Urgroßvater ergehen, leiten sie diese fast immer mit irgendeinem Verweis auf seine Zuneigung zu mir ein. »Du warst sein Herzensliebling«, sagen sie, und: »Er fand, die Sonne geht über dir auf und wieder unter.« So war es auch. Ich war das Produkt einer flatterhaften, unreifen Mutter – Urgroßvaters jüngster Enkelin, die er ebenfalls sehr liebte – und eines schneidigen, aber unfähigen Vaters: Meine Eltern besaßen weder die Fähigkeit noch die Neigung, für meine frühe Erziehung viel Interesse aufzubringen. Aber die Familie meiner Mutter – ein ganzer Schwarm von Großtanten und Großeltern – sprang hier nur zu gern in die Bresche, und ich verbrachte meine Tage und auch die meisten Nächte in dem alten Haus in der Commerce Street, in dem es seit fast zwanzig Jahren keine Kinder mehr gegeben hatte. Die meisten Leute in vorgerückten Stadien des Lebens (die Bewohner des Hauses in der Commerce Street rangierten im Alter zwischen fünfzig und achtzig) hätten das Eindringen eines neugeborenen Babys als Irritation empfunden, aber meine Ankunft bildete hier anscheinend einen Quell von Aufregung und dringend benötigter Abwechslung; man schleppte eine Kinderwiege vom Speicher herunter, konsultierte Bücher und wies den Milchmann an, pro Tag einen Liter mehr zu bringen. »Es war gerade so«, sagt meine Großtante glücklich, »als habe uns jemand ein Baby vor die Tür gelegt.« Und dann erzählt sie die Geschichte, die ich schon tausendmal gehört habe: Daß ich anfangs zu klein war, um normale Babykleidung zu tragen und mit Taschentüchern gewickelt werden mußte, was alle ratlos machte, bis jemand auf die Idee kam, Puppenkleider zu nehmen, von denen man einen kleinen Koffer voll in irgendeiner vergessenen Spielzeugkiste ausgrub. (Es gibt ein komisches Foto von mir, wie ich in einem Bettchen liege und ein für einen Säugling sonderbar elegantes Karrierefrauen-Kostüm trage.)

Inmitten dieses Wirbels von Geschäftigkeit war mein Urgroßvater der selbsternannte Schiedsrichter in allen Fragen, die mit meiner Versorgung zu tun hatten. Er verstand zwar nicht das geringste von Babys, glaubte aber alles zu wissen und weigerte sich, auf die vernünftigeren Ratschläge meiner Urgroßmutter zu hören. Ich war indessen ein gesundes kleines Mädchen und blühte und gedieh unter dem, was meine Großtanten insgeheim für sein verrücktes Regime hielten – bis ich zu jedermanns Schrecken plötzlich, wie sie es alle nannten, »kränklich« wurde, als ich ungefähr fünf Jahre alt war. Das Problem waren kranke Mandeln, nichts weiter. Aber bis sie, als ich sieben war, herausgenommen wurden, war ich einen großen Teil der Zeit über krank und fiebrig und mußte durchschnittlich drei Tage pro Woche im Bett bleiben. (Ich war dicht daran, in der ersten Klasse sitzenzubleiben, nicht wegen schlechter Noten, sondern wegen meines häufigen Fehlens.) Für meinen düsteren und sentimentalen Urgroßvater – der von einer Dickensschen Weltsicht besessen war, in der rohe Kinder gediehen, während die süßen, kleinen, braven alsbald zum Herrn heimgerufen wurden – war dies nicht weniger als ein Zeichen dafür, daß ich bald von ihm genommen werden würde, und er trauerte um mich, als wäre ich schon tot. Daß er eine kleine Schwester gehabt hatte, die ungefähr in meinem Alter gestorben war, machte die Sache nicht besser. Und obgleich alle versuchten, ihn zu beruhigen – dies waren die sechziger Jahre, und Kinder starben nicht mehr an Kleinigkeiten –, wollte er sich nicht trösten lassen. Nicht einmal das Leuchtfeuer des Penizillin machte ihm noch viel Hoffnung; zwar beseelte ihn ein unausgesprochener Glaube an dessen Macht in allen Dingen, die ihn selbst betrafen, aber das Leben seiner Lieben wollte er ihm doch nicht restlos anvertrauen: ein Glück für mich übrigens, denn ich weiß nicht, wie ich auf fortgesetzte, knüppeldicke Antibiotika-Gaben reagiert hätte, wie er sie sich selbst verordnete.

Was mein Urgroßvater mir dagegen verordnete – neben den Medikamenten, die ich jeweils vom Arzt bekam –, waren Eßlöffel voll schwarzer Melasse und irgendeine grausige, nach Lakritz schmeckende Arznei, die angeblich Vitamine enthielt, und dazu ein Glas Whiskey zur Schlafenszeit sowie regelmäßige und massive Dosen von einem roten Zeug, von dem ich heute weiß, daß es kodeinhaltiger Hustensirup war. Der Whiskey war mit Zucker und heißem Wasser vermischt; er sollte mich einschläfern und mir beim Zunehmen helfen, was er beides auch tat. Welche Überlegungen hinter dem Hustensirup standen, ist mir noch heute schleierhaft, denn Husten zählte nicht zu meinen Symptomen. Vielleicht wußte er nicht, daß der Sirup Kodein enthielt; vielleicht aber wollte er mir auch nur meine letzten Tage – oder was er dafür hielt – behaglich machen. Was immer der Grund gewesen sein mag, die großen roten Flaschen kamen eine nach der anderen aus dem Drugstore, und umzingelt von Fieber und Whiskey und Kodein verbrachte ich fast zwei Jahre meiner Kindheit in einem ziemlich heftig veränderten Bewußtseinszustand.

Wenn ich mich an diese Jahre erinnere, an die langen vollgedröhnten Nachmittage im Bett, oder an die schwarzen Wintermorgen, die ich schwankend an meinem Pult verbrachte (denn die Kodeinflasche und die Lakritzmedizin begleiteten mich auch zur Schule), so ist mir klar, daß ich auch da schon wußte, daß dieses träge Unterwasser-Dasein, in dem ich trieb, speziell mein eigenes war und von niemandem ringsherum verstanden wurde. Zischende Gasheizung, verschlafenes Kreidekratzen an der Tafel. Ich sah trostlose Vulkanlandschaften, die in der Holzmaserung der Pultplatte vor mir erwachten, und ein buntes Glasfenster anstelle des zusammengeklebten Bogens Bastelpapier. Eine zerknüllte Tüte, in der jemandes Schulbrot gewesen war, verwandelte sich in einen schlaftrunkenen braunen Igel, der süß dösend neben der Mülltonne lag.

In meinem Zeugnis für die erste Klasse stand, ich sei »still« und »fügsam«. Aber eigentlich blieb ich lieber krank zu Hause, wo ich meinen Halluzinationen freien Lauf lassen konnte, ohne daß die Lehrerin mit ihren ermüdenden Störungen dazwischenkam. Ich starrte manchmal stundenlang ein bestimmtes View-Master-Bild an: Peter Pan, wie er hoch über London dahinflog und sein schmaler Mondschatten unten über das Kopfsteinpflaster glitt. Wenn ich dieses Bild lange genug anschaute, bekam ich manchmal sogar ohne Medikamente das Gefühl, selbst zu fliegen; und wenn ich im Chrysler meiner Mutter auf dem Rücksitz die Augen schloß, gelang es mir manchmal übrigens auch, den Chrysler in ein Flugzeug zu verwandeln. Nun hatte sich dieses Talent – zu meiner unermeßlichen Genugtuung – geradezu exponentiell gesteigert, und zwar so weit, daß der Chrysler anscheinend *selbst* in der Lage war, sich in ein Flugzeug zu verwandeln, wann immer es ihm gefiel und ganz ohne meine Hilfe.

Wenn Thomas De Quincey von verlorenen Babylons träumte, dann träumte ich von Neverland und Disneyland und Oz und anderen Ländern, die überhaupt keinen Namen hatten, von Ländern mit sprechenden Bären und Schwanenprinzen. Manchmal erhaschte ich in der schläfrigen Glut der Gasheizung einen Blick auf Hucks und Toms Lagerfeuer, draußen auf ihrer Sandbank im Mississippi. Manchmal wurde nachts aus dem Rattern eines Lastwagens, der draußen vorbeifuhr, die bleischwere Ankunft eines Dinosauriers, dessen Kopf die Telefonleitungen überragte, während er sich die mondbeschienenen, leeren Straßen herunterwälzte. In unserer Gegend wuchsen lauter Mimosenbäume, die für mich aussahen wie die Baumfarne der Kreidezeit in dem illustrierten Dinosaurierbuch, das meine Großmutter mir geschenkt hatte. Es war nicht schwer, sich vorzustellen, wie unser Garten sich im Dunkel in einen prähistorischen Weidegrund verwandelte, wo ein Brontosaurus – milden Auges blinzelnd wie eine Schildkröte – seinen sanft geschwungenen Hals zu meinem Schlafzimmerfenster reckte, um zu mir hereinzuspähen.

Ich verbrachte jetzt mehr Zeit bei uns zu Hause – meine Eltern hatten ein Mädchen, das sich um mich kümmerte –, aber das Haus in der Commerce Street stand immer noch gleich um die Ecke, und meine Verwandten dort, die überwiegend pensioniert waren und nicht viel zu tun hatten, kamen mich oft besuchen, wenn ich krank zu Hause lag: Dann schikanierten sie das Hausmädchen, inspizierten den Inhalt des Wäscheschranks und des Kühlschranks und machten wehmütige, aber liebevolle Bemerkungen über die mangelhaften hausfraulichen Fähigkeiten meiner armen Mutter. »Dieses Baby«, erklärte eine von ihnen einmal (sie nannten meine Mutter alle Baby und tun es noch heute, obwohl sie inzwischen fast fünfzig ist), »ist als Mutter nicht besser als eine Katze.« Diese Bemerkung blieb mir in der Erinnerung haften – meine Mutter mit ihren grünen Augen und ihrer anmutigen Art, mit untergeschlagenen Beinen zu sitzen, sah wirklich aus wie eine Katze –, und ich begriff nicht, weshalb sie so betroffen reagierte, als ich es ihr erzählte.

Krank zu sein und gelegentlich warnend darauf aufmerksam gemacht zu werden, daß ich vielleicht sterben würde, kam mir völlig natürlich vor, da ich den größten Teil meines Lebens mit alten Leuten verbracht hatte. Wenngleich alle Bewohner der Commerce Street in diesem oder jenem Maße die liebevolle, unbekümmerte Ader besaßen, die ihre Vollendung in meiner Mutter gefunden hatte, so waren sie doch zugleich von einem übertriebenen, elegischen Fatalismus geprägt, der sich in langen, düsteren Friedhofsbesuchen ausdrückte, in melancholischem Sinnen über die Vergeblichkeit menschlichen Strebens, im sicheren Bewußtsein bevorstehenden Leides und Verlustes. Mein Urgroßvater zeigte mir gern die Gräber seiner verstorbenen Verwandten (»Armer Papa«, sagte er dann wohl mit betrübtem Kopfschütteln, »das ist jetzt alles, was er noch hat«) und auch die Stellen, die für meine Urgroßmutter und ihn selbst reserviert waren. Auf dem Weg zum Auto zeigte er mir dann immer das winzige Grab mit der Statue eines kleinen Mädchens, irgendeines Kindes in meinem Alter, das vor fast hundert Jahren gestorben war.

»Ich nehme an, dies ist das letzte Weihnachten« (oder Thanksgiving oder Osterfest, oder was immer gerade für ein Fest vor der Tür stand), »das wir beide zusammen auf dieser alten Erde verbringen werden, Darling«, sagte er dann immer schwermütig auf der Heimfahrt in seinem alten De Soto. Und ich schaute dann sein Profil an und fragte mich: Wer von uns beiden wird wohl eher gehen, er oder ich?

Ich war davon überzeugt, daß ich bald sterben würde. Aber diese Überzeugung beunruhigte mich nicht sonderlich. Die Trennung von meiner Familie – die schließlich nur eine vorübergehende Trennung sein würde – machte mir weniger Sorge als der Umstand, daß ich meine Bücher und meine Spielsachen und vor allem meinen Hund würde zurücklassen müssen. Der Theologie der Commerce Street zufolge kamen gute Hunde in den Himmel (und böse vermutlich in die Hölle), aber als ich diese Theorie in der Sonntagsschule zur Tatsache erhob, wurde ich schleunigst korrigiert, und weinend kam ich nach Hause. Meine Mutter, meine Tanten, alle versuchten mich zu beruhigen (»Es war böse von dieser Frau«, erklärte mein Urgroßvater düster, »dir das zu erzählen«), aber dennoch blieb ein Zweifel.

Zwar mißfiel mir die Vorstellung von Gott und Jesus (wobei ich es ganz zu Recht für unklug hielt, diese Meinung meiner Familie mitzuteilen), aber alle versicherten mir, der Himmel sei ein guter Ort, und ich würde dort glücklich sein. Ich hatte dennoch eine Reihe von Fragen, die mir keiner beantworten konnte. Gab es dort Fernsehen? Schenkten sich die Leute zu Weihnachten etwas? Würde ich in die Schule gehen müssen? In *Peter Pan* hatte ich gelesen, daß Peter die toten Kinder ein Stück weit begleitete, damit sie keine Angst zu haben brauchten. Vielleicht, dachte ich an langen, langweiligen Sonntagen, wenn mich der Gedanke an den Himmel bedrückte, könnte ich Peter, wenn er mich holen käme, dazu überreden, mich nicht in den Himmel zu bringen, sondern dahin, wo er lebte, wo ich dann Piraten jagen und mit den Nixen in der Lagune schwimmen und höchstwahrscheinlich eine Menge Spaß haben könnte.

Ich hatte eine Zigarrenkiste voll kleiner Gegenstände, die ich liebte; ich verwahrte sie unter meinem Bett. Ein paar Fotos waren darin, ein Fossil, das ich gefunden hatte, ein Topasring, den meine Mutter mir geschenkt hatte, und ein Porzellanhund, den mein Urgroßvater als kleiner Junge in seinem Weihnachtsstrumpf gefunden hatte. Ein Silberdollar war auch dabei, eine Schachfigur aus Elfenbein, die keinen besonderen Gefühlswert für mich hatte, die ich aber hübsch fand, und eine Locke von meiner Urgroßmutter. Irgendwie stellte ich mir vor, ich würde diese Zigarrenkiste unter den Arm klemmen und mitnehmen können, wenn es soweit wäre. In dieser Kiste verwahrte ich – weil ich sonst keinen Ort hatte, der geheim genug gewesen wäre – auch ein altes stereoskopisches Dia, das ich bei meinem Onkel in Meridian geklaut hatte. Es zeigte Wilde irgendwo in einer grausigen afrikanischen Steppe, die ein blutiges, in Stücke gerissenes Etwas verspeisten, und ich war sicher, dieses Etwas war ein Mensch. Bei normalem Bewußtsein (es war keine Zeichnung, sondern ein Foto) machte das Bild mir solche Angst, daß ich es nicht einmal anrühren wollte, und ich verwahrte es gut versteckt unter den anderen Fotos auf dem Boden der Zigarrenkiste. Aber manchmal, wenn ich meine Medizin genommen hatte, holte ich es hervor und starrte es stundenlang an – auf eine abstrakte Weise verzaubert vom Grauen dieser Szene an sich wie auch von ihrer eigenartigen Unfähigkeit, mir irgend etwas anzuhaben.

Meine Mutter war, den Vorwürfen, die gegen sie gerichtet wurden, zum Trotz, eigentlich keine so schlechte Mutter. Sie spielte gern mit mir, hörte mir so aufmerksam zu, als wäre ich erwachsen, und kaufte mir in dem kleinen Laden unten an der Straße, wo sie arbeitete, klebrige Süßigkeiten, die sie auch selbst gern aß. Und obwohl sie zugegebenermaßen ein bißchen zur Kindlichkeit neigte, befähigte diese Kindlichkeit sie dazu, mich besser zu verstehen als irgend jemand sonst. Auch sie war ein verträumtes kleines Mädchen gewesen, das schlafgewandelt war und Phantasiespielgefährten gehabt hatte.

Auch hatten wir das gemeinsame – und für alle anderen erschreckende – Talent, uns in eine Art von gespenstischen, selbst herbeigeführten Ohnmachten zu versenken. Ich pflegte dazu einen bestimmten Gegenstand anzustarren und irgendein Wort oder einen Satz zu wiederholen, bis daraus Nonsens geworden war. Irgendwann später, ich wußte nie genau, wie lange es gedauert hatte, schrak ich dann plötzlich auf, und ich hatte absolut keine Ahnung, wer oder wo ich war, und war außerstande, selbst die Mitglieder meiner eigenen Familie zu erkennen. Das dauerte mitunter drei oder vier Minuten, in denen ich völlig bewußtlos war, so sehr man mich auch schüttelte, mit den Fingern schnippte und mich panisch beim Namen rief. Ich war dazu jederzeit imstande, wenn es mir danach war, mich zu unterhalten, wenn ich mich langweilte – wobei das Unterhaltsame daran jeweils die ersten paar Minuten waren, nachdem ich aufgewacht war und alles und jeden zum erstenmal erblickte – wie jemand, der von Geburt an blind war und nach einer erfolgreichen Augenoperation den Verband abgenommen bekommt. Ich stolperte mit vier oder fünf Jahren ganz zufällig über dieses Talent, als ich mit meinen Eltern in einem italienischen Restaurant in Memphis saß.

Bei diesem ersten Anlaß schüttelte mein Vater – ein schwarzhaariger, jähzorniger Fremder – meinen Arm und schrie mir einen unbekannten Namen ins Gesicht, während meine Mutter seltsam ruhig blieb. Später, als wir allein waren, befragte sie mich. Ich berichtete ihr, was passiert war und wie ich es herbeigeführt hatte. Da erzählte sie mir, daß sie genau das gleiche auch einmal gekonnt habe, aber daß sie den Trick verlernt habe, als sie älter geworden sei. (Als ich älter wurde, verschwand das Talent auch bei mir; das letzte Mal gelang mir die Nummer, als ich im ersten Jahr auf der Highschool gelangweilt ganz hinten im Biologieunterricht saß.) Wir erörterten die Angelegenheit eine Zeitlang im Detail; ihr Verfahren war anscheinend geringfügig anders als meines. Und jawohl, sagte sie, wenn man sich langweilte, war es wirklich irgendwie eine interessante Sache, nicht wahr?

Genau diese Art von Dingen war es aber, was manche Leute veranlaßte, in meiner Mutter einen ungesunden Einfluß auf mich zu sehen. Aber meine Mutter hatte ihre eigenen Vorstellungen von dem, was gut für mich war. Obwohl sie zum Beispiel meinen Urgroßvater nicht beleidigen wollte, paßte es ihr, wie ich wußte, nicht, daß er mir ständig Medikamente verabreichte. Dies rührte, denke ich, zum Teil aus ihrem Instinkt, zum Teil aber auch daher, daß es ihr überhaupt nicht gefiel, wenn ich zu irgend etwas gezwungen wurde, was ich nicht tun wollte, selbst wenn es – beispielsweise wenn man mich zwang, Leber zu essen oder vor zehn Uhr ins Bett zu gehen – ohne Frage gut für mich war. (Ich glaube wirklich, sie hätte es nicht übers Herz gebracht, mich in die Schule zu schicken, wenn das nicht, wie sie entschuldigend erläuterte, gesetzlich vorgeschrieben gewesen wäre.)

Wie auch immer, sie hat mir niemals persönlich die Lakritzmedizin oder das Kodein verabreicht, und wäre es nach ihr gegangen, hätte sie die Flaschen friedlich oben auf dem Kühlschrank verstauben lassen, zusammen mit dem Fonduetopf, den mathematischen Übungskarten, die mir mal jemand gegeben hatte, und diversen anderen nutzlosen und ungeliebten Gegenständen. »Hat das Dienstmädchen etwa vergessen, diesem Kind seine Medizin zu geben?« fragte mein Urgroßvater wohl mitunter erbost, wenn er sah, daß der Pegel in den Flaschen verdächtig hoch blieb. Auf diesem Umweg pflegte er meine Mutter zu bezichtigen; das Hausmädchen hatte nämlich, wie er genau wußte, schreckliche Angst vor ihm und hätte niemals versäumt, mir eine Medizin zu geben, die fällig war, wenn sie Dienst hatte.

»Aber nein«, sagte meine Mutter dann zuckersüß. »Ich glaube nicht, daß Cleo so etwas jemals vergessen würde, oder?« Und manchmal, wenn er nicht hersah, zwinkerte sie mir zu.

Mein langer Urlaub im Lande des Mohns war keineswegs nur angenehm. Die guten Träume kamen zwar manchmal mühelos, aber meistens war doch ein bißchen gutes Zureden nötig; wenn die schlechten kamen – wie sie es oft taten, uneingeladen wie die böse Fee auf dem Hochzeitsfest –, dann waren sie auch mit Gewalt nicht zurückzudrängen. Ich mußte immer bei Licht schlafen, und oft wachte ich nachts auf und schrie nach Mutter oder Cleo. Die schlimmsten Träume hatten meistens etwas mit Schlangen zu tun, aber der allerschlimmste Traum von allen jagt mir heute noch Angst ein, wenn ich daran denke, obgleich es Jahre her ist, daß ich ihn zuletzt geträumt habe. Eine Gruppe von Country-Club-Typen – schick gekleidet, etwa so alt wie meine Eltern – stehen mit Cocktails in den Händen um einen Grill herum. Sie kichern mit blasierter Heiterkeit, als einer von ihnen, ein gutaussehender, roh wirkender Bursche eine heulende Perserkatze über den Grill hält und ihre Pfoten in die Glut drückt.

An dieser Stelle wachte ich immer ebenfalls heulend auf. Es war zwar nie ganz klar, wer diese Leute waren, aber für mich lag auf der Hand, daß das, was sie taten, Teufelsanbetung war – von unserem Hausmädchen wußte ich alles darüber –, und das, was ich da gesehen hatte, waren nur die eher unschuldigen Vorbereitungsstadien des Rituals. Dahinter lauerte unvorstellbares Grauen. Woraufhin ich, wenn ich zitternd im Bett lag, nachdem meine Mutter gekommen und wieder gegangen war, über Teufel und Hölle nachdachte, und über all die schlimmen Dinge, die es in der Welt gab, und darüber, was wohl wirklich mit mir passieren würde, wenn ich gestorben wäre, und dann fing ich wieder an, nach meiner Mutter zu schreien; und oft konnte jeder im Hause von Glück sagen, der in einer dieser Nächte Schlaf fand.

O Mutter, kühle die Stirne mir!
O Mutter, Mutter, wo bin ich denn hier?
Warum ist das Zimmer so hager und hoch?
Warum liege wach so spät ich noch? …
Was hab' ich getan, was hab' ich zu fürchten,
Und warum weinst du, mein Mütterlein lieb?

aus »Das kranke Kind«
von Robert Louis Stevenson

Die schlimmsten Nächte waren die, in denen ich hohes Fieber hatte und selbst im Sommer mit den Zähnen klapperte und der Arzt kommen mußte. Ich war ein Kind, das nie jemandem Bescheid sagte, wenn es anfing, sich unwohl zu fühlen; ich kroch immer hinter die Couch oder unter das Bett und schlief ein, um Stunden später entdeckt zu werden, staubig und desorientiert und immer noch in die Navajo-Decke eingewickelt, die ich aus dem Schrank gezerrt hatte. (Ich spielte immer Indianer an den Nachmittagen, an denen ich krank wurde, und die rote Navajo-Decke half mir eine Zeitlang, die erste, schleichende Knochenkälte des nahenden Fiebers zu verhüllen, während ich durch den Tunnel hinter der Sofalehne kroch oder in meinem Jagdcamp unter dem Tisch lag.) Wenn es erst soweit war, daß alle unruhig geworden waren und im Haus nach mir riefen, war ich schon ziemlich hinüber; und wenn der Arzt kam, mußte ich manchmal mit Franzbranntwein abgerieben oder in Eis gepackt werden, vollgepumpt mit Kreislaufspritzen und mit weiß Gott was noch alles.

Meine Fieberdelirien – im Gegensatz zu den bleischweren Kodein-Halluzinationen – zeichneten sich durch eine wirbelwindartige, schwindelerregende Qualität aus, ein alptraumhaftes Gefühl der Schwerelosigkeit. Wenn ich die Augen schloß, fühlte ich mich wie ein entflohener Ballon, der in einem rasanten Heliumrausch zur Decke segelte; und wenn ich sie dann wieder öffnete, wurde ich mit einem Ruck zum Bett zurückgerissen, als habe jemand plötzlich meine Schnur gepackt und mich hart und schnell zur Erde zurückgezogen. Das Zimmer drehte sich wie ein Karussell; meine Stofftiere bekamen plötzlich glitzernde, unheimliche Augen und starrten hungrig vom Kaminsims zu mir herunter. Und mein Bett wollte nicht stillstehen; es schaukelte wie ein Schiff im stürmischen Hafen, das unten vom Sog einer schnellen, spiralförmigen Strömung in dem alten blauen Teppich erfaßt worden war, so daß die Haltetaue zu reißen drohten und ich in Gefahr war, hilflos kreiselnd aufs offene Meer hinausgezogen zu werden.

Wenn mein Urgroßvater mich in solchen Nächten besuchte, war er nicht selten den Tränen nahe. Er saß auf der Bettkante, hielt meine Hand und sagte nicht viel; dieses ungewohnte Schweigen beunruhigte mich, als wäre er überhaupt nicht mein Urgroßvater, sondern ein trauriger, verhexter alter Jäger aus einem Märchenbuch, dem die böse Fee die Zunge gelähmt hatte, so daß er nicht sprechen konnte. Mein Schlafzimmer wirkte schrecklich elastisch, als wäre es irgendwie verzerrt und verzogen worden. Und das Geplapper meiner Tanten im Hintergrund – sonst immer das beruhigendste Geräusch auf der Welt für mich – bekam etwas beängstigend Sinnloses, Singsanghaftes, derweil meine Mutter bang umherhuschte wie ein schlankes Gespenst in ihrem hellen Hausmantel.

Manchmal, in den wirklich schlimmen Nächten, vollzog mein Urgroßvater mit großem Ernst einen bizarren alten Krankenzimmerbrauch aus seiner eigenen Kindheit, den er »Ausräuchern« nannte. Dazu mußte er eine zusammengerollte Zeitung in Brand setzen und damit durch das Haus wandern; es war eine schreckliche Schweinerei, weil überall schwarze Federn aus Zeitungspapierasche herumflogen, aber niemand wagte, Einwände zu erheben, weil alle wußten, daß die Prozedur ihm große Freude machte. Der Zweck sei es, erklärte er, die Bazillen in der Luft zu verbrennen, aber mir brannten davon die Augen, und in meinem Delirium trug es nur dazu bei, die Flammen einer ohnedies lodernden Irrealität weiter anzufachen – mein düsterer Urgroßvater mit seinen wuchtigen Kinnbacken, wie er würdevoll seine flammende Fackel schwenkte, die sich in meinem Hirn irgendwie mit den Flammen über dem Grill aus meinem Alptraum mit der Perserkatze vermischte –, und diese wiederum mischten sich mit dem Irrenhausgeschnatter meiner Tanten, bis mein armer Ballonkopf so sehr angeschwollen war, daß ich dachte, er werde mit einem Knall explodieren.

Ich habe meinen Urgroßvater um etliche Jahre überlebt. Aber ich glaube, er war praktisch bis zum Tag seines Todes davon überzeugt, daß er mich überleben würde, und diese Aussicht schmerzte ihn sehr. Ich erinnere mich auf eine unbestimmte, traumhafte Art, wie ich ihn in einer der schlimmen Nächte in der Tür stehenbleiben sah, als die Lampe ausgeknipst war; er und meine Mutter standen als schwarze Silhouetten vor dem hellen Korridor. Traurig, traurig schüttelte er den schweren alten Kopf. »Ich fürchte«, hörte ich ihn mit leiser, aber durchaus hörbarer Stimme zu meiner Mutter sagen, »das arme Kind wird den Morgen nicht erleben.«

»Pst, Granddaddy«, sagte meine Mutter in aufgeregtem Flüsterton. Dann schob sie den Kopf noch einmal zu mir herein und rief munter: »Und jetzt mußt du dich ein bißchen ausruhen, Schatz. Du rufst mich, wenn du irgend etwas brauchst, hörst du?«

Die Tür schloß sich. Ich war allein im Dunkeln. Die Stimmen wurden undeutlich und entfernten sich mit den Schritten. Und ich blieb zurück und starrte in die gesprenkelten Schatten, die die mondbeschienenen Bäume an die Decke warfen, und ich wartete auf das leise Klopfen (Peter Pan? Jesus? Ich war nicht sicher, wer es sein würde), das früher oder später sanft an meiner Fensterscheibe ertönen würde.

Deutsch von Rainer Schmidt

William T. Vollmann

Die blaue Geldbörse

Für Jacob Dickinson und Janis Kibe Dickinson

Die Sache, die dir mißfällt oder die du haßt, wird dir begegnen, denn wenn ein Mensch haßt, schafft er im Unterbewußtsein ein lebendiges Bild, das zur Realität wird.

Florence Scovel Shinn,
Your Word is Your Wand (1928)

1

Am meisten habe ich Jenny geliebt, wenn ich im Kino bei einem kitschigen Film neben ihr saß und ich meinen Blick von der großen Leinwand, auf der gerade die wunderschöne Hauptdarstellerin ihren Liebhaber für immer verließ, zu Jenny wandern ließ, deren schwarze Knopfaugen wie gebannt auf das Geschehen vor ihr gerichtet waren, während sie ernsthaft auf ihrem Kaugummi kaute und ich mit meinem Zeigefinger unter ihren Augen entlangstrich, um festzustellen, ob ihr Gesicht naß war, ob Jenny für die Menschen auf der Leinwand weinte, ob sie in selbstgefälliger Glückseligkeit das Debakel betrauerte, das niemals stattgefunden hat; und ich wußte, daß Jenny nach dem Film vergessen würde, daß sie geweint hatte, daß sie sich aber durch die vergossenen Tränen erfrischt fühlte. – Wie harmlos und unschuldig das alles war! Durch die Schauspielerin an meine eigenen Fehler erinnert, lief manchmal auch mir eine einzige heiße Träne die Wange hinunter; aber ich mochte dieses Gefühl nicht und berührte dann, um mich zu trösten, noch einmal Jennys feuchtes Gesicht.

2

»Ich hab mich mit dieser verdammten *fetten Kuh* geprügelt!« kreischte Bootwoman Marisa, die als Fahrradkurier arbeitete. Ihre mit blauen Flecken übersäten Beine ähnelten angeschlagenen Äpfeln. »Da wo der Block zu Ende ist, kannst du auf den Gehsteig. Da kam mir ein Laster entgegen, und es war *ganz klar,* daß ich dem verdammt noch mal nicht ausweichen konnte, und da bin ich auf den Gehsteig gebrettert. Ich hatte keinen Bock zu bremsen und hab WEG DA! gebrüllt. Ich hab wirklich laut gebrüllt, WEG DA! und sie *Nö!«* – Marisa imitierte diese entschiedene Weigerung als vogelgleichen, spitzen Schrei – »und *steht* einfach da, und ich auf sie zu, *Prima! Ich fahr dich übern Haufen!* – also«, lachte sie, »hab ich sie übern Haufen gefahren. – Und sie *wirft* mich vom Rad! Die verdammte Kuh wirft mich echt vom Rad, und mein Rad fliegt dahin und ich dorthin, und da bin ich aufgestanden und *hab ihr eins in die Fresse geschlagen!«*

»Gut *so!«* brüllten die anderen mit einer Begeisterung, die Mauern zum Einstürzen hätte bringen können.

»WUM! PENG!« schrie Marisa so laut, daß der Hund zu bellen begann. »Und dann hab ich gebrüllt: *›Du Schlampe, was zum Teufel soll das? Schlampe!‹* Und sie macht ihre kleine Tasche auf, und ich steh blöd da und *warte,* was jetzt kommt. *Schlampe! Schlampe!* Und dann sie: ›Du bist schuld! Du bist schuld!‹ – und dann stellt sich der Schwarze zwischen uns und faselt: ›Schlagt euch bloß nicht‹, und ich: *›SCHLAMPE! DU ALTE NEGERNUTTE!* – und sie wieder: ›Hast du *gut* kapiert‹, und ich: ›Na *klar!* Bist ja viel zu *fett,* daß ein Weißer deinen verdammten Arsch fickt.‹«

3

Marisa hat mich nie so sehr gemocht wie ich sie, zum einen (das nehme ich jedenfalls an) deshalb, weil ich eine Brille trug und nicht Mann gegen Mann kämpfen konnte – wie es die Skinheads und andere Herrscher der Straße tun –, und zum anderen bestimmt auch, weil meine Freundin Koreanerin war. Sie mochte mich immerhin genug, um auch halbwegs freundlich zu Jenny zu sein, und es war ein ungeschriebenes Gesetz, daß wenn jemand dein Freund war, du nicht mit seinem Typ rumbumst, so wie Kens Freundin Laurie es getrieben hat, die bei einer Skinhead-Party zu Dickie raufgegangen war, ihn an der Schulter gefaßt und um eine Zigarette angehauen hat, worauf Bootwoman Dan-L aus dem Nichts aufgetaucht ist und Laurie geraten hat, sich aus ihrem Revier rauszuhalten, wenn sie keine Schlägerei riskieren wolle. Und weil Jenny in mein Revier gehörte, tolerierte Marisa sie. – Alles in allem mochte Marisa mich ganz gern. Deshalb ist sie wohl auch manchmal rübergekommen, um mir ein Frühstück zu machen: riesige Omeletts mit Pilzen und Käse und Speck und Zwiebeln, während in einer anderen Pfanne die Bratkartoffeln vor sich hinbrutzelten und langsam dieselbe goldbraune Farbe wie Jennys Haut annahmen, gerade zum richtigen Zeitpunkt, als der Käse schmolz und die Pilze durch waren und eine köstliche Duftwolke von dem gigantischen Omelett aufstieg, während Marisa sich an den Töpfen und Pfannen, die sich im Spülstein auftürmten, zu schaffen machte und sagte: »Junge, deine Freundin kümmert sich ja nicht gerade toll um dich. Was für ein Saustall.« Ich stand neben ihr am Spülstein und genoß es, daß Marisa sich um mich kümmerte, während ich Whisky aus der Flasche trank, weil mir der Magen knurrte, und sich die Sonne durch den Nebel kämpfte, ich mich schwindelig fühlte, Marisa ihren kahlen Kopf über mich schüttelte und mir einen Toast strich. Wenn ich sie darum bat, erzählte sie mir Geschichten, zum Beispiel wie die Pretty Boys, die auf der Polk Street rumhingen, zum Pink Palace und dann zum Sleazy Attic umzogen und zu den Bootboys wurden, so daß sie früher sterben konnten, denn die Bootboys waren wirklich *harte* Skinheads (»Fast *alle* Skinheads sind schon tot«, seufzte Marisa, »jedenfalls die guten.«); und während Marisa in die Küche zurückging, um meinen Abwasch zu machen, berichtete mir ihre Bootsister Thorn, wie in London italienische Faschisten ihrem Freund Luigi das Auge ausgeschlagen hatten, und dann kam Marisa wieder und erzählte mir, wie sie als Dreizehnjährige in Chicago mit einem achtzehn- oder zwanzigjährigen Skin namens Sean befreundet gewesen war, und Marisa liebte es, in seiner Wohnung rumzuhängen, die der Werkstatt eines mittelalterlichen Waffenschmieds geähnelt haben mußte, denn verteilt auf die dunklen, schmutzigen Zimmer befand sich ein in sämtliche Einzelteile zerlegter Camaro – die Radkappen unter dem Bett (so stellte ich es mir jedenfalls vor), die Schalensitze an die Wohnzimmerwand gelehnt, so daß er darin bequem Marisa oder andere Mädchen bumsen konnte, das verchromte Auspuffrohr griffbereit an der Wohnungstür, um es eventuellen Feinden über den Schädel zu ziehen, der Vergaser diente der Zurschaustellung alter Socken, schmutziger Unterwäsche und einer abgewetzten schwarzen Bomberjacke, während der Tank, noch immer voll Benzin, einsatzbereit auf der Fensterbank stand, um im Bedarfsfall wie eine Fliegerbombe auf die schmutzige, vereiste Straße abgeworfen zu werden; wahrscheinlich mußten Marisa und Sean ständig über irgendwelche Schrauben steigen, und die dreckverkrustete Windschutzscheibe stand in dem kalten, dunklen, klammen Bad, die Kupplungscheibe baumelte in Seans Schlafzimmer von der Decke runter, und die ätzende Batterieflüssigkeit sickerte langsam in den Boden; und jetzt komme ich langsam bei den letzten Autoteilen an, die ich kenne (außer dem Lüftungsgebläse vielleicht noch) – und Sean war außerdem stolzer Besitzer eines gestohlenen Stop-Schildes mit Betonfuß, das ihm wahrscheinlich als Hutständer diente. Obwohl Marisa damals noch nicht Bootwoman Marisa war, liebte und bewunderte sie den Skinhead Sean, so daß sie sich seinen Namen eintätowieren ließ, ungeahnte Qualitäten im Durchstechen ihrer Ohrmuscheln entwickelte und abgefahrene Sachen mit ihren Haaren veranstaltete – alles Dinge, die Marisas Mutter gar nicht gefielen, was Marisa aber dafür um so mehr anstachelte, sie zu tun, denn ihre Mutter behandelte sie wie ein Baby; wenn ihre Mutter aus dem restlichen Teig einen letzten kleinen Pfannkuchen buk, sagte sie immer: »Oh, das ist ja ein Pfannkuchen in *Marisa-Größe!*« – und das *nervte* Marisa. Zu dieser Zeit begann sie auch die Schule zu nerven. Und weil sie Sean lieber mochte als den öden, zweistündigen Weg durch den kalten, schmutzigen Schnee vom Norden in den Westen, bei dem der kalte Wind durch die rostigen Gitter pfiff, schlich sich Marisa an solchen eisigen Wintermorgen in den Keller, anstatt zur Bushaltestelle zu gehen, und wartete dort, bis ihre Mutter die Wohnung verließ, um zur Arbeit zu gehen, rannte wieder die Treppen rauf, schlüpfte in ihr noch warmes Bett, wartete auf Skinhead Sean, ließ ihn in die Wohnung und in ihr Bett und schaute mit ihm Fernsehen, bis ihre Mutter am Abend wiederkam. Dann gingen Marisa und Sean in seine vor Metall starrende Wohnung. – Sean war sehr stark. Nachdem sie sich getrennt hatten, war Marisa einmal in der AOF Show, und da spielte eine Skinhead-Band namens The Alive, die – *dwuuunggg!* – ihre Baßgitarren bearbeiteten, und einer der Typen aus der Band hatte Marisa angemacht, worauf Sean ihn mit dem Kopf an die Wand schlug. WUUUUM! bis Blut spritzte, und für Marisa war es die coolste Sache, die er jemals getan hatte, und Sean warf ihn von der Bühne, und Marisa fand es *geil.* – Jahre später traf sie in Marin County einen anderen Sean, und Marisa, nicht dumm, wettete mit ihm um zweihundert Dollar, daß sie seinen Namen eintätowiert hatte (was natürlich der Fall war). Sean fiel drauf rein. – Armer Sean! – Weil er die zweihundert nicht hatte, verspürte er die allgemein anerkannte Verpflichtung, bis ans Ende ihrer Tage sein Dope mit ihr zu teilen.*

»Erzähl mir, wie du auf die Idee gekommen bist, Bootwoman Marisa zu werden«, sagte ich, während ich meine Eier aß (ganz kurz gebratene Eier, das hatte mir Marisa erklärt, nennt man »verschreckte Eier«); Marisa und Thorn saßen mit am Tisch und leisteten mir Gesellschaft, Thorn rauchte, schaute dabei aus dem Fenster und drückte die Stummel in einem Kaffeebecher aus, während Marisa Tee trank (sie aß nie mit, wenn sie mir etwas kochte; sie tat es nur für mich).

»Ich bin gar nicht selbst auf die Idee gekommen, Bootwoman Marisa zu sein«, sagte sie, »es war so eine Art Geschenk.« (Bei dieser überraschenden Eröffnung fiel mir die Kinnlade runter, und ich war so gespannt, was nun kommen würde, daß ich mir beinahe in die Hose machte.)

»Wie das?« fragte ich. »War es ihre Idee?«

»Okay. Ich weiß nicht, ob du mich damals schon gekannt hast, als ich auf der Haight Street rumgehangen bin, ich war damals immer geil geschminkt. So *richtig* geil. Weiß nicht, ich glaub, ich war damals ganz anders. Eines Tages hab ich Dee getroffen, voll aufgemotzt. Und ich: ›Hey, warum geh ich nicht mal mit dir?‹ Und wir ab in den Park, haben ein paar Stunden gequatscht. Sie: ›Du siehst aus wie ein *Freak,* Marisa!‹ Sie hat gesagt, wie's war. ›Du siehst aus wie ein Freak, und niemand

* Natürlich war das nicht ganz so gut wie der Trick des vergammelten Typen, der sich immer im Panhandle rumtreibt und mit dir wettet, daß er, egal, wie du heißt, deinen Namen auf seinem Schwanz eintätowiert hat, und du fällst natürlich drauf rein, worauf er seine Hose aufmacht und seinen Schwanz rausholt, auf dem du eintätowiert die Worte DEIN NAME lesen kannst.

von uns will mit dir rumhängen, wenn du aussiehst wie ein Freak.‹ Also sind wir zu ihr nach Haus, und sie hat mir das ganze freakige Make-up abgewischt. Dann hat sie gesagt: ›Schon besser. Wenn du dich gegen die Welt auflehnen willst, weißt du, ich hasse die Welt auch, aber das kommt von innen, und wenn es von außen kommt, dann nehmen die anderen dich nicht ernst, und du bekommst nie das, was du willst.‹ Dann hab ich meinen Schmuck und das ganze Klimperzeug abgenommen, und die anderen Skins fanden's gut. ›*Geil,* Marisa!‹« – Marisa schlug mit der Faust auf den Tisch. – »›Du kannst eine geile *Bootwoman* werden!‹« – Sie schlug noch mal auf den Tisch, und das Besteck klirrte. – »Und das war's.«

»Hast du dich nicht geärgert, als sie zuerst über dein Makeup gelästert haben?«

»Nö«, sagte Marisa, »es gab keinen Grund, warum ich's getragen hab. Gab's nie. War halt einfach so.«

»Hast du dich *anders* gefühlt mit der Glatze?«

»Verdammt, na klar! Es war cool. Es war saucool. Die Leute haben mich auf einmal ernst genommen. Ich hab nicht mehr jede Woche ein blaues Auge gehabt«, sagte sie lachend. »Und Spike hat mir gezeigt, wie man richtig kämpft. Das war cool.«

»Warum hast du was aufs Auge bekommen?«

»Weil alle immer gedacht haben, ich wär so eine ausgeflippte Type, und mir eins in die Fresse geschlagen haben. Das war *echt* geil!«

»Und was hast du dann gemacht?«

»Natürlich zurückgeschlagen. Aber ich konnte ja nicht richtig kämpfen. Ich bin jetzt immer noch nicht die *Beste,* aber ich kann mich jedenfalls besser verteidigen als damals. Jetzt kämpfe ich mit einer *langen Stange.* Gestern abend zum Beispiel.«

»Was war da los?«

»Wann? Gestern abend?« fragte sie lässig. »Ich war draußen, um das Mädchen zu treffen, klar? Da ist ein Mädchen in der

Haight Street, die ist eine totale Mimose. Sie ist ein Freak, und ich will ... *sie überzeugen.* Ich will ihr zeigen, wie ich's sehe.« Sie gluckste. »Und das mach ich mit der Stange!«

»Woher kennst du sie?«

Für diese idiotische Frage erntete ich von Marisa und Thorn verachtende Blicke. »Ich kenne sie gar nicht«, bemerkte Marisa nachsichtig.

»Du weißt nur, wie sie aussieht, was?«

»Klar.« Die beiden Mädchen lachten. »Klar«, sagte Marisa. »Und sie hat ein Problem. Ich hab *echt* freakig ausgesehen – im Gegensatz zu ihr. Die hat Lederklamotten an, die sind so weit, daß die da drin ficken kann. Und auf dem Ärmel steht DROOLING IDIOTS und all so'n Punkrockscheiß. Die ist absolut daneben. *Und drum wollen wir die ein bißchen auf Vordermann bringen.* Was meinst du, Thorn?«

»Hmmmm«, bemerkte Thorn gelangweilt.

4

Ich war schon länger als ein Jahr mit Jenny zusammen. Sie hat ihrer Familie nie von mir erzählt. Die Tatsache, daß ich weiß war, stellte ein Problem dar, obwohl Jenny und ich immer auf äußerste Loyalität bedacht waren, wenn einer von uns beiden in einem unbewachten Augenblick der Bindung entschlüpfen wollte wie ein glitschiger Fisch. Jenny lachte immer, wenn sich die Sonne zeigte – ob es nun die Sonne am Himmel oder die weniger verläßliche in meinen stahlblauen Augen war, denn, so hatte mir ihre Cousine Alice erklärt, es gibt viele unterschiedliche Sonnen; und zum Beweis erzählte mir Alice die Geschichte eines großen koreanischen Poeten, der, in betrunkenem Zustand, vor seinem König die folgenden Zeilen dichtete: »Ich sehe drei Monde: einen am Himmel, einen in deinen Augen und einen in deinem Glas.« – Wenn Alice über Nacht blieb, schliefen Alice und Jenny zusammen in Jennys Wasserbett und ich auf dem Wohnzimmersofa, und obwohl Alice wußte, daß Jenny und ich normalerweise in einem Bett schliefen, hatte sie noch nicht mit eigenen Augen gesehen, daß es *tatsächlich* so war; hätte sie es gesehen, wär ihr nichts anderes übriggeblieben, als es ihrer Mutter zu sagen, auch wenn sie Jenny sehr mochte und genau wußte, daß Jenny darunter sehr leiden würde, denn Alices Mutter (die so gewissenhaft und ordentlich war, daß sie abends die Schuhe der Familie mit Küchenkrepp ausstopfte, damit über Nacht kein Staub reinfallen konnte) hätte sich moralisch dazu verpflichtet gefühlt, es Jennys Mutter mitzuteilen; statt dessen gingen Jenny und Alice und Alices Freundin Ivy mit mir in ein koreanisches Restaurant in der Geary Street; während ich an der Ecke des Tisches saß und in den rohen Eiern und dem rohen Rindfleisch vor mir in der kalten Metallschale herumstocherte, lachten und unterhielten die anderen sich auf koreanisch und führten ihre Eßstäbchen so grazil durch die Luft wie ein Dirigent den Taktstock, hielten Stücke von mariniertem Hühnchen und Rind und Innereien in die kleine Gasflamme, die die unbewegt dreinschauende Bedienung in die Mitte des Tisches gestellt hatte, und das Fleisch brutzelte, und die gelben Flammen züngelten in die Höhe und wärmten unsere Gesichter; und ab und zu nahm Jenny ein nasses Salatblatt auf und legte es kurz auf die Flammen, um sie zu bändigen. – »Oooh!« rief sie fröhlich aus, während sie zwischen den Stäbchen eingeklemmt ein Stück Fleisch in die Höhe hielt. »Kutteln!«

Die koreanischen Mädchen hatten alle kleine Münder und zarte, straffe Gesichter. Wenn Jenny lächelte, sah ihr Gesicht wie ein breiter, goldener Schild aus. Sie unterhielten sich über die Filme, die sie zuletzt im Kino gesehen hatten. »Der war wirklich lustig«, lachte Alice. »Ich konnte es gar nicht glauben.« – »Ich habe gehört, daß er sehr schlecht sein soll«, sagte

Ivy. – »Mir hat nur die Titelmusik gut gefallen«, sagte Alice. – Sie unterhielten sich über Jennys Bruder Richard, allerdings zum größten Teil auf koreanisch, so daß ich die meisten der ihm zur Last gelegten Dinge nicht mitbekam, doch die Art und Weise, wie die koreanischen Mädchen mit leicht geschürzten Lippen seufzten, gab mir zu verstehen, daß Richard im Begriff war, einen Fehler zu begehen, und aus den wenigen englischen Sätzen, die man mir im nachhinein erklärenderweise zuwarf, konnte ich mir nach und nach zusammenreimen, daß er mit einem koreanisch-amerikanischen Mädchen kaukasischer Abstammung befreundet war. »Er meint es wirklich ernst mit ihr«, sagte Alice mit ihrer melodiösen Stimme, die immer etwas überrascht klang, »aber sie weiß gar nichts über Korea. Ich glaube nicht, daß sie sich gut in die Familie einfügen würde.« Alice bemerkte, daß ich sie anschaute, und biß mit ernster Miene in ihr Stück Fleisch.

5

Wenn Ice zu besoffen war, mußten Marisa und Thorn ihm beim Pinkeln helfen. Thorn lehnte ihn an eine Wand, hielt ihn an der Schulter fest und machte ihm die Hose auf. Dann sagte ihm Marisa, wann er seinen Schwanz wieder einpacken konnte, und wenn er selbst nicht mehr dazu in der Lage war, tat sie es.

6

Im Sommer fuhr ich mit Jenny in den Norden, denn sie badete gern in den kalten Seen. Sie lockte mich auch ins Wasser, und Hand in Hand wateten wir immer weiter rein und versuchten, nicht auf die spitzen Steine zu treten, die beinahe angenehm unter den Füßen pikten, so wie scharfes Essen; wenn Jenny das Wasser bis zu den Hüften ging, tauchte sie unter, und ich hinterher, und das Wasser war kalt, und die Sonne war heiß, und Jenny lachte und rief mir zu: »Los, schwimm schon, schwimm!«

7

»Hast du schon mal Melonenbowle gemacht?« fragte Marisa, und ich antwortete nein, und sie beugte sich vertrauensvoll zu mir vor und sagte: »Ist ganz einfach. Du mußt nur eine Wassermelone schälen und sie in den Mixer werfen – ganz kurz nur, ist ja eh alles Wasser. Dann läßt du es durch ein Sieb, damit du die Kerne nicht mitschluckst, und kannst dann soviel Alkohol wie du willst dazutun, und du schmeckst *nichts davon*. Das ist saucool.«

»Muß ich mal ausprobieren«, sagte ich.

»Solltest du *wirklich!*« knurrte Marisa in ihrer freundlichen Ruppigkeit.

»An Jenny und ihren hübschen Mitbewohnerinnen«, sagte ich und aß meine Spiegeleier – und dann herrschte das Schweigen, das sich immer dann einstellte, wenn Bootwoman Marisa bewußt wurde, daß ich nicht so rein und unbefleckt war, wie ich den Eindruck erweckte, da ich ja schließlich mit Jenny Rassenschande betrieb, und sie wandte sich zu Thorn und bemerkte trocken: »Jenny ist seine Freundin.«

»Aha«, sagte Thorn, die allein aufgrund von Marisas Ton ein angewidertes Gesicht zog, obwohl sie Jennys Sünde noch gar nicht kannte.

»Und«, fuhr sie feixend fort, während sie ihre Stimme zu einem fröhlichen Singsang hochschraubte, »mit *vierzig* wird sie *dick* und *fett* sein.«

Ich lachte, doch wenn ich mich jetzt an mein Lachen zurückerinnere, dann erscheint es mir aufgesetzt und hölzern, mein Humor war schon wie von Termiten ausgehöhlt, und Marisa holte zum alles entscheidenden Schlag aus, indem sie sagte: »Ich warne dich, Bill, schieß sie ab, solange du noch kannst!« – und dann erklärte sie Thorn mein schändliches Geheimnis in der scheinbar beiläufigen Art und Weise, wie sich zwei über die unheilbare Krankheit eines Dritten unterhalten: »Sie ist Asiatin.«

»Das werde ich ihr sagen«, erwiderte ich, noch immer gezwungen lachend, und Marisa antwortete wie aus der Pistole geschossen mit kühler Stimme: »Tu das, Bill. Tu das ruhig.«

8

Ich veranstaltete eine Party, für die Jenny, unterstützt von ihrer Mitbewohnerin Margaret, einen Artischocken-Dip, einen Kahlua-Kuchen, Hühnchen süß-sauer und jede Menge andere Fressalien vorbereitete; Marisa und Thorn waren auch eingeladen. Die meisten anderen Gäste waren koreanische Freunde von Jenny. Als Marisa reinkam, schrie sie: »Hey, Bill, ich hab dir was mitgebracht. Wir waren im St. John's Grill, und ich hab dir einen Aschenbecher geklaut!«, und ich war zutiefst gerührt und dankte Marisa mit einer Umarmung, aber Jennys Freunde fanden das offensichtlich gar nicht toll, so daß ich Marisa und Thorn in mein Schlafzimmer schleppte, weg von den Drinks, und hinter uns die Tür schloß, so daß wir ungestört mit meinem Luftgewehr schießen konnten, und die Mädchen schrien beim Anblick der Zielscheibe lachend: »Das ist Cougar! – Und das ist Rona! Jetzt leg ich die kleine *Schlampe* um!«, und Marisa kreischte begeistert. Danach hielten sich Thorn und Marisa hauptsächlich in der Küche auf und halfen Margaret beim Mixen der Drinks; diese Party war ein bißchen ruhiger als die Skinhead-Parties, die oft schon am Nachmittag begannen, wenn sie sich die Springerstiefel angezogen und die schwarzen Jacken fein ordentlich zugeknöpft hatten; dann nahmen sie den

Bus ins Tenderloin oder ins Fillmore, wo sie an irgendein Garagentor klopften, das von zwei Skins, breit wie Kleiderschränke, geöffnet wurde, die sie von oben bis unten musterten, einen Dollar fürs Bier kassierten, ihnen dafür, daß sie bezahlt hatten, einen Dinosaurier auf die Hand stempelten, sie durch die Garage und einen dunkeln Durchgang in den schäbigen, mit Müll übersäten Hinterhof gehen ließen, um den herum sich ebenso schäbige Mietskasernen erhoben; die Schlangengrube war von Skins und Bootwomen bevölkert, von denen manche schon die Feuerleitern zum ersten Stock, zum zweiten Stock und zum dritten Stock hochgeklettert waren, wo es immer dunkler und dreckiger wurde, und wenn dir eine Gruppe Skins den Weg verstellte, dann mußtest du sie sehr höflich bitten, dich vorbeizulassen und dich an ihnen vorbeiquetschen, hoch zum Treppenabsatz auf dem vierten Stock, wo Bootwoman Dan-L gähnend dastand und sich ihre frisch rasierte Glatze kratzte, und Marisa saß mit ein paar anderen Skin-Frauen auf der Treppe inmitten einer Bierlache, die langsam in einem gewundenen Rinnsal die Treppe hinunterfloß, genau wie Ices Pisse, und sich in Marisas Jacke und unter Marisas Bein und hinter Bootwoman Kims Schulter und so weiter bis ins Meer hinein verlor.

Meistens sagte Marisa nicht viel, denn sie war schon ziemlich breit.* Sie starrte in die Welt um sich herum; man konnte Wolken sehen und schmutzige Fensterscheiben und Wäsche, die in der Ferne an Feuerleitern flatterte, und wenn man nach

* Das war kurz nachdem Marisa ihren Job in einer Bäckerei in der Castro Street verloren hatte, weil die Besitzerin einen offiziellen Bericht der Regierung gelesen hatte, in dem stand, daß Skinheads Rassisten und Sexisten seien. – Was für eine Überraschung! – »Dazu hab ich nichts zu sagen«, erwiderte Marisa trotzig. – »Ich kann hier niemanden mit solch einer Meinung beschäftigen«, sagte die Besitzerin, deren Freund Jude war. Marisa sagte zu ihr, sie solle sich ins Knie ficken.

unten in den Hinterhof blickte, sah man wie von einem Wachturm aus Skins, die sich um ein Bierfaß drängten und Budweiser in Plastikbecher zapften, für sich selbst, für ihre Kumpels und für ihre Mädchen; und in der Mitte dieser tristen grauen Fläche stand ein trister grauer Baum, der bis zum dritten Stockwerk reichte; und die Skins banden ein Seil um einen Eimer voll Bier, warfen das Seil über einen Ast dieses Baumes, fingen das Ende wieder auf und zogen den Eimer ganz langsam und vorsichtig hinauf bis auf eine Höhe von zehn Metern und begannen, das Seil vor und zurück zu schwingen, so daß sich ein Bierstrom über die Gesichter der Untenstehenden ergoß, und dann kam Unruhe in die Skins, und sie schleuderten ihre tätowierten Arme in die Luft, und der Inhalt des Eimers ergoß sich vollends auf alle, und einige schwarzgekleidete Mädchen runzelten mißbilligend die Stirn und sagten: »Fickt euch ins Knie«, woraufhin einige der Skins lachten. Alle wurden immer betrunkener und lauter. Ein Typ schlenderte auf Nazi-Joe zu und fragte ihn nach seiner Schuhgröße. Nazi-Joe brach mitten im Satz ab, drehte sich ganz langsam um und sagte: »Warum? Willst wohl *meine Stiefel klauen?*« Dann schlug er den Kopf des anderen Typs fünfmal gegen die Mauer! Blut schoß aus seinen Ohren. Danach fragte mein Freund Ken Nazi-Joe nach seiner Schuhgröße. Nazi-Joe lachte nur; ich glaube, es kam drauf an, wer ihn so etwas fragte. Dann wurde es dunkel, und die Party kam erst *richtig* in Schwung; Ken war sturzbetrunken und schnappte sich ein Mädchen, das er noch nie gesehen hatte, und vögelte sie an der Mauer. – Kurz und gut, Marisa und Thorn fühlten sich inmitten der eher intellektuellen und faden Atmosphäre meiner Party nicht sonderlich wohl; Jenny und ihre Freundinnen unterhielten sich über Macy's und andere Themen, an die sich Jenny später nicht mehr erinnerte, und alle standen um den Wohnzimmertisch herum, nippten an ihrem Chivas Regal, den Jenny mir aus L.A. mitgebracht hatte, oder saßen auf dem Sofa und unterhielten sich über die neuesten Innovationen der Computer-Branche wie etwa den UNIX-Chip, der gerade für Microcomputer auf den Markt gekommen war, und mit zwei meiner Lieblingsingenieure diskutierte ich die Möglichkeit, Bücher direkt auf Plastikpapier zu drucken, und dann führte ich meine Kommilitonen Paul und Nancy in mein Zimmer, um ihnen die Tamerlane-Ausgabe von Poe aus dem Jahr 1902 zu zeigen, die mir Jenny für hundertfünfzig Dollar gekauft und zum Geburtstag geschenkt hatte, und Jenny kam mir nach, um sich zu vergewissern, daß ich das Essen, das sie gemacht hatte, auch wirklich aß, und mit Nancy diskutierte ich in fünf Minuten fünf Bücher durch, und dann trank ich noch etwas mit Paul, und Jenny holte sich auch noch einen Drink, und ich ging zurück in die Küche, um nach Marisa und Thorn zu schauen und mit ihnen Witze über die Länge meines Schwanzes zu machen. – »Das ist toll!« lachten die beiden im Chor. Ich lehnte mich an den Kühlschrank, und sie lümmelten sich an die Spüle, und ich trank Tequila und Bier und Tequila und Bier, aber Thorn trank nur wenig, um sicherzustellen, daß auch Marisa nur wenig trank, denn Marisa wurde schnell ausfallend und gewalttätig, wenn sie zuviel hatte. – »San Francisco war mal die Hauptstadt der Skinheads«, seufzte Marisa, am Spülstein lümmelnd. »Und jetzt ist alles so jämmerlich, daß ich kotzen könnte.« – Mein Mitbewohner Martin betrat unsicher grinsend die Küche. – Währenddessen tranken meine Gäste Margaritas und schlenderten um den Wohnzimmertisch herum, setzten sich hin und standen wieder auf, unterhielten sich und machten einen großen Bogen um Marisa und Thorn, die umgekehrt einen großen Bogen um *sie* machten; und Jenny trank eine Menge Old Bushmill's und war ziemlich angesäuselt. Thorn erzählte mir von ihren Zeichnungen (sie hatte die Aufnahmeprüfung für die Kunstakademie bestanden), und Marisa berichtete mir von der Zeit, als sie mit einer Ballett-Truppe in Australien unterwegs war (wo ich nie gewesen war und was ich mir deshalb vorstellen mußte), wo sie sich in jeder Stadt von einem anderen umlegen ließ, was sie aber nicht sonderlich störte, weil sie wußte, daß sie die Männer nie wiedersehen würde; und im Hotel King's Cross in Sydney spielte sie im Jungenraum Strip-Poker, bis plötzlich der Direktor der Truppe auftauchte, so daß Marisa schnell wieder in ihre Kleider springen und aus dem Fenster klettern mußte, um in ihr Zimmer zu kommen; aber der Direktor sah sie und erteilte ihr einen Anschiß und ließ sie tagelang nicht mehr aus den Augen, bis sie schließlich einen freien Tag hatten, an dem die Mitglieder der Truppe in kleinen Gruppen ausgehen durften, aber Marisa sagte, *fickt* euch ins Knie; sie fuhr per Anhalterin zu einem Flohmarkt und kaufte ihren Freunden in San Francisco ein paar blöde australische T-Shirts, der Direktor sah sie zurückkommen und schrieb einen Bericht über sie, aber Marisa, die damals grün-rotes Haar hatte, das an manchen Stellen ganz kurz und an anderen ganz lang war, machte sich nichts draus, denn sie hatte auf dem Flohmarkt einen Typen kennengelernt, der *wirklich* gut aussah; unterdessen folgte ihr an jeden Ort, den sie auf dem rotbraunen Kontinent ansteuerten, ein treuer Bewunderer in einem schokoladenbraunen Rolls-Royce, und sie war jedesmal verwirrt, wenn sie einsteigen wollte, und bemerkte, daß es die Fahrer- und nicht die Beifahrerseite war, weil ja der Verkehr andersrum als in Amerika ging, aber Marisas Verehrer lachte nur; er war um die vierzig, und der Direktor, der zweiundsiebzig war, hatte ein Auge auf ihn geworfen, ohne daß er Erfolg hatte; dann tanzte die Truppe in der Oper von Sydney, und ein anderer Mann verliebte sich in Marisa und führte sie zum Essen aus, aber der Direktor erwischte sie, als sie sich spät nachts total am Arsch zurück ins Hotel schlich, und er sperrte Marisa für zwei Vorstellungen, und in der nächsten Stadt gab der Typ mit dem braunen Rolls-

Royce Marisa genug Gras, um die ganze Truppe high zu machen, was sie auch tat, so daß die nächste Vorstellung abgesagt werden mußte und Marisa in hohem Bogen aus der Truppe flog, obwohl man sie nicht sofort nach Hause schicken konnte, weil das zu teuer gewesen wäre; also blieb sie weiter dabei und machte jeden Unsinn, der ihr in den Kopf kam. Am Ende konnte man sie nicht mehr bei Familien mit Söhnen unterbringen. Die Leute in Australien waren *cool* – bis auf die Tatsache, daß sie Vegemite auf ihren Toast schmierten.

9

Bei der Party verschwand Jennys blaue Geldbörse. Sie bemerkte es erst am nächsten Tag, weil sie an dem Abend einiges getrunken hatte. Jenny ging mit ihren Sachen ziemlich sorglos um und hatte ihre Geldbörse zuvor schon einige Male verloren. Einmal kamen wir vom Kino, und als Jenny aus dem Auto steigen wollte, fiel ihr auf, daß ihre Geldbörse weg war. Wir fuhren zurück zum Kino und fanden sie nicht; wir kehrten zu der Bar zurück, wo wir nach dem Film etwas getrunken hatten, aber dort war sie auch nicht; dann sahen wir sie mitten auf der Straße liegen, wie durch ein Wunder fehlte nichts. Jenny hatte sie offenbar beim Aufschließen des Autos verloren. Deshalb war ich sicher, daß sich die Geldbörse auch dieses Mal wieder finden würde – was aber nicht geschah. Jenny war ganz durchgedreht vor Wut und Panik. Auch ihre Schlüssel waren weg. Sie war sich sicher, daß die Geldbörse und der Schlüsselbund den ganzen Abend auf dem Tisch neben den Getränken und den Chips gelegen hatten.

»Das waren deine Freunde!« schrie mir Jenny ins Ohr. »*Du* hast sie eingeladen! Es ist deine Schuld! Sie haben meine Schlüssel, jetzt können sie in deine Wohnung und in meine Wohnung und in mein Auto! Und meine verfluchten Kreditkarten haben sie auch! Du allein bist dafür verantwortlich! Ich wette, Marisa ist schon bei Macy's und kauft gerade eine neue Jeans oder was auch immer! Oh! Ich habe wahnsinniges Kopfweh! Ich habe dir noch gesagt, du sollst deine Nazi-Skin-Freunde nicht einladen – sie sind kriminell!«

»Laß uns noch mal unten danach suchen«, sagte ich. »Vielleicht hast du sie ja dort liegenlassen.« Zu diesem Zeitpunkt war ich noch davon überzeugt, daß die Geldbörse jede Sekunde wieder auftauchen würde, und ich kapierte noch nicht, wie wütend Jenny war. Ich amüsierte mich noch über ihre absurde Vorstellung von Bootwoman Marisa auf dem Weg zu Macy's.

»Ich erinnere mich ganz genau«, beharrte Jenny, »zuerst hab ich die Geldbörse im Auto liegenlassen, und dann bin ich reingekommen und hab geglaubt, ich hätte die Geldbörse dabei, aber ich hatte sie gar nicht, also bin ich zurückgegangen und hab sie geholt, und dann hab ich mich gesetzt und sie dorthin gelegt. Und der einzige Platz, wo das gewesen sein kann, ist entweder die Küche oder das Wohnzimmer. Wer sonst sollte so etwas tun? Es sind deine gottverdammten Skinhead-Freundinnen gewesen!«

»Sie würden nie so etwas tun«, sagte ich.

»Sie haben dir einen geklauten Aschenbecher mitgebracht!« schrie Jenny. »Vielleicht würden sie dich nicht bestehlen, aber mich kennen sie ja nicht. Und wenn du sie noch einmal siehst, ist es aus mit uns! Manchmal hasse ich dich. Ich weiß gar nicht, warum ich überhaupt mit dir zusammen bin. Du kümmerst dich ja gar nicht um mich. Deine kriminellen Freunde sind dir wichtiger. Und ich glaube, du findest es auch noch gut, daß sie meine Geldbörse und meine Schlüssel geklaut haben. Eins sage ich dir: ich will diese verkommenen Mädchen nie wiedersehen!«

»Jenny«, begann ich, aber sie verpaßte mir eine Ohrfeige und sagte: »Spar dir dein ›Jenny‹. Sie haben meine Geldbörse und meine Schlüssel. Was soll ich denn jetzt machen? Ich will, daß du noch mal die ganze Wohnung durchsuchst. Schau im Müll nach. Vielleicht hat jemand meine Sachen aus Versehen weggeworfen. Ich werde heute nacht kein Auge zumachen.«

Wir fanden die blaue Geldbörse nicht wieder.

»Ich habe dir immer gesagt, wie sie sind«, sagte Jenny. »Versprich mir auf der Stelle, daß du diese Skinheads nie wiedersiehst.«

»Nein«, sagte ich.

»Dann siehst du mich nie wieder«, sagte Jenny, während ihr Tränen über die runden, goldenen Wangen liefen. Jenny meinte nicht wirklich, was sie sagte; sie meinte nur das Schlimmste, das sie sich vorstellen konnte.

10

»Zuerst fand ich sie ganz witzig«, sagte mein Mitbewohner Martin. »Aber als ich kapiert hab, daß die wirklich so sind, fand ich sie eher beängstigend.«

»Ich glaube nicht, daß sie es getan haben«, sagte ich.

Aber Martin war überzeugt davon, daß sie es waren.

11

Manchmal weißt du, daß etwas nicht mehr in Ordnung oder vorbei ist, aber mit dieser Erkenntnis stellt sich eine dunkle Vorahnung ein, was das für dich bedeutet, so, als würdest du plötzlich erkennen, daß sich der Boden unter deinen Füßen auflöst und darunter Dunkelheit, Schmutz und krabbelndes Gewürm lauern, und du möchtest das sichere Gefühl eines festen Bodens unter den Füßen um jeden Preis zurück, so daß du die Sache, die nicht in Ordnung ist, in Kauf nimmst und dir einbildest, eines Tages sei wieder alles in Ordnung, denn du willst nicht an das schwarze Loch denken, das auf dich wartet, und wenn du das Wegbrechen des Bodens unter deinen Füßen irgendwie aufhalten kannst, dann wirst du es tun. Schon oft hatte ich bei meiner Beziehung zu Jenny dieses Gefühl, und auch jetzt, als ich meinen Freunden mißtraute, überkam es mich. Ich konnte nicht glauben, daß Marisa etwas gestohlen haben sollte, und ich konnte mir auch nicht vorstellen, daß jemand anders etwas genommen hatte.

Zwei Nächte schlief Jenny kaum. – »Diese Skinheads, diese Bootwomen«, sagte sie. »Ich frage mich, ob sie mich nicht leiden können. Ich frage mich, ob sie mich hassen, weil ich Asiatin bin. Vielleicht wollen sie mich verletzen. Ich meine, sie sind schließlich Nazis!« – Ich hatte ihr nie erzählt, was die Skinheads über sie dachten, aber trotzdem war sie sich sicher, daß in ein, zwei Monaten, wenn wir den Vorfall schon vergessen haben würden, Marisa eines Nachts mit den gestohlenen Schlüsseln in ihre Wohnung eindringen würde, daß dann Dickie und Mark und Dagger und Chuckles und Blue und Yama und Hunter und Dee und Spike und Nazi-Joe und Ice und Dan-L die Treppen hochkommen, Dagger mit seinen Springerstiefeln den Pfosten des Treppengeländers eintreten und Yama die Glastür zu Margarets Zimmer einwerfen und Margaret einen Stuhl über den Kopf schlagen würde; die anderen würden in Jennys Zimmer eindringen und Jenny und mich schlafend in ihrem Wasserbett finden, und Dickie würde das Wasserbett mit einer scharfen Konservendose aufschlitzen, und die Skinheads würden uns anbrüllen: »Wo ist das Geld? Los, wo ist das Geld?« – und Marisa würde mir eine Minute Zeit geben, um zu verschwinden und Jenny ihrem Schicksal zu überlassen, und dann würde Yama ihr einen Schlag ins Gesicht versetzen und sagen: »Halt's Maul, du Hure! Wir schlitzen sie alle auf!«, und Chuckles und Blue würden uns ins Gesicht pissen, und Ice würde in aller Seelenruhe die Stereoanlage im Wohnzimmer auseinandernehmen.

12

Zwei Wochen später fand sich Jenny mit ihrem Schicksal ab. Wir brachten an ihrer und meiner Tür neue Schlösser an. Ihr Gesicht war noch immer tränenverquollen. Für Jenny, die trotz des sorglosen Umgangs mit ihren Sachen Ordnung und Sauberkeit liebte, war der Verlust ihrer Geldbörse neben dem Sicherheitsrisiko auch ein ästhetisches Unglück. »Ich wünschte, ich hätte sie nur verlegt«, bemerkte sie klagend, »obwohl das keinen großen Unterschied macht, denn ich hab trotzdem die ganzen Scherereien am Hals. Ich muß eine neue Kreditkarte beantragen, mich um einen Ersatzführerschein kümmern und die Kundenkarte von Macy's sperren lassen. Heute bekommst du ein gutes Mittagessen, weil ich nämlich etwas kochen werde. Versprich mir, daß du es essen wirst. Versprichst du es mir? Willst du tiefgefrorene Chicken-Nuggets?« Und wenig später summte sie ein koreanisches Lied über Getreidefelder.

13

Dann kam Jennys anderer Bruder, Adam, zu Besuch. Er war ein schlanker, selbstbewußter junger Mann, der gerne Polohemden trug. Jenny vergötterte ihn und führte nachts immer Ferngespräche mit ihm, in denen sie ihm Ratschläge erteilte, die er, wie ich vermute, nicht ausnahmslos befolgte. Er sah aus wie ein kleiner Bruder. Er und seine Freunde aus Yale schleppten in einem Eimer riesige Muscheln an, die sie am Strand gesammelt hatten. Jenny leerte alle Muscheln auf einmal in den Spülstein und schrubbte ihre Schalen mit einem Stahlwollekissen, um auch den letzten subversiven Keim abzutöten; in Jennys Welt mußte, ebenso wie in Marisas, jedes unbekannte Objekt sterilisiert werden. Die größten Exemplare warf sie in kochendes Wasser, worauf den Ansaugröhren ein resignierter Seufzer entwich, und den Rest legte ich für fünf Minuten in die

Tiefkühltruhe, so daß ich anschließend den erstarrten Schließmuskel mit dem Messer knacken konnte; schon geschwächt von der trockenen Fahrt im Kofferraum von Adams Wagen, leisteten sie keinen großen Widerstand und ergaben sich in ihr Sushi-Schicksal. Auf einem Teller trug ich sie ins Eßzimmer, wo Adam mit seinen Freunden laut lachend am Tisch saß; sie akzeptierten ihn offensichtlich als Führer, so wie Izutsu und Sagara in Yukio Mishimas *Runaway Horses* Isao respektierten, weil dieser sie zu rechten Extremisten gemacht und dann sich selbst zum Gott erhoben hatte, indem er sich in einer rituellen Zeremonie den Bauch aufschlitzte; ich vermute, daß Adams Muscheln sich genauso fühlten, als ich sie knackte; aber Adam nahm mir den Teller ab, ohne die Muscheln oder mich eines Blickes zu würdigen, und reichte ihn seinen Anhängern, die »Adam! Adam!« schrien, und Adam gab Jenny eine Muschel und aß dann selbst eine und gab dann die Muscheln wieder Izutsu und Sagara zurück, die zweifellos lernten, wie sie mit ihm in Yale Götter werden konnten. – »Kann ich noch was für dich tun, Adam?« fragte ich. Er unterhielt sich weiter mit seinen Freunden. Aber als er mich mit Jenny im Bett liegen sah, fiel ihm die Kinnlade runter, und er schüttelte langsam den Kopf und verließ das Schlafzimmer, wobei er die Tür einen Spaltbreit offenstehen ließ, und bevor er am nächsten Morgen nach Hause fuhr, klebte er eine in koreanisch verfaßte Nachricht an Jennys Zimmertür. Sie lautete: »Ältere Schwester, ich war sehr enttäuscht von deinem Freund. Ich habe mich für dich geschämt. Bitte denk an Mutter und Großmutter.« – Wie kann man die Abscheu erklären, die die Farben des Regenbogens füreinander empfinden?

Im Nachthemd, einem kräftigen, beißenden Pfirsichton, ließ Jenny sich auf dem Wasserbett nieder und rief Adam an. Ich hatte sie dazu überredet. »Ich werde spät ankommen«, sagte sie. »Kannst du mir einen Gefallen tun? Sag Großmutter, sie soll nicht in meinem Zimmer schlafen. Margaret und ich werden dort schlafen. Und noch was. Leih mir ein paar Videos aus. Und sag Mom, sie soll mit dem großen Auto zur Arbeit fahren.«

Sie zog die Decke fester um sich. »Fast hätte ich vergessen, es dir zu sagen, aber es war wirklich nicht nett von dir, mir so einen Brief dazulassen. Was meinst du damit? Das war wirklich nicht nett. Er hat versucht, mit dir zu reden und freundlich zu dir zu sein. Und du hast dich sehr unhöflich benommen. – Was sagst du? – Adam, du solltest dich wirklich benehmen. Was meinst du mit ehrlicher Meinung? Nein. Hör mir mal zu. Hör zu. Bill ist mein Freund, und du solltest – Adam! – Hör mir zu! *Hör zu!* HÖR MIR ZU! Du sagst, daß du mich liebst, aber wenn das so wäre, würdest du … – *Hör mir zu!* HÖR MIR ZU!«

»Adam, ich verstehe nicht, warum du so etwas denkst. Ich möchte wissen, wie du zu solchen Meinungen kommst. Erklär mir, wie du so denken kannst. – Nein. Du mußt mir schon einen vernünftigen Grund sagen. Du kannst nicht einfach sagen: ›Ich fühle mich einfach nicht gut.‹ Adam. Adam. *Adam!* Ich weiß, daß du wütend bist. Aber du darfst doch nicht aus deiner ersten Wut heraus handeln. Wie denkst du jetzt darüber? Was denkst du jetzt? Siehst du, du kennst ihn doch gar nicht und sagst aber Sachen, die mich verletzen. Ich will verstehen, warum du diesen Brief geschrieben hast, warum du dich so benimmst. – Nur weil es dir im Augenblick so richtig erschien? Deshalb benimmst du dich so? Was meinst du, du weißt es nicht mehr? Ich kritisiere dich nicht, ich frage dich nur nach deiner Meinung. Nur weil jemand anders ist? Auf dem Zettel stand, daß du dich für mich schämst. Warum, warum, warum, *warum?* Was für ein Typ? Was für ein Typ ist er? Er hat dir nichts getan.«

Sie brachte ihren kleinen Bruder am Telefon zum Heulen (was mir eine gewisse Befriedigung verschaffte), aber er haßte mich immer noch.

14

Wäre dies eine Erzählung von Tschechow oder Maupassant gewesen, wäre die blaue Geldbörse eines Tages wieder aufgetaucht, sei es um durch ihre Weigerung, irgendwo sonst zu sein, zu beweisen, daß jeglicher Verdacht einem logischen und moralischen Tod gleichkommt, so daß nun, da alle Gedankenströme in unserem Hirn angespannt waren und kleine Männlein die Gedankengänge herunterschalteten, um ein Maximum an mechanischem Vorteil zu gewinnen in ihrem aussichtslosen Kampf, die Klötze bleiernen Vertrauens wieder in Sicherheit zu bringen, die korrumpierten Gedanken schwer wie ein Eisenklotz geradewegs über dem schwarzen Wasserfall hingen, der früher oder später alles mit sich reißt; und die kleinen Männlein taten ihr Bestes, aber die Ketten zersprangen, und das Vertrauen stürzte den Wasserfall hinunter und versank in den Fluten, und wir sahen es nie wieder, aber die blaue Geldbörse blieb, um uns immer daran zu erinnern, daß wir beschränkte Wesen sind.

Und schließlich fand ich Jennys Geldbörse wieder. Sie war in eine Papiertüte unter dem Wohnzimmertisch gefallen, und ebenso die Schlüssel.

Wir gingen wieder ins Kino, und Jenny saß neben mir, ihre Fingerknöchel hingerissen an die Wangen gepreßt, während ihr angesichts der neuerlichen romantischen Auflösung auf der Leinwand glückselige Tränen übers Gesicht liefen.

15

Einen Monat vor Marisas siebzehnten Geburtstag trafen Jenny und ich sie auf einer Party in der Haight Street. Im Eingang konnte man lesen: S. F. BOOTWOMEN – SIE KLAUEN DIR DEIN GELD, DEINEN STOLZ UND DEINEN MANN! Marisa arbeitete nicht mehr als Fahrradbotin, weil sie eine eilige Sendung in den Büroturm der Bank of America bringen sollte, wo sie von einer Sekretärin mit abschätzigen Blicken von oben bis unten gemustert wurde, worauf Marisa sie eine Schlampe oder noch wahrscheinlicher eine abgefuckte Schlampe genannt hatte; die Schlampe hatte sich beschwert, und der Kurierdienst hatte die Bank of America aus der Kundenkartei streichen können, und Marisa war ihren Job los. – Jenny und ich saßen zusammen auf dem Sofa und hörten die Supremes »*Ba*-by, *ba*-by! Where did our *love* go!« singen, in einer Lautstärke, die mit so gewaltiger Wucht auf unser Trommelfell traf und in unsere Gehörgänge eindrang, daß ernstere Schäden nicht auszuschließen waren; und Jenny versuchte mich zu bewegen, mit ihr zu tanzen.

»Komm schon, tanz mit mir«, sagte sie.

»Hab keine Lust«, antwortete ich.

»Bitte tanz doch mit mir«, sagte sie.

»Nein«, antwortete ich.

Marisa kam ins Zimmer und begann, allein zu tanzen, wobei sie mit ihrem Pulli und den flaumigen schwarzen Stoppeln auf ihrem Kopf weich und kuschelig aussah; Marisas Augen waren geschlossen, und sie tanzte allein auf dem Teppich vor sich hin, und Jenny sagte wenig schmeichelhaft: »Marisa! Schnapp ihn dir und tanz mit ihm. Ich hab ihn noch nie tanzen sehen« – und Marisa öffnete die Augen, blickte mit ausdrucksloser Miene in Jennys Gesicht und sagte kühl: »Wirst du auch nie.«

Deutsch von Kirsten Spieldiener

David Foster Wallace

Kein Zurück

HERZLICHEN GLÜCKWUNSCH ZUM GEBURTSTAG. Dein dreizehnter Geburtstag ist wichtig. Vielleicht ist es dein erster, richtig öffentlicher Tag. An deinem dreizehnten Geburtstag haben die Leute Gelegenheit zu erkennen, daß mit dir wichtige Dinge geschehen.

Und im letzten halben Jahr sind wichtige Dinge mit dir geschehen. Du hast jetzt sieben Haare in deiner linken Achselhöhle. Harte, gefährliche Spiralen spröden, schwarzen Haares. Borstiges Tierhaar. Es gibt jetzt mehr harte, lockige Haare in deiner Schamgegend, als du zählen kannst. Andere Dinge. Deine Stimme ist voll und kratzig und bewegt sich zwischen den Oktaven ohne Vorwarnung und Muster. Dein Gesicht fängt an zu glänzen, wenn du es nicht wäschst. Und dieser Frühling hat dir nach zwei Wochen eines tiefen und angsterfüllenden Schmerzes etwas zurückgelassen, was aus deinem Innern herausgefallen ist: Dein Hodensack ist nun prall und verletzlich, eine Ware, die des Schutzes bedarf. Hochgehoben und festgezerrt in engen Hosen, die rote Striemen in dein Hinterteil schneiden. Du hast eine neue Verletzlichkeit erreicht.

Und Träume. Seit einigen Monaten träumst du wie nie zuvor: feucht und geschäftig und weit entrückt, voller nachgebender Kurven, wilder Kolben, weicher Wärme und tiefen Versinkens; und mit flackernden Lidern bist du bei einem Drang und einer Flut und einem stoßenden Gefühl aus ungeahnter Tiefe aufgewacht, so daß sich die Zehen kräuseln und es an deiner Kopfhaut reißt, aufgewacht zu Zuckungen eines tiefen süßen Schmerzes, während die Jalousie das Straßenlicht als gezackte Sterne gegen die schwarze Zimmerdecke wirft, und auf dir dichter weißer Gelee, der zwischen zitternden Beinen verläuft, tröpfelt und klebt, sich abkühlt, fest und klar wird, bis am Morgen unter der Dusche nichts übrig bleibt außer knorrigen Knoten aus blassem festem Tierhaar; und aus dem nassen Knäuel entsteigt ein sauberer, süßer Geruch, von dem du dir nicht vorstellen kannst, daß er aus deinem Innern stammt.

Der Geruch ist, mehr als alles andere, wie dieser Swimmingpool; ein gechlortes, süßes Salzreinigungsmittel, eine Blume mit chemischen Blättern. Der Pool hat einen starken, klaren, blauen Geruch, obwohl du weißt, daß er nicht so stark ist, wenn du einmal im blauen Wasser bist, so wie jetzt, wo du am flachen Ende ausruhst, völlig verausgabt, das hüfthohe Wasser gegen deine veränderte Stelle plätschernd.

Die Sonnenterrasse dieses alten öffentlichen Schwimmbads am westlichen Stadtrand von Tucson ist von einem Zaun umgeben, zinnfarben, dekoriert mit einem fröhlichen Durcheinander abgeschlossener Fahrräder. Dahinter ein heißer, schwarzer Parkplatz voller weißer Linien und glitzernder Autos. Ein eintöniges Feld mit trockenem Gras und hartem Unkraut, die flaumigen Köpfe von altem Löwenzahn explodieren und fliegen wie Schnee im aufkommenden Wind davon. Und im Hintergrund von all dem, von der runden, müden Septembersonne rot erleuchtet, sind Berge, gezackt, die scharfe Silhouette ihrer Spitzen zeichnet sich dunkel gegen das tiefe, rote, müde Licht ab. Gegen das zurückweichende Rot bilden die scharfen, miteinander verbundenen Spitzen eine zackige Linie, eine Kurve, ein Elektrokardiogramm eines sterbenden Tages.

Am Rande des Himmels verfärben sich die Wolken. Das Wasser glitzert wie durchsichtiger Glitter aus schwachem, sanftem Blau in der Wärme des Nachmittags um fünf Uhr, und der Geruch des Pools, wie der andere Geruch, geht bei dir eine Verbindung mit dem chemischen Dunst ein. Eine innere Verschwommenheit, die Licht für ihre eigenen Zwecke bricht, den Übergang zwischen dem, was geht, und dem, was kommt, dämpft.

Heute abend ist deine Party. Heute nachmittag, an deinem Geburtstag, hast du alle zum Pool eingeladen. Du wolltest alleine kommen, aber ein Geburtstag ist ein Familientag, deine Familie möchte mit dir zusammensein. Das ist schön, und du kannst nicht darüber reden, warum du alleine hierherkommen wolltest, und ganz ehrlich gesagt, vielleicht wolltest du gar nicht alleine kommen; also sie sind hier. Sie sonnen sich. Beide Elternteile sonnen sich. Ihre Sonnenstühle haben den ganzen Nachmittag über auf einer Stelle gestanden, sich gedreht, dem Stand der Sonne am Wüstenhimmel folgend, die wie ein flirrender Film aufgeheizt ist. Am flachen Ende des Pools spielt deine Schwester mit einer Gruppe lauter, dünner Mädchen aus ihrer Klasse Marco Polo. Sie ist jetzt als Blinde dran, und auf ihr Marco wird mit Polo geantwortet. Ihre Augen sind geschlossen, sie wirbelt in Richtung der Zurufe und dreht sich wie der Mittelpunkt eines Rads voll kreischender Mädchen in Bademützen. Auf ihrer Mütze kleben Plastikblumen. Sie hängen wie welke, alte, rosa Blütenblätter herunter, die hin und her wackeln, wenn sie blind auf die Zurufe losstürzt.

Dort am anderen Ende des Pools befindet sich das Tauchbecken und der Turm mit dem hohen Sprungbrett. Dahinter auf der Sonnenterrasse ist die SN CK BAR, und auf beiden Seiten, oberhalb der zementierten Eingänge zu den Duschen und Umkleidekabinen, ist jeweils ein grauer, metallener Lautsprecher angebracht, aus denen die Radiomusik des Pools erklingt, flach und blechern dünn.

Deine Familie mag dich. Du bist klug und ruhig, respektvoll gegenüber älteren Leuten – das heißt aber nicht, daß du kein Rückgrat hast. Du bist im großen und ganzen ein netter Kerl. Du kümmerst dich um deine kleine Schwester. Du bist ihr Verbündeter. Du warst sechs, als sie null war und du hattest Mumps, als sie in einer weichen, gelben Decke nach Hause gebracht wurde; zur Begrüßung küßtest du nur ihre Füße aus Angst, sie mit deinem Mumps und deinem Leiden anzustecken. Deine Eltern meinten, das sei ein guter Auftakt. Euer Verhältnis sei gut eingestimmt worden. Jetzt meinen sie, daß sie recht hatten. Sie sind in jeder Beziehung stolz auf dich, zufrieden, und sie haben sich in die behagliche Distanz zurückgezogen, in der Stolz und Zufriedenheit entstehen. Ihr kommt alle gut miteinander aus.

Herzlichen Glückwunsch zum Geburtstag. Es ist ein großer Tag, so groß wie das Dach des gesamten Himmels des Südwestens. Du hast darüber nachgedacht. Da ist das hohe Sprungbrett. Bald werden sie nach Hause gehen wollen. Steig hoch und tu's.

Schüttel das blaue, saubere Wasser ab. Du bist halb gechlort, locker und weich, zart, deine Fingerspitzen leicht gerunzelt. Der Dunst des zu sauberen Geruchs ist in deinen Augen; das Licht erhält dadurch eine weichere Farbe. Schlag mit dem Handrücken gegen deinen Kopf. Auf einem Ohr hörst du schlecht. Neige deinen Kopf zur Seite und spring: Plötzliche Hitze in deinem Ohr, köstlich, und das im Kopf gewärmte Wasser wird kalt, als es in die weiche Muschel deines äußeren Ohres läuft. Die Musik hört sich lauter und blecherner an, die Schreie klingen näher, viel Bewegung in viel Wasser.

Der Pool ist noch zu später Stunde voll. Es gibt dünne Kinder. Haarige Affenmenschen. Unproportionierte Jungen aus lauter Beinen, Hälsen und beuligen Gelenken, flachbrüstig, sie erinnern vage an Vögel. Wie du. Es gibt alte Leute, die vorsichtig auf dünnen Beinen durch die Untiefen stelzen, das Wasser mit den Händen tastend, aus verschiedenen Elementen gleichzeitig.

Und Kind-Frauen, Frauen, Bewunderung wachrufend, kurvig wie Früchte oder Musikinstrumente, ihre Haut leuchtend braun poliert wie Treppenhäuser aus alten Zeiten, die Bikinioberteile von winzigen Knoten bunter Fäden festgehalten, die das Gewicht weicher geheimnisvoller Fülle auffangen, Bikiniunterteile, die knapp über dem sanften Vorsprung der Hüften aufliegen, die so anders aussehen als deine; maßlose Schwellungen und Drehungen, die im Licht zu einer Umrandung werden, die sich um die weichen Kurven wie um etwas Wertvolles wölbt und sie beschützt. Beinahe begreifst du es schon.

Der Pool ist wie ein System von verschiedenen Disziplinen. Hier sind sie also: Sprünge, Wasserschlachten, Tauchübungen, Fangen, Hai und Elritze, Marco Polo (deine Schwester ist immer noch die Blinde, den Tränen nahe, das Spiel bewegt sich am Rande der Gemeinheit, als Einzelgänger ist es jedoch nicht deine Sache, andere zu retten oder bloßzustellen). Zwei saubere, kleine, sehr weiße, in Handtüchern eingehüllte Jungen rennen mit winzigen Schritten am Pool entlang, bis ein Zuruf des Bademeisters durch das Megaphon sie schlagartig zum Stehen bringt. Der Bademeister ist so braun wie ein Baum, blondes Haar verläuft vertikal zu seinem Bauch, sein Kopf steckt unter einem Abenteuer-Safarihut, seine Nase ist ein weißes Dreieck aus Creme. Ein Mädchen hat einen Arm um ein Bein seines kleinen Turms gelegt. Er langweilt sich.

Jetzt geh, an deinen Eltern vorbei, die in der Sonne liegen und lesen und nicht herschauen. Vergiß dein Handtuch. Wenn du das Handtuch holst, mußt du dich unterhalten, und unterhalten bedeutet nachdenken. Du bist zu dem Schluß gekommen, daß Angst hauptsächlich durch Nachdenken hervorgerufen wird. Geh einfach vorbei zum tiefen Ende des Tauchbeckens. Über dem Tauchbecken erhebt sich ein großer eiserner, schmutzig-weißer Turm. Vom oberen Ende des Turms ragt ein Brett wie eine Zunge hervor. Der Zement der Sonnenterrasse fühlt sich unter deinen weichen, gechlorten Füßen rauh und heiß an. Jeder deiner Fußabdrücke wird dünner und blasser. Jeder schrumpft und verschwindet hinter dir auf dem heißen Stein.

Begrenzungsketten aus Plastik hüpfen im Tauchbecken umher, das sein eigenes Feld bildet, und das vom Rest des Pools und dem verschlungenen Tanz der Köpfe und Arme abgetrennt ist. Das Tauchbecken hat die blaue Farbe von Energie, klein und tief und ein perfektes Quadrat, eingerahmt von Schwimmbahnen und der SN CK BAR und der rauhen, heißen Sonnenterrasse und dem langen gekrümmten Schatten des Turms und des Sprungbretts. Das Tauchbecken ist ruhig und glatt und regeneriert sich zwischen den Sprüngen.

Es gibt einen Rhythmus. So wie beim Atmen. Wie eine Maschine. Die Schlange zum Sprungbrett windet sich hinter der Leiter des Turms. Die Schlange bewegt sich in einer Kurve, um sich vor der Treppe wieder in einer geraden Linie auszurichten. Einer nach dem andern erreicht die Leiter und erklimmt sie. Einer nach dem andern, im Abstand von Herzschlägen, erreichen sie oben die Zunge des Sprungbretts. Und einmal auf dem Brett halten sie genau wieder einen kleinen Herzschlag lang inne. Und ihre Beine tragen sie an das Ende, wo sie alle den gleichen stampfenden Sprung machen, sie kreisen mit ihren Armen, als ob sie etwas Rundes beschreiben wollten, etwas völlig Rundes; sie treffen mit Wucht am Rand des Sprungbretts auf, das sie hoch und dann nach unten wirft.

Es ist ein Katapult, Linien von abgehackten Bewegungen im späten, süßen, gechlorten Dunst. Von der Sonnenterrasse aus kannst du beobachten, wie sie auf das kalte, blaue Laken des Tauchbeckens treffen. Jeder Sprung hinterläßt weiße Federn im Wasser, die in sich zusammenfallen, sich ausbreiten und verzischen. Dann steigt von unten in der Mitte des Weißen klares Blau empor, das sich wie dicker, weicher Pudding ausbreitet, und alles ist wie vorher. Das Tauchbecken regeneriert sich selbst. Dreimal, während du vorbeigehst.

Du stehst in der Schlange. Schau dich um. Guck gelangweilt. Nur wenige sprechen. Jeder scheint alleine zu sein. Die meisten schauen auf die Leiter, machen einen gelangweilten Eindruck. Ihr habt fast alle die Arme verschränkt, der späte trockene Wind, der über die sauber-blauen, gechlorten Wasserperlen auf euren Schultern und Armen weht, kühlt euch ab. Der Schattenrand des Sprungturms und das Schattenbild der gebogenen, schwarzen Zunge des Sprungbretts sind neben dir. Das Schattensystem ist riesig, lang, erstreckt sich bis zur Seite und trifft in einem späten, scharfen Winkel auf das untere Ende des Turms.

Fast jeder in der Schlange schaut auf die Leiter. Ältere Jungen beobachten, wie die Hinterteile älterer Mädchen sich die Treppe hinaufbewegen. Die Hintern sind in weichem, dünnem Stoff, in engem Plastikstretch aus Nylon. Die schönen Hintern bewegen sich wie Pendel in einer Flüssigkeit die Treppe hoch, einem sanften, nicht entschlüsselbaren, geometrischen Code folgend. Die Beine der Mädchen erinnern dich an Rehe. Schau gelangweilt.

Sieh dran vorbei. Schau dort hinüber. Du kannst alles genau sehen. Deine Mutter liegt in ihrem Sonnenstuhl, sie liest, kneift die Augen zusammen, und ihr Gesicht ist nach oben gestreckt, damit ihre Wangen die Sonne einfangen. Sie hat sich nicht umgeschaut, um zu sehen, wo du bist. Sie trinkt etwas Süßes aus einer Dose. Dein Vater liegt auf seinem dicken Bauch, sein Rücken erinnert an den Buckel eines Wals, die Schultern wellen sich wie animalische Spiralen, die Haut ist eingeölt und von zuviel Sonne rot-braun imprägniert. Dein Handtuch hängt an deinem Stuhl, und ein Ende des Tuchs bewegt sich gerade – deine Mutter hat es berührt, als sie eine Biene, die an ihr süßes Getränk heranwollte, verjagte. Die Biene kehrt sofort zurück, und sie scheint bewegungslos über der Dose in einer verschleierten, süßen Luft zu hängen. Dein Handtuch ist ein einziges riesiges Yogibär-Gesicht.

Irgendwann sollte die Schlange hinter dir größer als die Schlange vor dir sein. Jetzt ist keiner vor dir, bis auf die drei auf der schlanken Leiter. Die Frau unmittelbar vor dir befindet sich auf den unteren Sprossen und schaut hinauf, sie trägt einen enganliegenden Nylonbadeanzug. Sie klettert hoch. Von oben kommt ein Fall, dann ein Federbett und die Regeneration. Jetzt sind zwei auf der Leiter. Die Poolvorschriften erlauben nur einen, aber der Bademeister regt sich nie darüber auf. Der Bademeister bestimmt die Vorschriften, indem er schreit oder nicht.

Diese Frau über dir sollte nicht so einen engen Badeanzug tragen. Sie ist so alt wie deine Mutter und genauso dick. Sie ist zu dick und zu weiß. Ihr Badeanzug platzt vor lauter Fülle. Die Rückseite ihrer Oberschenkel wird von dem Badeanzug eingequetscht und sieht aus wie Käse. Auf ihren Beinen zeigen sich unter der weißen Haut abrupte, kleine Kräusel von kalten, blauen, geplatzten Venen, so als ob etwas in ihren Beinen kaputt und verletzt wäre. Ihre Beine sehen so aus, als ob es weh täte, sie zu berühren, voller kräuseliger, arabischer Linien aus kaltem, gebrochenem Blau. Ihre Beine geben dir das Gefühl, als ob deine eigenen Beine schmerzen.

Die Sprossen sind sehr dünn. Damit hast du nicht gerechnet. Dünne, runde, eiserne Sprossen mit dickem rutschfesten Band umwickelt. Der Geruch des nassen Eisens im Schatten hinterläßt einen metallenen Geschmack in deinem Mund. Jede Leitersprosse drückt fest gegen deine Fußsohlen und hinterläßt Abdrücke. Die Abdrücke fühlen sich tief an, und sie schmerzen. Du fühlst dich schwer. Wie die Frau über dir sich wohl fühlt. Das Geländer für die Hände entlang der Leiter ist genauso dünn. Es ist so, als ob du dich nicht festhalten kannst. Du kannst nur hoffen, daß die Frau sich auch festhält. Und natürlich sah es von weitem aus, als ob die Leiter weniger Sprossen hat. Du bist nicht dumm.

Du befindest dich auf halber Höhe, im Freien, die dicke Frau über dir, und ein kräftiger, glatzköpfiger, muskulöser Mann steht unterhalb von dir auf der Leiter. Das Sprungbrett ist immer noch weit oben über deinem Kopf, unsichtbar von hier. Aber es dröhnt und flattert, und ein Junge, von dem du nur kurz die zusammengepreßten Füße durch die dünnen Sprossen sehen kannst, fällt in einer blitzartigen Linie, ein Knie an seine Brust gepreßt, mit einem Klatschen herunter. In deinem Blickfeld ist ein riesiges Ausrufezeichen von Schaum, dann vereinzeltes Plätschern, das sich in großem Zischen auflöst. Dann die Stille des Tauchbeckens, das sich wieder in neuem Blau regeneriert.

Noch mehr dünne Sprossen. Halt dich gut fest. Hier oben ist das Radio am lautesten, ein Lautsprecher ist auf Ohrhöhe über dem asphaltierten Eingang zu einer Umkleidekabine. Halt dich gut an dem dünnen Geländer fest, dreh dich und schau hinter dir nach unten, dann kannst du Leute sehen, die unten Snacks kaufen. Du kannst von oben hineinschauen: auf die saubere, weiße Oberseite der Mütze des Verkäufers, auf Becher mit Eiscreme, dampfende Gefriertruhen aus Messing, Kühlkanister mit alkoholfreiem Sirup, Schlangen von Limonadenschläuchen, überquellende Kartons mit salzigem Popcorn, von der Sonne warmgehalten. Jetzt, da du von oben den Überblick hast, kannst du alles erkennen.

Wind weht. Je höher du die Leiter hinaufkletterst, desto windiger wird es. Der Wind ist schwach; im Schatten ist er kalt auf deiner nassen, weißen Haut. Du hast ein flatterndes Pfeifen in deinen Ohren. Noch vier Sprossen, bis du ganz oben auf dem weißen Turm angelangt bist. Die Sprossen tun deinen Füßen wirklich weh. Sie sind dünn, und sie lassen dich genau spüren, wieviel du wiegst. Du spürst dein ganzes Gewicht auf der Leiter. Die Erde will dich zurück.

Jetzt kannst du gerade eben über das obere Ende der Leiter schauen. Du kannst das Sprungbrett sehen. Die Frau ist da. Auf der Rückseite ihrer Knöchel siehst du zwei Wülste roter, schmerzhaft aussehender, vernarbter Haut. Sie steht am Anfang des Sprungbretts, deine Augen sind auf ihre Knöchel gerichtet. Der kräftige Mann unter dir schaut durch die Sprossen in den begrenzten Raum, durch den der Sprung der Frau zu sehen sein wird.

Sie hält gerade diesen Pausenschlag inne. An all dem ist nichts Langsames. Bei dem Anblick wird dir kalt. Sie ist blitzschnell am Ende des Sprungbretts, rauf, wieder auf das Sprungbrett runter, es biegt sich, als ob es die Frau nicht haben wolle. Dann schnellt es hoch, wirft sie nach oben und nach außen, fort, ihre Arme öffnen sich, um diesen Kreis zu zeichnen, und weg ist sie. Sie verschwindet in einem dunklen Augenblick. Und es dauert eine Weile, bevor du hörst, wie sie unten ankommt.

Hör genau hin. Es bereitet dir Unbehagen, wie sie in eine Zeit hinein verschwindet, die schneller endet, als du es hören kannst. Wie ein Stein in einen Brunnen fällt. Aber du glaubst, daß sie nicht so darüber nachgedacht hat. Sie war Teil eines Rhythmus, in dem Denken ausgeschlossen ist. Und du hast dich selber auch zu einem Teil von ihm gemacht. Der Rhythmus scheint blind. Wie Ameisen. Wie eine Maschine.

Du beschließt, über diese Sache nachzudenken. Vielleicht ist es am Ende doch in Ordnung, etwas Gefährliches zu tun, ohne nachzudenken, jedoch nicht, wenn die eigentliche Gefahr das Nicht-Denken ist. Nicht, wenn sich Nicht-Denken als falsch herausstellt. Hier haben sich viele Fehler blind aufeinander getürmt: gespielte Langeweile, Gewicht, dünne Sprossen, schmerzende Füße, von der Leiter in einzelne Teile gespaltener Raum. Sie verschmelzen ineinander, indem sie verschwinden, was eine Zeitlang dauert. Der Wind auf der Leiter, für alle unerwartet. Wenn alles anders ist, als man erwartet hat, sollte man anfangen, nachzudenken. Das sollte Pflicht sein.

Die Leiter hinter dir ist voll. Sie wird genährt von einer dichten Schlange, die sich nach hinten ausbreitet und sich im Dunkel des schrägen Turmschattens biegt. Die Arme der Leute sind verschränkt. Es ist eine Maschine, die sich nur vorwärts bewegt.

Du kletterst auf die Zunge des Dings. Das Sprungbrett stellt sich als lang heraus. So lang, wie die Zeit, die du stehst. Die Zeit verlangsamt sich. Sie verdichtet sich um dich, während dein Herz mit jeder Sekunde, mit jeder Bewegung des unter dir liegenden Systems, schneller schlägt.

Das Sprungbrett ist lang. Von dort, wo du dich befindest, erstreckt es sich ins Nichts. Es ist flach und mit einem rauhen, weißen Plastikmaterial bezogen. Die rauhe, weiße Oberfläche ist mit blassem, verwässertem Rot gesprenkelt: Es sind Wassertropfen aus dem Pool, die das tiefeinfallende Licht über den scharfen Bergspitzen einfangen. Das rauhe, weiße Zeug auf dem Sprungbrett ist naß. Und kalt. Deine Füße schmerzen von den dünnen Sprossen und haben eine ausgeprägte Fähigkeit zu fühlen. Sie fühlen dein Gewicht. Am Anfang des Sprungbretts befindet sich ein Geländer. Es ist tief angebracht, und du mußt dich fast bücken, um dich festzuhalten. Es dient nur als Attrappe, niemand hält sich wirklich fest. Sich festhalten stört den Rhythmus der Maschine.

Es ist ein langes, kaltes, rauhes, weißes Kunststoffbrett aus Glaswolle, mit Linien gemasert, die die traurige, rosa Farbe alter Bonbons haben.

Aber am Ende des weißen Bretts, an der Kante, wo du abspringst, gibt es zwei dunkle Flächen. Zwei flache Schatten in hellem Licht. Zwei vage schwarze Ovale. Am Ende des Bretts sind zwei schmutzige Flecken.

Sie sind von Leuten, die vor dir gesprungen sind. Während du hier stehst, fühlen sich deine Füße zart und weich und eingebeult an, sie schmerzen von der rauhen, nassen Oberfläche, und du siehst, daß die beiden dunklen Flecken von menschlicher Haut stammen. Es ist die abgeschürfte Haut von Füßen, die sich durch die Gewalt des Absprungs von schweren Menschen löst. Von mehr Menschen, als du zählen könntest. Die Plötzlichkeit, mit der sie verschwinden, hinterläßt kleine Teile ihrer weichen, zarten Füße, Stückchen und Fetzen von Haut, die schmutzig und dunkel und gebräunt werden, wenn sie klein und verschmiert am Ende des Bretts in der Sonne liegen. Sie stapeln sich und verschmieren und verschmelzen. Sie werden dunkel und bilden Kreise.

Um dich herum vergeht die Zeit überhaupt nicht. Es ist erstaunlich. Der späte Tanz unter dir bewegt sich im Zeitlupentempo, ausschweifende Bewegungen von Mimen in blauer, gallertartiger Masse. Wenn du wolltest, könntest du wirklich ewig hier oben bleiben, so schnell vibrieren, daß du bewegungslos und geheimnisvoll im Zeitraum schwebst wie eine Biene über etwas Süßem.

Aber sie sollten das Brett reinigen. Jeder, der nur eine Sekunde darüber nachdenkt, würde meinen, daß die menschliche Haut entfernt werden sollte, die beiden schwarzen Ansammlungen von dem, was von vorher übriggeblieben ist, von Flecken, die wie Augen aussehen, wie blinde, schielende Augen.

Wo du jetzt bist, ist es still und ruhig. Der Wind, das Radio, Rufe und Spritzer – nicht hier! Keine Zeit und kein wirkliches Geräusch außer dem Blut, das wild in deinem Kopf kreischt.

Oben sein bedeutet hier Sicht und Geruch. Die Gerüche sind intim, von neuer Klarheit. Der besondere Geruch von Chlor, aber daraus steigen dir andere Dinge entgegen wie die Staubpollen, die von Unkraut herunterschneien. Du riechst tiefes, gelbes Popcorn. Süßes Sonnenöl, heiße Kokosnuß, eine leuchtende, überzuckerte Erinnerung. Entweder Hot dogs oder Corn dogs. Eine fade, scharfe Andeutung von dunkler Pepsi in Papierbechern. Und der einmalige Geruch von viel Wasser auf viel heißer Haut, der wie Dampf aus einem frischeingelassenen Bad emporsteigt. Die Hitze von Tieren. Von hier oben wird es bewußter als alles andere.

Schau dir alles an. Du kannst alles sehen, blau und weiß und braun und weiß, durchtränkt von wässrigem Flitter von immer tiefer werdendem Rot. Jeder. Was für ein Blick. Und du wußtest, daß du von unten bei weitem nicht so hoch oben aussehen würdest. Jetzt weißt du, wie weit oben du bist. Du wußtest, daß niemand es von unten einschätzen kann.

Der Mann hinter dir sagt es, seine Augen um deine Fesseln, der kräftige, glatzköpfige Mann. Hey, Junge. Sie wollen es wissen. Hast du vor, den ganzen Tag hier oben zu verbringen, oder hast du andere Pläne? Hey, Junge – ist alles in Ordnung?

Während dieser ganzen Zeit ist Zeit vergangen. Du kannst mit deinem Herzen die Zeit nicht anhalten. Alles dauert seine Zeit. Bienen müssen sich bewegen, um bewegungslos zu sein.

Er sagt, hey Junge. Hey, Junge – ist alles in Ordnung?

Metallene Blumen blühen auf deiner Zunge. Keine Zeit mehr zum Nachdenken. Jetzt, wo es Zeit gibt, hast du keine Zeit mehr.

Hey.

Jetzt langsam, über alles hinweg, breitet sich Beobachten wie schweigsamer, energiegeladener Pudding aus. Beobachte es. Deine wieder sehende Schwester und ihr dünner, weißer Haufen, zeigen mit dem Finger auf dich. Deine Mutter schaut zu der flachen Stelle im Pool, wo du vorher warst und formt anschließend mit ihrer Hand einen Schirm über ihre Augen. Der Wal bewegt sich und wackelt. Der Bademeister schaut nach oben, das Mädchen an seinen Beinen schaut, er greift nach seinem Megaphon. Für immer unter dir sind das rauhe Sonnendeck, die Snacks, die dünne, blecherne Musik, dort, wo du früher warst; die Schlange ist dicht, und es gibt keinen Rückwärtsgang; und das Wasser ist natürlich nur weich, wenn du drinnen bist. Schau. Jetzt liegt es in der Sonne, voller harter, rotschimmernder Münzen aus Licht, die in einem Nebel dahinschwinden, der aus deinem eigenen süßen Salz besteht. Die Münzen zerspringen in frühe Monde, lange Nadeln aus Licht aus den Herzen trauriger Sterne. Das quadratische Tauchbecken ist ein kaltes, blaues Laken. Kalt ist nur eine andere Form von hart. Eine Form von blind. Du warst auf das hier nicht vorbereitet. Herzlichen Glückwunsch. Hast du darüber nachgedacht? Ja und nein. Hey, Junge.

Zwei schwarze Flecken, Gewalt, und verschwinden in den Brunnen der Zeit. Die Höhe ist nicht das Problem. Alles ist anders, wenn du wieder unten bist. Mit deinem Gewicht.

Also, was stimmt denn jetzt? Hart oder weich? Ruhe oder Zeit?

Es ist eine Lüge, daß es entweder das eine oder das andere ist. Eine ruhige, schwebende Biene bewegt sich schneller, als sie denken kann. Von oben macht die Süße sie verrückt.

Das Brett wird nicken, und du wirst springen, und schwarze Augen aus Haut können blind in einen mit Wolken befleckten Himmel übergehen, durchbohrtes Licht mündet hinter scharfem Stein, der ewig ist. Das ist ewig. Steig in deine Haut und verschwinde.

Willkommen.

Deutsch von Ricarda Gerner

Autoren- und Quellenverzeichnis

ALEXIE, Sherman: wurde 1966 geboren und gehört zum Stamm der Spokane/Coeur d'Alene-Indianer. Erschienen sind von ihm bisher die beiden Gedichtbände *I Would Steal Horses* (1992) und *Old Shirts & New Skins* (1993) sowie *The Business of Fancydancing* (1992), in dem Gedichte und kurze Erzählungen gesammelt sind. Weitere Veröffentlichungen im *New York Quarterly, Beloit Poetry Journal, Kenyon Review* und *ZYZZYVA*.

ALLISON, Dorothy: wurde in Greenville, South Carolina, geboren. Ihre Geschichten sind in zahlreichen Zeitschriften erschienen. 1988 veröffentlichte sie ihre erste Erzählsammlung unter dem Titel *Trash,* 1990 folgte der Gedichtband *The Woman Who Hate Me* sowie 1992 der Roman *Bastard out of Carolina* (1992). Allison lebt heute in Kalifornien.

D'AMBROSIO, Charles: stammt aus Seattle. Seine Erzählungen sind im *New Yorker,* in *Paris Review* und in *Story* erschienen. Für die Geschichte »Ihr richtiger Name« hat er den Aga-Khan-Preis der *Paris Review* erhalten.

ANTONI, Robert: wuchs auf den westindischen Inseln und in den USA auf. Für seinen Roman *Divina Trace* erhielt er 1991 den Commonwealth Writer's Prize for the Best First Book. Er ist Professor für *Creative Writing* an der University of Miami und hat bereits in zahlreichen Zeitschriften publiziert, darunter in *Paris Review* und *Conjunctions.*

EGAN, Jennifer: wurde 1963 geboren. Englischstudium in Cambridge (England) und an der University of Pennsylvania. Ihre Erzählungen sind in zahlreichen Zeitschriften erschienen. 1991 war sie Preisträgerin des *Cosmopolitan*/Perrier-Short-Story-Awards. Eine Sammlung ihrer Kurzgeschichten wurde 1993 unter dem Titel *Emerald City* veröffentlicht.

EUGENIDES, Jeff: stammt aus Michigan und lebt heute in New York. An der Brown University sowie in Stanford studierte er Englisch und *Creative Writing.* Für das Anfangskapitel seines Romans *The Virgin Suicides* (dt.: *Die Selbstmord-Schwestern,* 1993), das zuvor in der Zeitschrift *Paris Review* veröffentlicht worden war, erhielt er den Aga-Khan-Preis.

HOUSTON, Pam: wurde 1962 in Trenton, New Jersey, geboren. Sie studierte Englisch an der Dension University, Ohio, und an der University of Utah. Heute lebt sie in Salt Lake City. Im Sommer arbeitet sie als Jagdführerin. Von ihr wurde 1992 der Erzählband *Cowboys are my weakness* (dt.: *Bei Cowboys werd ich schwach,* 1993) veröffentlicht.
»Bei Cowboys werd ich schwach« aus: Pam Houston, *Cowboys are my weakness.* Deutsch von Carina von Enzenberg. Die englische Originalausgabe erschien bei Norton & Company, New York; Copyright © 1992 by Pam Houston. Copyright © der deutschen Ausgabe 1993 bei R. Piper GmbH & Co. KG, München.

LEYNER, Mark: lebt in Hoboken, New Jersey. Er hat bisher

die beiden Bände *Et Tu, Babe* und *My Cousin, My Gastroenterologist* veröffentlicht.

MOWRY, Jess: wurde 1960 in Mississippi geboren und lebt schon seit seiner Kindheit in Oakland, Kalifornien. Er gehört zur alternativen Literaturszene in Kalifornien. Von ihm sind drei Erzählsammlungen *(Six Out Seven Way Past Cool, Children of the Night und Rats in the Trees)* sowie der Roman *Megacool* (1992) erschienen.
»Crusader Rabbit« aus: Stefana Sabin (Hrsg.), *Kalifornien erzählt.* Deutsch von Ina Hübner. Copyright © der Erzählung 1990 bei Jess Mowry. Copyright © der deutschen Übersetzung 1992 bei Druckhaus Galrev, Berlin.

O'CONNOR, Robert: wurde 1959 geboren. Er studierte an der Syracuse University bei Raymond Carver und Tobias Wolff und arbeitet heute als Englischlehrer. »Briefe in die Heimat« ist O'Connors Erstlingswerk. 1993 ist von ihm der Roman *Buffalo Soldiers* erschienen.

PECK, Dale: wurde 1968 geboren. Er wuchs in Kansas auf und studierte an der Drew University. Seine Arbeiten sind in *Out, OW* und *Men on Men 4: Best of the New Gay Fiction* erschienen. Peck lebt in New York.
»Ficken mit Martin« aus: *Martin und John.* Deutsch von Michael Hofmann. Copyright © 1993 by Dale Peck. Copyright © der deutschen Ausgabe 1995 bei Paul List Verlag in der Südwest Verlag GmbH & Co. KG, München.

RODRIGUEZ, Abraham Jr.: wurde 1961 in der Bronx geboren und ist puertorikanischer Abstammung. Er hat Erzählungen in *Story Magazine* sowie in verschiedenen Anthologien veröffentlicht. Sein *Short-Story*-Band *Boy without a Flag* (1992) wurde von der New York Public Library als »Book to Remember« ausgezeichnet. Für seinen Roman *Spidertown* (1993) haben die Columbia Pictures die Filmrechte erworben.

STOREY, Gail Donohue: wurde in Cambridge, Massachusetts, geboren und lebt heute in Texas. Sie hat bisher *The Lord's Motel* sowie einen Gedichtband veröffentlicht. Ihre Erzählungen wurden in zahlreichen Zeitschriften, darunter *Chicago Review, Fiction* und *North American Review,* abgedruckt.

TARTT, Donna: wurde in Greenwood, Mississippi, geboren. Sie studierte an der University of Mississippi und am Bennington College. Ihr Roman *The Secret History* ist 1993 unter dem Titel *Die geheime Geschichte* bei Goldmann erschienen.

VOLLMANN, William T.: Von Vollmann sind acht Bücher erschienen. Seine zuletzt veröffentlichten *Butterfly Stories* erzählen von einer Liebesgeschichte, bei der es um AIDS und um die Roten Khmer geht. »›Die blaue Geldbörse‹ ist eine wahre Geschichte.«

WALLACE, David Foster: wurde 1962 geboren. Er studierte am Amherst College und an der University of Arizona. Von ihm ist bisher der Roman *The Broom of the System* (1987) sowie der Erzählband *Girl with Curious Hair* (1989) erschienen. 1990 veröffentlichte er gemeinsam mit Mark Costello *Signifying Rappers,* ein Buch über Musik und amerikanische Kultur.